Diercke

Geografie 7/8

Berlin / Brandenburg

Moderatoren:
Wolfgang Gerber
Jarko Hennig

Autorin und Autoren:
Luisa Fleischfresser
Wolfgang Gerber
Jarko Hennig
Steffen Zips
unter Mitwirkung der
Verlagsredaktion

Beraterin und Berater
Hagen Keffel
Heike Kunert

Einbandfoto: Iguaçufälle (Südamerika)

Mit Beiträgen von:

Matthias Bahr, Matthias Baumann, Ulrich Brameier, Andreas Bremm, Thomas Brühne, Margit Colditz, Hans Dimpfl, Thomas Eck, Elfriede Eder, Dieter Engelmann, Helmut Fiedler, Timo Frambach, Katrin Götz, Gerhild Haller, Stefan Hauri, Holger Kerkhof, Uwe Hofemeister, Karin Kortschakowski, Norma Kreuzberger, Wolfgang Latz, Jürgen Nebel, Notburga Protze, Carola Schön, Michael Schulz, Veronika Selbach, Doris Steinberg, Monika Wendorf, Annika Zarnekow und Thomas Zehrer.

westermann GRUPPE

© 2016 Bildungshaus Schulbuchverlage
Westermann Schroedel Diesterweg Schöningh Winklers GmbH, Braunschweig
www.westermann.de

Druck A^4 / Jahr 2018
Alle Drucke der Serie A sind inhaltlich unverändert.

Redaktion: Lektoratsbüro Eck, Berlin
Umschlaggestaltung: Thomas Schröder
Druck und Bindung: westermann druck GmbH, Braunschweig

ISBN 978-3-14-**144890**-0

Dein Diercke Geografiebuch

Im Fach Geografie wirst du dir bestimmte Fähigkeiten (**Kompetenzen**) aneignen.

Mithilfe der Symbole auf der rechten Seite einer Buchdoppelseite kannst du erkennen, welche Kompetenz du trainierst.

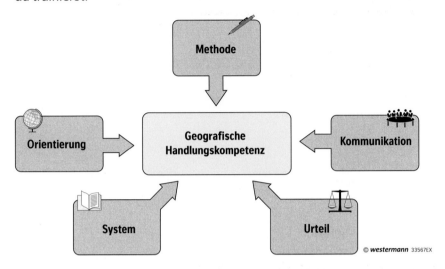

Nach den Inhaltskapiteln – angelehnt an den Rahmenlehrplan für Geografie Berlin / Brandenburg – ist das Kapitel **Geobasics** platziert. Es bietet Nachschlagemöglichkeiten für verschiedene thematische Grundlagen des Geografieunterrichts.

Am Ende eines Inhaltskapitels findest du die **Alles klar?-Seiten**. Mithilfe dieser Seiten wiederholst und überprüfst du die Kompetenzen und Inhalte des Kapitels.

Fett gedruckte Wörter auf den Buchseiten werden im **Minilexikon** im Buchanhang erklärt.

Lernen mit Karten-Codes

Auf vielen Seiten findest du unten einen Hinweis auf www.diercke.de und eine Zahlenkombination. Das ist ein Karten-Code.

Gib diesen Code unter der Adresse www.diercke.de ein. Dann gelangst du auf eine Kartenseite im Diercke Weltatlas online, die zum Thema auf der Schulbuchseite passt.

Du erhältst Hinweise zu ergänzenden Atlaskarten mit Informationen zu den Karten sowie weiterführende Materialien.

100800-40-2
www.diercke.de

Inhalt

Auf einen Blick – Methodenregister

Leben in Risikoräumen

M1 *Helfer stapeln Sandsäcke während einer Überschwemmung in Bangkok/Thailand.*

Vom Risiko zur Katastrophe

Immer wieder gibt es in den Medien Berichte über Naturkatastrophen. Dazu gehören Vulkanausbrüche, Erdbeben, Tsunamis, Tornados, Hurrikane, Taifune, Hitzewellen, Lawinen und Überschwemmungen, die an unterschiedlichen Orten der Erde starke Schäden verursachen und oft viele Todesopfer fordern. Diese Naturereignisse sind für sich genommen noch keine Naturkatastrophen, sondern zunächst **Naturgefahren**, da ihre Zerstörungskraft für den Menschen eine Bedrohung darstellt. Indem die Menschen Räume besiedeln, die ein Gefahrenpotenzial aufweisen oder in die Natur eingreifen, gehen sie das Risiko ein, durch Naturereignisse Schaden zu erleiden. Somit werden Naturereignisse auch zu einem **Naturrisiko**. Die Folgen der Zerstörung durch ein Naturereignis können verheerend sein und stellen aus der Sicht des Menschen eine **Naturkatastrophe** dar.

Naturkatastrophen können sowohl endogene als auch exogene Kräfte als Ursache haben. Während die endogenen aus dem Erdinneren wirken (z.B. Vulkanausbruch), wirken die exogenen von außen auf die Erdoberfläche ein (z.B. Starkniederschlag). Asien gehört zu den Räumen, die sehr häufig von Naturkatastrophen heimgesucht werden. Vielerorts haben sich die Menschen mit den natürlichen Bedingungen arrangiert und versuchen sogar, diese für sich zu nutzen (Tourismus, Landwirtschaft). Es werden gezielt Schutzmaßnahmen ergriffen, durch die eine Katastrophe verhindert oder deren Folgen minimiert werden sollen.

Tagelang hat es geregnet, zu dieser Jahreszeit in Südasien zunächst nichts Unübliches – es ist Monsunzeit. [...]
Doch diesmal will der Regen einfach nicht aufhören. Es gießt in Strömen. [...] Autos versinken in den Wassermassen, die Menschen verlassen ihre Häuser, in die ebenfalls Wasser dringt und bringen sich in Sicherheit. [...] Fast minütlich steigt die Zahl der [...] Todesopfer. Derzeit heißt es, mehr als 1300 Menschen seien tot.
(Quelle: H. Kazim, www.spiegel.de, 02.08.2010)

M2 *Schwere Überschwemmungen in Pakistan*

Jetzt muss auch Deutschlands größter Flughafen schließen – die Aschewolke des isländischen Vulkans Eyjafjallajökull hat Frankfurt am Main erreicht. Flugzeuge dürfen nicht mehr starten oder landen. Auch die Flughäfen in Hamburg, Berlin und Düsseldorf sind bereits gesperrt. Ungefähr ein Viertel aller europäischen Flüge fallen aus. Während nach wenigen Tagen der Luftraum wieder freigegeben wird, brauchen die isländischen Bauern Monate, um ihr Land von der Ascheschicht zu befreien.

M3 *Vulkanausbruch des Eyjafjallajökull auf Island*

100800-242-3
www.diercke.de

100800-253-5
www.diercke.de

Eine News Map gestalten

Im Zeitraum der Bearbeitung der Unterrichtseinheit „Leben in Risikoräumen" könnt ihr in eurem Klassenraum an einer Pinnwand Internetartikel oder Pressemitteilungen zu verschiedenen Naturkatastrophen sammeln und diese auf einer Weltkarte verorten. Dazu hängt ihr zunächst eine Weltkarte an einer Pinnwand im Klassenraum auf und habt in der Klasse Schnur/Wolle und Stecknadeln griffbereit.

1. Sammelt zu Hause aus Zeitungen oder aus dem Internet aktuelle News zu verschiedenen Naturkatastrophen. Druckt den Artikel aus bzw. schneidet ihn aus und markiert wichtige Informationen. Diese sollten folgende Fragen beantworten: Um welche Naturkatastrophe handelt es sich? Wo und wann fand das Ereignis statt? Wie verlief die Katastrophe? Welche Folgen hat die Katastrophe für die Menschen?

2. Bringt den Artikel (wenn möglich mit einem Foto/Bild) in die Schule mit. Immer zu Beginn jeder Geografiestunde präsentieren zwei bis drei Schüler ihre News den Mitschülern. Die Mitschüler haben währenddessen den Auftrag, die in Punkt 1 formulierten Fragen aus der Präsentation herauszuhören, um diese im Anschluss beantworten zu können.

3. Abschließend verortet ein Schüler das Ereignis auf der Weltkarte. Dazu wird der Ort auf der Karte mit einer Stecknadel markiert. Ebenso wird der Artikel befestigt und dann werden die Stecknadeln über die Schnur/Wolle miteinander verbunden.

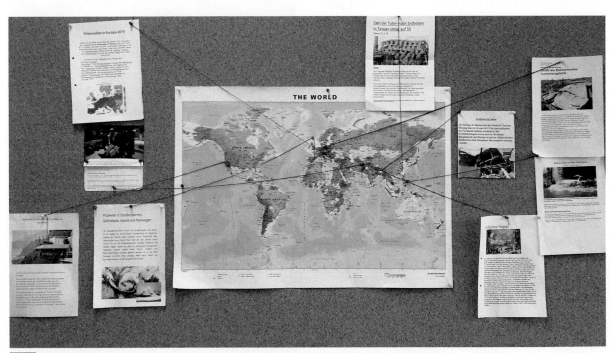

M4 *News Map zum Thema „Naturkatastropen weltweit"*

① Nenne Regionen auf der Erde, in denen Naturkatastrophen gehäuft vorkommen (Atlas, Internet).

② Erkläre die Begriffe Naturgefahr, Naturrisiko und Naturkatastrophe.

③ Erläutere den Unterschied zwischen endogenen und exogenen Naturereignissen und ordne M2 und M3 begründet zu.

④ Recherchiere über eine aktuelle Naturkatastrophe. Erstelle eine DIN A4-Seite für eine News Map in deiner Klasse.

Raumorientierung

Lage, Größe und Gliederung Asiens

Asien ist der flächengrößte Kontinent der Erde und bildet gemeinsam mit Europa die gewaltige Landmasse Eurasien. Diese befindet sich fast ausschließlich auf der Nordhalbkugel der Erde.

Die Küstenlinie Asiens ist stark gegliedert. Randmeere werden durch Halbinseln und Inseln von den Ozeanen abgetrennt.

Die Großlandschaften Asiens unterscheiden sich hinsichtlich des Reliefs, des Bodens, des Klimas und der Vegetation. Der Hochgebirgsgürtel, der bereits in Afrika mit dem Atlasgebirge beginnt, setzt sich über Europa in Asien fort. Gewaltige Flüsse durchqueren den Norden und Süden des Kontinents. Im Inneren des Kontinents gibt es dagegen ausgeprägte Trockengebiete.

In Asien liegen Länder, die sich durch ihre Flächengröße stark voneinander unterscheiden. Neben den großen Staaten wie Russland, Indien und China gibt es sehr kleine wie Singapur oder den Inselstaat der Malediven, der nur knapp ein Drittel der Fläche Rügens besitzt.

M2 *Tundra in Nordrussland*

M3 *Taiga Westsibiriens*

M4 *Hochland von Tibet*

M5 *Gangesebene*

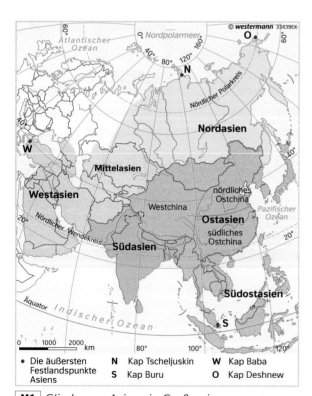

M1 *Gliederung Asiens in Großregionen*

100800-162-3
www.diercke.de

100800-242-3
www.diercke.de

100800-183-7
www.diercke.de

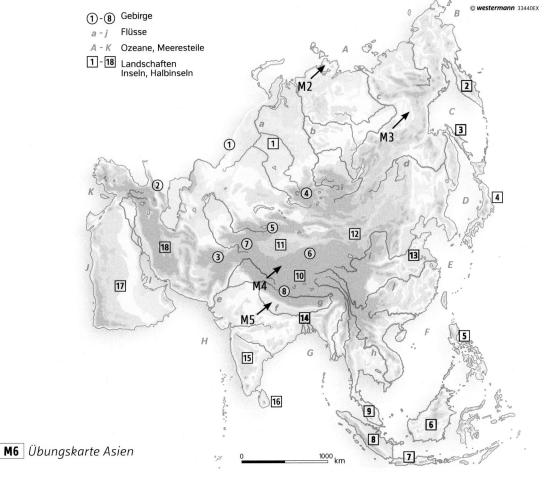

© westermann 33440EX

①-⑧ Gebirge
a - j Flüsse
A - K Ozeane, Meeresteile
1-18 Landschaften Inseln, Halbinseln

M6 Übungskarte Asien

0   1000 km

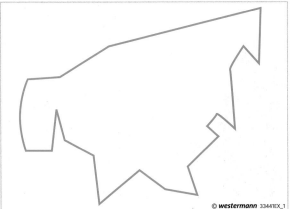

M7 Von der Faustskizze ...

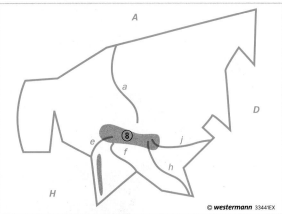

© westermann 33441EX

M8 ... zur Lernkarte

❶ Bestimme mithilfe der Karte die topografischen Objekte. Fertige dazu eine Liste an (M6, Atlas).

❷ a) Erstelle aus einer Faustskizze (M7) eine Lernkarte mit ausgewählten Objekten (M8).
b) Trage zusätzlich verschiedene Naturgefahren in die Lernkarte ein (Atlas).

❸ Asien ist der Kontinent der Rekorde. Recherchiere diese und fertige eine Liste an: höchstes Gebirge, höchster Berg, größtes Delta, größtes Hochland, tiefster See, größte Halbinsel, größte Meerestiefe (Atlas, Internet).

11

Wissensreise – vom Bau der Erde zu den Vorgängen an den Plattengrenzen

Die Seiten 12–15 können in einem Lerntempoduett bearbeitet werden.
Das Lerntempoduett besteht aus einer Einzelarbeit und einer darauffolgenden Partnerarbeit. Der Vorteil der Methode ist, dass du Aufgaben nach dem eigenen Lerntempo zunächst allein löst und später mit einem Partner besprichst, der für die Erledigung der Aufgaben die gleiche Zeit benötigt hat.

1. Phase: Du bearbeitest die ersten Aufgaben allein. Wenn du fertig bist, suchst du dir einen Partner, der seine Arbeit auch schon beendet hat. Vergleicht eure Ergebnisse.
2. Phase: Du bearbeitest nun das nächste Teilthema mit den dazugehörigen Aufgaben und suchst dir anschließend erneut einen Partner. Diesmal sollte es aber eine andere Person sein als beim ersten Durchgang.
3. Phase: Du bearbeitest das dritte Teilthema und gehst wie in Phase zwei vor.
4. Phase: Wer alle Aufgaben bearbeitet hat, zeigt dem Lehrer die Ergebnisse und widmet sich der Zusatzaufgabe.

M1 *So funktioniert das Lerntempoduett*

Der Schalenbau der Erde PHASE 1

Der Erdkörper gliedert sich in mehrere Schalen. Die äußere dünne Haut der Erde besteht aus festem Gestein und wird als **Erdkruste** bezeichnet. Sie ist bis zu 50 km dick. Unter den Kontinenten erreicht die Erdkruste ihre größte Mächtigkeit, unter den Ozeanböden hingegen ist sie am dünnsten.

Der sich anschließende **Erdmantel** reicht bis in eine Tiefe von rund 2900 km. Seine oberste Schicht bildet zusammen mit der Erdkruste die feste, aber brüchige Gesteinshülle der Erde, die **Lithosphäre**. Sie ist in mehrere Platten gegliedert.
Die Platten bewegen sich auf der **Fließzone**. Diese Schicht besteht aus einer verformbaren, heißen Gesteinsschmelze (**Magma**). Sie reicht bis in eine Tiefe von etwa 15 bis 300 km. Über den **Erdkern** ist bis jetzt noch wenig bekannt. Er besteht aus einem inneren und äußeren Bereich. Man vermutet, dass der äußere Teil flüssig, der innere Kern dagegen fest ist. Der Erdkern setzt sich aus metallischem Material, vorwiegend aus Eisen und Nickel zusammen.

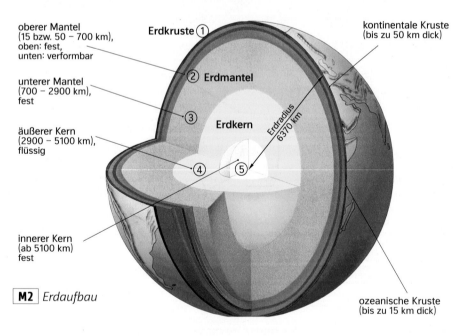

oberer Mantel (15 bzw. 50 – 700 km), oben: fest, unten: verformbar

unterer Mantel (700 – 2900 km), fest

äußerer Kern (2900 – 5100 km), flüssig

innerer Kern (ab 5100 km) fest

Erdkruste ①
② Erdmantel
③
Erdkern
④ ⑤
Erdradius 6370 km

kontinentale Kruste (bis zu 50 km dick)

ozeanische Kruste (bis zu 15 km dick)

M2 *Erdaufbau*

PHASE 1

① a) Zeichne einen Querschnitt der Erde und beschrifte ihn mit folgenden Fachbegriffen: innerer und äußerer Erdkern, oberer und unterer Erdmantel, Erdkruste.

b) Erkläre schriftlich alle im Text fetgedruckten Begriffe.

② Den Aufbau der Erde vergleicht man mit einem Pfirsich. Erkläre.

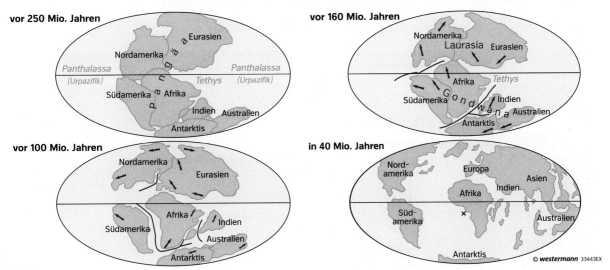

vor 250 Mio. Jahren

vor 160 Mio. Jahren

vor 100 Mio. Jahren

in 40 Mio. Jahren

M3 *Lage der Kontinente zu unterschiedlichen Zeiten (x= Lage der Insel Ascension)*

Kontinentaldrift PHASE 2

Der deutsche Wissenschaftler Alfred Wegener hielt im Jahre 1912 in Frankfurt am Main einen Vortrag, der weltweit für großes Aufsehen sorgte. Wegener hatte behauptet, dass es vor vielen Millionen Jahren auf der Erde eine einzige Landmasse gab, den Urkontinent Pangäa. Dieser sei im Laufe von Millionen Jahren zerbrochen. Die Kontinente würden seither wie „Schollen auf einem Meer" umherschwimmen. Diese Bewegungen bezeichnete Wegener als Kontinentaldrift.

Als eine Begründung für seine Theorie der Kontinentalverschiebung führte er an, dass an der Ostküste von Südamerika und der Westküste von Afrika gleich alte Gesteine sowie gleiche Tier- und Pflanzenarten gefunden wurden (M4). Ihm war außerdem aufgefallen, dass die beiden Kontinente wie Puzzleteile zueinander passen.

Die führenden Geologen verspotteten Wegener damals als „Märchenerzähler", da er nicht erklären konnte, welche Kräfte die Kontinentalverschiebung verursachen. Seit den 1960er-Jahren wurden Wegeners Vorstellungen zu einer wissenschaftlichen Theorie ausgebaut, der Plattentektonik.

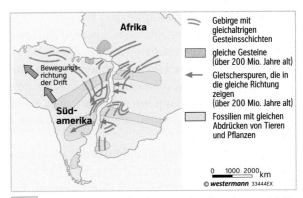

Gebirge mit gleichaltrigen Gesteinsschichten

gleiche Gesteine (über 200 Mio. Jahre alt)

Gletscherspuren, die in die gleiche Richtung zeigen (über 200 Mio. Jahre alt)

Fossilien mit gleichen Abdrücken von Tieren und Pflanzen

M4 *Wegeners Begründungen der Kontinentaldrift*

Einem angeborenen Zwang folgend, schwimmt die an der Küste Brasiliens lebende Meeresschildkröte jährlich über den Atlantik, um ihre Eier an den Stränden der Insel Ascension abzulegen [...]. Dieses Verhaltensmuster wurde wahrscheinlich vor 100 Millionen Jahren bei den Meeresschildkröten angelegt [...]. Damals war Ascension eine Südamerika vorgelagerte Insel. Heute trennen Ascension und Brasilien etwa 1500 km Ozean.

(Quelle: R. Miller: Der Planet Erde. Amsterdam 1984, S. 159)

M5 *Das Geheimnis der grünen Meeresschildkröte*

PHASE 2

① Nenne Fakten, die für Wegeners Theorie der Kontinentaldrift sprechen (M3 – M5).

② Erkläre, warum die Meeresschildkröte zum Eierlegen heute durch den Atlantik schwimmt (M5).

③ Afrika und Südamerika driften jährlich um rund vier Zentimeter auseinander. Berechne, wie weit sich diese Kontinente innerhalb von zehn Millionen Jahren in Kilometern voneinander entfernen.

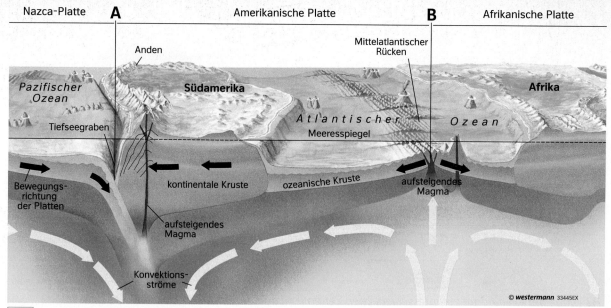

M1 *Ausschnitt aus einem Modell zur Plattentektonik*

Vorgänge an den Plattengrenzen PHASE 3

Die Erdkruste bildet mit dem oberen Teil des Erdmantels die feste Gesteinshülle. Diese ist in größere und kleinere Platten gegliedert. Die unterschiedlich hohen Temperaturen und der gewaltige Druck im Erdinneren bewirken, dass **Konvektionsströme** entstehen, die die Lithosphäreplatten bewegen (M1).

Bewegen sich zwei Platten aufeinander zu, schieben sie sich übereinander, sodass eine Platte in den Erdmantel gedrückt wird (**Subduktion**). Es entsteht eine **Tiefseerinne**. Dort schmilzt das Gestein und wird zu Magma. Beim Aufeinandertreffen der Platten können sich die Ränder verformen. Dann entstehen dort **Faltengebirge** (Anden, Himalaya, Alpen). Andere Platten bewegen sich voneinander weg. Dabei entstehen Erdspalten, die meist in den Ozeanen liegen. In diesen Spalten steigt Magma auf. Dadurch wird der Ozeanboden nach beiden Seiten an diesen Stellen auseinander gedrückt (**Seafloor Spreading**). Dabei bilden sich ausgedehnte untermeerische Gebirge in den Ozeanen. Im Atlantischen Ozean befindet sich zum Beispiel der Mittelatlantische Rücken (M2e).

An einigen Stellen im Ozean ragen Spitzen dieser Gebirge über den Meeresspiegel hinaus. In diesen Bereichen entstanden Inseln (z.B. Island). Liegen die Plattengrenzen beim Auseinanderdriften auf den Kontinenten, können **Grabenbrüche** entstehen. Füllt sich der Graben mit Wasser, kann ein neues Meer entstehen. Gleiten zwei Platten aneinander vorbei, so entsteht eine **Verwerfung**.

Wenn Wasser in einem Topf erhitzt wird, steigt es auf. Ähnlich verhält es sich im Erdmantel. Vom Erdinneren her wird das Gestein erhitzt und somit verformbar (Magma). Es gerät in Bewegung. Dadurch bilden sich im Erdmantel Konvektionsströme.

M3 *Entstehung von Konvektionsströmen*

M2 *Plattentektonische Vorgänge formen die Landschaft.*

14
100800-242-2
www.diercke.de
100800-242-3
www.diercke.de

M4 *Der Mount Everest mit seinen Nachbargipfeln, rechts:* Ammonit *(fossiler Verwandter der Tintenfische)*

Wie kommen ausgestorbene Meeresbewohner in den Himalaya? PHASE 4

Im Gebiet des heutigen Himalaya breitete sich vor 150 Mio. Jahren ein riesiges Meer aus, dessen Untergrund aus altem Gestein bestand. Aus den umgebenden Gebirgen transportierten Flüsse Gesteinsmaterialien ins Meer. Schalen von abgestorbenen Meerestieren sanken ebenfalls auf den schlammigen Meeresboden. Diese Ablagerungen gelangten in große Tiefen, wo sie unter hohen Temperaturen und hohem Druck zu Gestein zusammengepresst wurden. Während dieser Zeit driftete die Indisch-Australische Platte in nördliche Richtung gegen die Eurasische Platte. Dadurch gerieten die Gesteine unter seitlichen Druck und wurden gefaltet. Seit etwa 60 Mio. Jahren hebt sich das Faltengebirge.

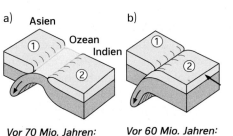

a) Asien Ozean Indien

① Eurasische Platte

Vor 70 Mio. Jahren:
Erdplatten driften aufeinander zu.

b)

Vor 60 Mio. Jahren:
Erdplatten stoßen aufeinander.

c) Himalaya

②

Seit 60 Mio. Jahren:
Kruste taucht ab.
Faltengebirge entsteht.

① Eurasische Platte ② Indisch-Australische Platte

© **westermann** 33446EX

M5 *Entstehung des Himalaya*

© westermann   Eurasische Platte
H i m a l a y a
Nördl. Wendekreis   heute
20°   Arabische Platte   10
                              40
Äquator
Afrikanische Platte   50
                        Indisch-Australische Platte
                        60
20°
Südl. Wendekreis
                    70   Indischer Ozean   33447EX
50 Millionen Jahre vor heute
—— Plattengrenze
0   1000 km

M6 *Indisch-Australische Platte*

PHASE 3

❶ Erkläre die fettgedruckten Fachbegriffe.

❷ a) Benenne die zehn größten Lithosphärenplatten der Erde (Atlas).
b) Erkläre unter Verwendung der Fachbegriffe die Vorgänge an den Plattengrenzen.

❸ Ordne den Bildern (a, c, d in M2) die passenden Fachbegriffe aus dem Text S. 14 zu.

Begründe deine Entscheidung.

PHASE 4

❹ Zusatzaufgabe: Beantworte die Problemfrage in der Überschrift (M4 – M6). Erkläre in diesem Zusammenhang die Entstehung des Himalayas.

M1 *Vulkan auf Teneriffa (Pico del Teide)*

Vulkane – Magma gelangt an die Oberfläche

Vulkanausbrüche stellen ein besonderes, aber auch gefährliches Naturschauspiel dar. Neben Erd- und Seebeben sind sie ein Beweis für die Bewegung der Lithosphärenplatten und der Vorgänge im Erdinneren.

Vulkane entstehen durch das Aufsteigen von verformbarem Gestein (Magma) bis an die Erdoberfläche. Die dort austretende Gesteinsschmelze wird **Lava** genannt. Alle Begleiterscheinungen, die mit dem Aufstieg und Austritt des Magmas verbunden sind, werden als Vulkanismus bezeichnet. Vulkane treten häufig in Gebieten auf, an denen die Plattenbewegungen besonders heftig in Erscheinung treten, den Rändern der Lithosphärenplatten. Liegen sie fernab von Plattenrändern, werden sie Hotspot-Vulkane genannt.

Vulkane werden nach der Art der **Eruption** und dem äußeren Erscheinungsbild unterschieden. Es gibt deshalb **Schildvulkane** und **Schichtvulkane** (M2, M3).

Bei Schildvulkanen ist die Lava besonders heiß und dünnflüssig, sodass sie schnell über große Entfernungen fließen kann. Der Vulkankegel ist relativ flach und großflächig.

Bei Schichtvulkanen wechseln sich Schichten von Lava und Asche ab. Das Magma dieses Vulkantyps ist gasreicher als bei Schildvulkanen. Das führt zu sehr hohem Druck, sodass die Ausbrüche meist einen explosiven Charakter haben. Die Lava erstarrt relativ schnell und es bildet sich ein kegelförmiger Vulkan. Es gibt zurzeit weltweit etwa 550 aktive Vulkane.

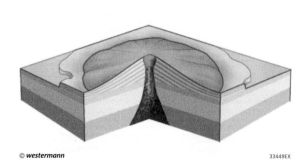

M2 *Schildvulkan*

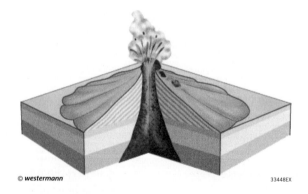

M3 *Schichtvulkan*

Leben in Risikoräumen

Mit einer Wirkungskette einen Hotspot erklären

Die Wirkungskette oder das Begriffsnetz sind wichtige Methoden, um geografische Sachverhalte vereinfacht und übersichtlich darzustellen. Eine Wirkungskette geht von einem ursächlichen Ereignis (Auslöser) aus, das eine Kette (Abfolge) von weiteren Ereignissen nach sich zieht oder nach sich ziehen kann.

Sind die Zusammenhänge komplexer, können diese auch in Form eines Begriffsnetzes dargestellt werden. In beiden Fällen erfolgt die Verbindung der Ereignisse über Pfeile, die auch beschriftet werden können. Auf den folgenden Seiten 18/19 kann an einem Beispiel das Erstellen einer Wirkungskette geübt werden.

Auf den folgenden Seiten 18/19 kann an einem Beispiel das Erstellen einer Wirkungskette geübt werden.

METHODE

Eine Wirkungskette/Begriffsnetz erstellen
1. Text lesen und wichtige Begriffe und Textabschnitte finden.
2. Wichtige Begriffe (auf Papierschnipsel) herausschreiben, dann sortieren und aufkleben.
3. Begriffe durch Pfeile verbinden und Pfeile beschriften.
4. Zusammenhänge erklären.
5. Ergebnis den Mitschülern vorstellen.

INFO

Hotspot-Vulkane

Neben den Vulkanen an den Plattengrenzen gibt es Vulkane, die fernab der Plattengrenzen liegen. Diese Vulkane werden Hotspots (heiße Flecken) oder Hotspot-Vulkane genannt.

An diesen Schwachstellen der Erdkruste kann heißes Magma aus dem Erdinneren aufsteigen und die Kruste langsam aufschmelzen (Aufschmelzschlot). Wenn es die Erdoberfläche erreicht hat, entsteht ein neuer Vulkan. Im Meer gelegen, bezeichnet man einen solchen Vulkan als Unterwasservulkan, der durch Hebung zu einer Vulkaninsel werden kann. Ein Hotspot bleibt ortstreu, bewegt sich also nicht. Die Platte über ihm ist jedoch mit dem Vulkan in Bewegung, der mit der Zeit erlischt. Über einen langen Zeitraum entstehen so Vulkanketten (M4). Die Inselketten Hawaii, die Kanaren oder die Kapverden sind so entstanden.

M5 *Wirkungskette zur Entstehung eines Hotspot-Vulkans*

① Vergleiche in einer Tabelle die Entstehung und die Merkmale von Schicht- und Schildvulkanen (M1–M3).

② Erkläre den Namen Hotspot.

③ Erläutere die Entstehung der Kanarischen Inseln (M4, M5, Atlas).

④ Recherchiere zehn aktive Vulkane und trage sie in eine stumme Weltkarte ein (Internet).

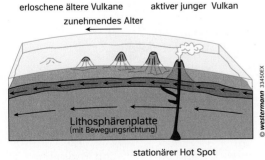

M4 *Hotspot-Vulkanismus*

M1 *Ausbruch des Bardarbunga 2014*

Warten auf den großen Knall

Neben Italien ist Island das Land mit den meisten aktiven Vulkanen in Europa. Der Bardarbunga gehört zu den bedeutendsten Vulkanen auf Island. Im Jahr 2014 brach er erneut aus, wobei kontinuierlich Lava aus einer kilometerlangen Spalte austrat. Es handelt sich um einen unter dem Eis liegenden Schichtvulkan, der mit 2009 m der zweithöchste Berg Islands ist.

Island ist eine Insel und Teil des Mittelatlantischen Rückens, der den gesamten Atlantik von Nord nach Süd durchzieht. In diesem Bereich bildet sich am Ozeanboden aufgrund von Konvektionsströmen ständig neue ozeanische Kruste. Das hat zur Folge, dass sich die Eurasische und die Nordamerikanische Platte im Jahr etwa zwei Zentimeter auseinander bewegen.

Der mächtige Gletscher, unter dem der Bardarbunga liegt, kann mit seinem Eispanzer einen Ausbruch lange zurückhalten. Doch irgendwann kann die Hitze das Eis schmelzen und der angestaute Druck sich explosionsartig entladen. Aufgrund der gewaltigen Kraft kann dabei Vulkanasche in Höhen bis zu 25 km in die Atmosphäre geschleudert werden. Infolgedessen wird der Alarmstatus erhöht und es werden Meldungen an Fluggesellschaften herausgegeben, die vor einer möglichen Aschewolke warnen, die wiederum den gesamten Flugverkehr Europas lahmlegen könnte. Durch das rapide Schmelzen des Gletschereises können Flutwellen entstehen und der Kontakt von Schmelzwasser und Magma kann weitere Dampfexplosionen auslösen. Besonders verheerend sind auch die Schwefelgase, die mit ausgestoßen werden und durch Winde bis nach Deutschland transportiert werden können. Für die Atemwege des Menschen ist das Gas sehr schädlich.

Wann ein Vulkan genau ausbricht, ist nicht vorherzusagen. Dennoch versuchen Wissenschaftler durch Messung der Erdebenaktivität, der Gas- und Aschekonzentration in der Luft sowie mithilfe von Spezialflugzeugen, die Lage am Bardarbunga möglichst genau einschätzen zu können.

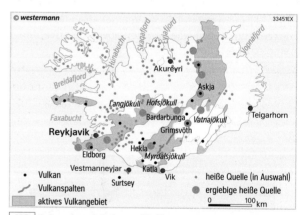

M2 *Islands wichtigste Vulkane*

❶ Entwickle und präsentiere eine Wirkungskette, in der Entstehung, Folgen und Maßnahmen zum Thema „Der Bardarbunga auf Island" dargestellt sind.

100800-106-1
www.diercke.de

M3 *Krater des Vesuv*

Neapel tanzt auf dem Vulkan

Im Gebiet von Italien stoßen die Afrikanische Platte und die Eurasische Platte zusammen, wobei die Afrikanische Platte unter die Eurasische Platte abtaucht. Im Erdmantel, wo hohe Temperaturen herrschen, werden die abgetauchten Plattenteile aufgeschmolzen. Diese Schmelzmasse steigt dann als Magma wieder im Erdmantel auf und sucht sich durch Risse und Spalten in der darüber liegenden Erdkruste einen Weg nach oben. Erreicht das Magma die Erdoberfläche, so kann sich ein Vulkan bilden. Vor etwa 30 000 Jahren entstand so der Vesuv. Die plattentektonischen Prozesse im Erdinneren dauern bis heute an, der Vesuv ist immer noch aktiv.

Der Vesuv ist circa 1300 m hoch und zählt zu den gefährlichsten Vulkanen der Welt. Für ihn sind lange Ruhephasen typisch, um dann in einer gewaltigen Eruption zu explodieren. Insgesamt leben etwa drei Millionen Menschen im Umfeld des Vulkans, ein Großteil davon in der Stadt Neapel. Bei den Ausbrüchen des Vesuvs in der Vergangenheit, zuletzt 1944, sind immer viele Menschen ums Leben gekommen. Bei einem erneuten Ausbruch könnte eine Aschewolke aus dem Krater etwa 20 km in den Himmel aufsteigen und diesen verdunkeln. Ein Regen aus Asche und Lavasteinen würde auf Menschen, Häuser und Städte fallen und diese zerstören. Weiterhin würden 800 °C heiße Glut-Lawinen den Berg herabfließen und besiedelte Regionen erreichen.

Wissenschaftler versuchen heute durch Erdbebenmessungen sowie durch die Messung der Gas- und Aschekonzentration in der Luft, Hinweise auf einen erneuten Ausbruch des Vulkans zu bekommen. Im Falle einer Eruption müssten Hunderttausende Menschen sofort evakuiert werden. Bereits heute bietet der Staat der Bevölkerung aus der sogenannten „Roten Zone" Geld dafür an, sich umsiedeln zu lassen.

Das ist der Bereich um den Vulkan herum, der bei einem erneuten Ausbruch von Lavaströmen bedeckt werden würde.

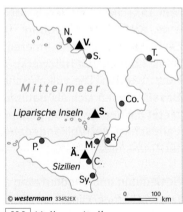

M4 *Vulkane Italiens*

① Entwickle und präsentiere eine Wirkungskette, in der Entstehung, Folgen und Maßnahmen zum Thema „Der Vesuv in Italien" übersichtlich dargestellt werden.

M1 *Die Umgebung des Vesuvs ist besonders dicht besiedelt.*

Leben am Vulkan und seine Bedeutung für den Tourismus

Trotz der großen Gefahr, die bei einem Vulkanausbruch besteht, leben viele Menschen in der Nähe von Vulkanen.

Zwischen den Ausbrüchen liegt meist ein langer Zeitraum. In diesem herrschen in der Umgebung des Vulkans günstige natürliche Bedingungen für die ackerbauliche Nutzung. Auf den verwitternden Lavadecken entstehen fruchtbare Böden. Die Vulkanasche ist mineralstoffreich und sorgt für eine natürliche Düngung. Die Hitze und die Dämpfe, die aus dem Inneren des Vulkans kommen, können für Heizwerke und Heilbäder genutzt werden. Die vulkanischen Gesteine (Bims, Basalt) eignen sich als Baumaterial. Nicht zuletzt bietet die üppige Natur, gepaart mit der reizvollen Landschaft der Vulkangegenden, Möglichkeiten für Tourismus.

Besiedlung und Landnutzung am Vesuv

Das Mittelmeerklima und die äußerst fruchtbaren Böden machen die Landwirtschaft rund um den Vesuv sehr ergiebig. Neben anspruchsvollen Obst- und Gemüsepflanzen wird hier Wein angebaut. Diese Möglichkeit der Nutzung hat die Entwicklung des Raumes um den Golf von Neapel zu einem der am dichtesten besiedelten Gebiete der Erde begünstigt.

Bereits im Altertum gab es in dieser Region zahlreiche Siedlungen, Villen und Landgüter. Auch in der Gegenwart gibt es im näheren Umfeld der Millionenstadt Neapel noch immer eine Vielzahl meist städtischer Siedlungen. Die Schönheit der Landschaft, Spuren der Geschichte und vielfältige Möglichkeiten zur Erholung und Heilung haben aus dem Golf von Neapel überdies ein bedeutendes Tourismusgebiet gemacht.

Touristen drängen zum Bardarbunga

Seit August 2014 ist der Vulkan Bardarbunga im Osten Islands aktiv. Das fasziniert nicht nur Wissenschaftler. Die reizvollen Landschaften mit Gletschern und Vulkanfeldern sowie weiteren zahlreichen Naturphänomenen wie Geysiren oder Wasserfällen locken immer mehr Touristen auf die Insel. Da der Tourismus ein wichtiger isländischer Wirtschaftszweig ist, sorgen sich die Behörden jedoch um die möglichen Gefahren, die von den Naturereignissen ausgehen.

Immer wieder müssen aufgrund von Erdbeben und drohenden Vulkanausbrüchen Touristen aus dem Vulkangebiet evakuiert werden. Bei einem Ausbruch könnte es zu einer Schneeschmelze und folglich zu Überschwemmungen kommen. Dies sowie eine entweichende Aschewolke könnte den Tourismus schließlich zum Erliegen bringen. Derzeit gibt es auf Island 30 aktive Vulkane. Die Insel erlebt etwa alle fünf Jahre einen Vulkanausbruch.

M2 *Vulkantouristen*

„Neapel ist keine italienische Vorzeigestadt - und dennoch eine der interessantesten Metropolen des Landes. [...] Sie liegt am Vesuv und ist ein idealer Ausgangspunkt für Touren in die Umgebung. [...] Ein Ausflug an den Krater gehört für viele Touristen dazu. Die meisten fahren mit dem Bus oder dem Pkw in den Parco nazionale del Vesuvio. Schon auf dem Weg dorthin sind von der Autobahn aus riesige schwarze Lavabrocken zu sehen. Sie sind seit dem Ausbruch in der Antike liegengeblieben. Im Nationalpark geht es durch Haarnadelkurven bis auf ungefähr tausend Meter Höhe. So bleibt Zeit für einen Blick auf die Landschaft, in der die Überreste des jüngsten größeren Ausbruchs von 1944 zu sehen sind, obwohl die Lava inzwischen von Moosen, Flechten und Besenginster überdeckt wird.

Für Busse und Autos ist dann aber bald Schluss - vom Parkplatz aus geht es zu Fuß weiter bis an den Kraterrand. Der liegt nur 200 Meter höher. Doch der Aufstieg ist anstrengend.

In der Region rund um den Vesuv leben heute rund drei Millionen Menschen. Die Vorstellung, dass der ruhende Vulkan irgendwann wieder einmal explodieren könnte, scheint keinerlei Panik auszulösen. Doch das ist durchaus denkbar. Was bei einer Eruption passiert, ist in Pompeji deutlich zu sehen. Die Ausgrabungsstätte ist heute eines der wichtigsten Touristenziele am Golf von Neapel. [...]"

(Quelle: A. Heimann. www.spiegel.de, 20.08.2012)

M3 *Der Vesuv als Touristenattraktion*

„Besser einen Tag als Löwe leben als ein Leben als Feigling", entgegnen die Bewohner am Vesuv gern, wenn sie auf die Gefahr angesprochen werden. „Das Problem wird zugunsten der positiven Faktoren verdrängt", sagt der Vulkanologe William Aspinall von der University of Bristol.

(Quelle: A. Bojanowski: Zukunftsszenario: Forscher simulieren Vesuv-Ausbruch. www.spiegel.de, 27.04.2012)

M4 *Leben mit dem Risiko*

Jahr	Einwohnerzahl in Tausend	Anzahl der Touristen in Tausend
1981	230	72
2002	278	278
2010	311	489
2014	320	998

M5 *Einwohner und Touristen auf Island*

❶ Beschreibe die landwirtschaftliche Nutzung am Vesuv (Atlas).

❷ Beschreibe die Entwicklung der Einwohner- und Touristenzahlen in Island (M5).

❸ Naturereignisse auf Island locken viele Touristen an. Erläutere Chancen und Gefahren.

❹ Begründe, warum Menschen oft in der Nähe von Vulkanen leben (M1 – M3).

M1 *Der Tsunami trifft bei Natori auf die japanische Küste (11.03.2011).*

Erdbeben und Tsunamis

Erdbeben sind gefürchtete Naturereignisse. Sie entstehen unter anderem dort, wo Lithosphärenplatten zusammenstoßen oder sich übereinander schieben. Sind die Spannungen in der Erdkruste zu groß, verschieben sich die Platten ruckartig und die Erde bebt. Vom **Hypozentrum** breiten sich Erdbebenwellen in alle Richtungen aus. Der Bereich, an dem die Erdbebenwellen die Erdoberfläche erstmals erreichen, heißt **Epizentrum**. Die Stärke eines Erdbebens wird mit einem **Seismografen** gemessen und anhand der **Richterskala** angezeigt. Erdbeben dauern meist zwischen wenigen Sekunden und Minuten an und können ganze Städte zerstören.

Tsunamis sind riesige Flutwellen, die meist durch Seebeben ausgelöst werden. Sie drängen landeinwärts und überschwemmen die flachen Küstenabschnitte. Ein Tsunami zerstört alles, was ihm in den Weg kommt. Vor allem im Pazifik erschüttern immer wieder Erdstöße oder Vulkane den Meeresboden. Japan und zahlreiche weitere Küstenabschnitte Asiens sind folglich durch Tsunamis gefährdet.

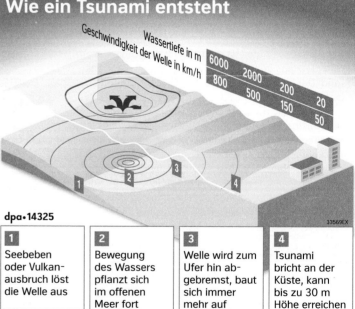

Wie ein Tsunami entsteht

dpa·14325

1 Seebeben oder Vulkanausbruch löst die Welle aus

2 Bewegung des Wassers pflanzt sich im offenen Meer fort

3 Welle wird zum Ufer hin abgebremst, baut sich immer mehr auf

4 Tsunami bricht an der Küste, kann bis zu 30 m Höhe erreichen

M2 *Erdbeben in Japan (2011)*

M3 *Entstehung und Wirkung eines Tsunamis*

100800-253-4   100800-253-5   100800-252-1
www.diercke.de   www.diercke.de   www.diercke.de

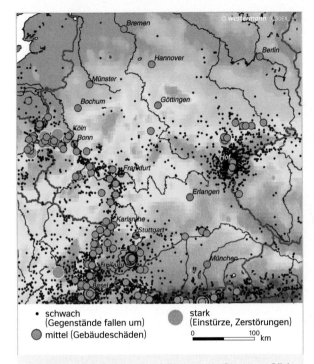

- • schwach
  (Gegenstände fallen um)
- ◉ mittel (Gebäudeschäden)
- ● stark
  (Einstürze, Zerstörungen)

0 _____ 100 km

Ein heftiges Erdbeben erschütterte am Samstag Süd-hessen. Das zeigt: Auch in Deutschland sind Erdbeben jederzeit möglich. [...] Das Erdbeben [...] erreichte nach Angaben des Landesamtes für Umwelt und Geologie eine Stärke von 4,2 und war das stärkste in der Region seit fast 20 Jahren. [...] „Die Stärke ist für unser Gebiet schon beachtlich", sagte Geophysiker Matthias Kracht vom Erdbebendienst des Landesamtes Hessen.

(Quelle: S. Reinbold. www.augsburger-allgemeine.de, 18.05.2014)

M4 *Erdbebenereignisse auch in Deutschland*

Land/ Region	Jahr (Stärke)
Chile	1960 (9,5)
Alaska	1964 (9,2)
Sumatra	2004 (9,1)
Japan	2011 (9,0)
Russland	1952 (9,0)
Chile	2010 (8,8)
Ecuador	1906 (8,8)
Alaska	1965 (8,7)
Sumatra	2005 (8,6)
Nordost-Indien	1950 (8,6)
Deutschland	1911 (6,1)
Deutschland	2004 (5,2)
Deutschland	2014 (4,2)

M5 *Die stärksten Beben weltweit und ausge-wählte Erdbeben in Deutschland*

M6 *Schäden nach einem Tsunami*

Vor der Ostküste Japans schiebt sich die Pazifische Platte mit einer Geschwindigkeit von 85 mm im Jahr unter die Eurasische Platte. Dort reiben sich die Plat-ten und verhaken sich, bis der Druck zu groß wird und die Kontaktstelle über eine gewisse Strecke bricht. Dies passierte am Freitag vor der Insel Honshu auf einer Länge von etwa 390 km.
Das damit verbundene Beben erreichte den Wert von etwa 9,0 auf der Richterskala. Es bildete sich ein zehn Meter hoher Tsunami. Die Welle drang weit ins Landes-innere vor. Es werden zehntausende Tote befürchtet.

M7 *Die Katastrophe von Fukushima – Pressemit-teilung am Tage der Katastrophe (11.03.2011)*

❶ Beschreibe Erdbe-benereignisse in Deutschland und Japan (M1–M7, Inter-net).

❷ Erkläre die Entste-hung von Erdbeben und Tsunamis (M3). Notiere dazu maximal sieben Begriffe und fertige erklärende Skizzen an.

❸ Präsentiere dein Ergebnis mithilfe eines „Spickzettels".

❹ Erläutere das Risiko für die Ostküste Asi-ens, erneut von einem Erd- oder Seebeben betroffen zu sein (Atlas).

❺ Recherchiere Maß-nahmen zum Schutz vor Erdbeben und Tsu-namis und erstelle eine Mindmap zu diesem Thema (Internet).

System

M1 | *Links: Rainbow Bridge, mitte: Tokio City, rechts: Tempel Senjo-ji*

METHODE

So funktioniert das Rollenspiel:

1. Jede vorgegebene Rolle wird durch die gleiche Anzahl der Schüler besetzt.
2. In Gruppen wird die jeweilige Rolle anhand von Materialien (Schulbuch, Atlas, Arbeitsblätter, Internet) ausgearbeitet.
3. Für jede Rolle werden ein bis zwei „Spielende" ausgewählt, die anderen Schüler sind die „Spielbeobachter".
4. Das Rollenspiel wird unter Einhaltung von Gesprächsregeln durchgeführt.
5. Das Rollenspiel wird gemeinsam ausgewertet.

Erdbebenkonferenz in Tokio – ein Rollenspiel durchführen

Tokio ist derzeit mit über 30 Mio. Einwohnern die größte Metropolregion der Welt. Sie liegt im Osten der japanischen Hauptinsel Honshu.

Doch laut jüngerer Erdbebenszenarien ist eines klar: Tokio droht ein Mega-Beben. Bei Japan treffen gleich vier Lithosphärenplatten aufeinander: die Pazifische, Chinesische, Philippinische und Nordamerikanische Platte. Die Pazifische und die Philippinische Platte schieben sich unter die Chinesische, wodurch diese gewölbt und gestaucht wird. An dieser Subduktionszone entstehen Vulkane und Erdbeben. An den Rändern des Pazifiks treffen zahlreiche Platten aufeinander, weshalb man auch vom „Pazifischen Feuerring" spricht.

Das letzte große Erdbeben im Großraum Tokio hatte 1923 etwa 140 000 Tote gefordert. Laut Statistik, die ungefähr im Rhythmus von 60 Jahren solch starke Beben vorhersagt, ist ein Beben in Tokio bereits überfällig. In den letzten Jahren steigt bei der Bevölkerung die Angst vor der drohenden Katastrophe.

Tokio, 20.02.2014

Sehr geehrte Damen und Herren,

Wissenschaftler sagen voraus, dass es im Großraum Tokio mit hoher Wahrscheinlichkeit in den nächsten Jahren ein schweres Beben mit der Stärke 7 auf der Richterskala geben wird. Bei dieser Stärke würde es zu einer großflächigen Zerstörung kommen.

Aus großer Sorge um das Wohl von Tokio und dessen Einwohner möchte ich Sie daher zu einer Konferenz einladen. Gemeinsam mit Fachvertretern unterschiedlicher Gruppen möchte ich mit Ihnen darüber diskutieren, was in Anbetracht einer möglicherweise bevorstehenden Katastrophe zu tun ist.

Mit freundlichen Grüßen

Shintaro Ishihara

Gouverneur von Tokio

M2 | *Einladung*

Geologen

Ihr arbeitet als Wissenschaftler an der Universität in Tokio und sollt die Konferenz leiten. Erklärt den Teilnehmern, warum Tokio erdbebengefährdet ist. Fertigt an der Tafel eine Skizze an, aus der deutlich wird, aus welchen Gründen es an den Plattengrenzen verstärkt zu Erdbeben kommen kann. Ihr geht davon aus, dass es in den nächsten Jahren zu einem starken Erdbeben kommen wird. Weist die Konferenz auf die Gefahren und Auswirkungen hin. Fordert die Behörden auf, die Region bei den geringsten Anzeichen von Erdbeben zu evakuieren, damit keine Menschen in Gefahr geraten.

Bauingenieure

Ihr wisst bereits ganz genau, dass man Erdbeben nicht hundertprozentig exakt vorhersagen kann. Eurer Meinung nach kann man nicht bei jedem geringsten Anzeichen für ein eventuelles Beben gleich die Bevölkerung einer so großen Region wie Tokio in Panik versetzen. Schon des Öfteren haben sich die Seismologen bei ihrer Vorhersage eines Erdbebens geirrt. Ebenso fehlt auch das Geld für solche Maßnahmen, die eine Evakuierung in so großem Stil kosten würde. Ihr seid vielmehr der Auffassung, dass man sich durch eine erdbebensichere Bauweise vor den Folgen schwerer Beben schützen kann. Man könnte zum Beispiel elastische Baumaterialien verwenden oder die Gebäude auf biegsamen Pfeilern errichten. Diese Gebäude kommen bei einem Erdbeben zwar ins Schwanken, stürzen dabei aber nicht ein.

Caritas International

Ihr seid Vertreter der Caritas International. Katastrophenhilfe und schlagt aufgrund eurer jahrelangen Erfahrung vor, vorbereitende Maßnahmen hinsichtlich eines möglicherweise bevorstehenden Bebens zu treffen. Ihr haltet es für sinnvoll, die Bevölkerung für den Notfall vorzubereiten. Dazu sollten Katastrophenschutzpläne entwickelt und die Gebäude möglichst erdbebensicher gebaut werden. Da in der Region Tokio kaum ein Haus länger als 30 Jahre stehen bleibt, wäre diese Maßnahme tatsächlich gut umsetzbar. Des Weiteren sollte die Stadtverwaltung im Vorfeld überlegen, wie die Menschen nach einem Beben ausreichend medizinisch und durch Unterkünfte versorgt werden können. Die Caritas würde solche Projekte natürlich auch unterstützen, genauso wie sie es nach dem schweren Tsunami 2011 in Japan getan hat.

Stadtverwaltung

Ihr arbeitet bei der Stadtverwaltung in Tokio. Ihr vertretet die Meinung, dass es viel zu teuer sei, bei jedem Anzeichen eines Erdbebens die Stadt zu evakuieren. Die Stadt hat kein Geld für die Notunterkünfte und für die Versorgung. Wer soll entscheiden, wann die Stadt evakuiert wird? Wer soll den Schaden, der durch den Arbeitsausfall entsteht, bezahlen? Eurer Meinung nach muss man nur gut auf ein Erdbeben vorbereitet sein. Da im Falle eines Erdbebens Straßen, Eisenbahnverbindungen, Telefone und Stromversorgung nicht mehr funktionieren, gilt es vorzubeugen. Die Menschen wollen wissen, was bei einem Beben alles passieren kann, und Vorsorgemaßnahmen treffen.

Seismologen

Ihr beschäftigt euch schon seit Jahren mit der Vorhersage von Erdbeben. Um die Bewegung im Inneren der Erde zu messen, habt ihr ein spezielles Instrument, den Seismographen. Mithilfe von Seismographen könnte man ein Warnsystem, welches Erdbeben vorhersagt, einrichten. So könnten fast alle Menschen gerettet werden. Ihr habt auch beobachtet, dass Tiere bei bevorstehenden Erdbeben sehr unruhig sind. Sie können offenbar die nahende Gefahr spüren. Erklärt der Konferenz die Funktionsweise eines Seismographen. Setzt euch dafür ein, bei Anzeichen für ein drohendes Erdbeben die Stadt sofort zu evakuieren. Ein Beben in Tokio wie 1923 würde nämlich zahlreiche Menschenleben fordern.

Bürgerinitative

Ihr seid, genau wie viele andere Bewohner, vor Jahren nach Tokio gekommen, weil ihr in einem Unternehmen der Computerbranche eine Arbeit gefunden habt. Euer ganzes Geld habt ihr in den Bau eines Hauses gesteckt. Jetzt bekommt ihr allerdings, genau wie viele andere Bürger von Tokio, Angst. Fordert die Stadtverwaltung auf, euch Geld zu geben, damit ihr euch an einem sichereren Ort niederlassen könnt. Nach eurer Ansicht muss es für die Stadtverwaltung doch besser sein, euch bei einer Umsiedlung finanziell zu unterstützen, als abzuwarten, bis das Geld für Hilfsmaßnahmen ausgegeben werden muss. Gleichzeitig fordert ihr den Gouverneur auf, keine neuen Bürger mehr in die Stadt aufzunehmen. Ihr findet es verantwortungslos, diese Stadt noch wachsen zu lassen. Um deutlich zu machen, welche Auswirkungen ein Erdbeben für die Region Tokio haben kann, berichtet ihr über vergangene Erdbeben und deren Auswirkungen für Menschen und Bauten.

① Bildet sechs Gruppen und führt ein Rollenspiel „Erdbebenkonferenz in Tokio" durch. Recherchiert im Internet nach weiteren Informationen zu eurer Rolle und beginnt eure Stellungnahme jeweils mit einer kurzen Präsentation.

Ein Klimadiagramm auswerten

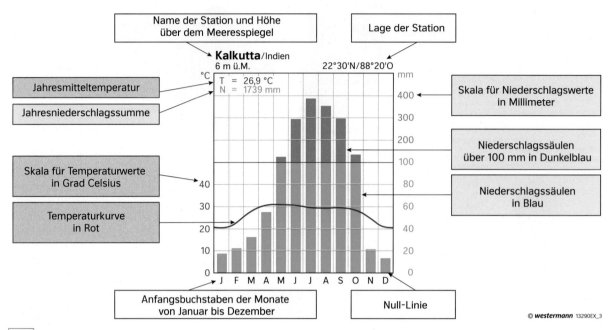

M1 *Aufbau eines Klimadiagramms*

METHODE

Auswerten eines Klimadiagramms

1. Schritt: Lage der Klimastation
a) Name der Station
b) Höhe über dem Meeresspiegel
c) Lage zum Meer (Atlas)

2. Schritt: Temperatur
a) Jahresmitteltemperatur
b) Jahrestemperaturverlauf
c) Jahrestemperaturschwankung (Differenz zwischen höchster und niedrigster Monatsdurchschnittstemperatur)

3. Schritt: Niederschlag
a) Jahresniederschlagssumme
b) Verteilung des Niederschlags während des Jahres
c) trockene (aride) und feuchte (humide) Monate

4. Schritt: Schlussfolgerungen
a) Nenne Ursachen, die zu den festgestellten Temperatur- und Niederschlagswerten führen.
b) Beschreibe Auswirkungen, die Niederschlag, Temperatur und Lage auf die Vegetation haben.
c) Ordne die Klimastation einer Klimazone und einer Vegetationszone zu (Atlas).

MUSTERLÖSUNG TEIL 1

1. Lage
a) Kalkutta (Indien)
b) sechs Meter über dem Meeresspiegel
c) ca. 120 km bis zum Meer; im Nordosten Indiens

2. Temperatur
a) Jahresmitteltemperatur: 26,9°C
b) Jahrestemperaturverlauf: von Januar bis April steigt die Temperaturkurve leicht an, von Oktober bis Dezember sinkt sie wieder leicht. Dabei ist es das ganze Jahr über warm. Lediglich in den Wintermonaten kühlt es sich ein wenig ab.
c) Jahrestemperaturschwankung beträgt ca. 11°C
Monat mit höchster Temperatur: Mai (31°C)
Monat mit niedrigster Temperatur: Jan./Dez. (20°C)

3. Niederschlag
a) Jahresniederschlagssumme: 1739 mm (sehr hoch, zum Vergleich: Potsdam, 540 mm)
b) Verteilung des Niederschlags während des Jahres: ganzjährig Niederschläge mit Schwankungen
niederschlagsreichster Monat: Juli 375 mm
niederschlagsärmster Monat: Dezember 7 mm
c) trockene Monate: November bis April
feuchte Monate: Mai bis Oktober

4. Schlussfolgerungen (siehe Musterlösung Teil 2)

M2 *Landschaft in der Nähe von Hyderabad*

MUSTERLÖSUNG TEIL 2

4. Schlussfolgerungen

a) Kalkutta liegt im Nordosten von Indien und unterliegt dem Einfluss des **Monsuns**. Dieser Wind führt dazu, dass sich eine Trockenzeit und eine Regenzeit ausbilden. Aufgrund der intensiven Sonneneinstrahlung sind die Temperaturen das ganze Jahr über sehr hoch.

b) Im Sommer ist es heiß und feucht, die Vegetation ist üppig und die Voraussetzungen für die Landwirtschaft sind meist optimal. Im Winter ist es warm und trocken und der Anbau somit erschwert.

c) Klimazone: wechselfeuchte Tropen; Vegetationszone: Feuchtsavanne (Atlas)

INFO

Wetter
Wetter ist der Zustand der Troposphäre (siehe Geobasics) mit ihren messbaren Eigenschaften wie Temperatur, Niederschlag, Bewölkung, Luftdruck und Wind an einem bestimmten Ort zu einer bestimmten Zeit.

Klima
Klima ist der über mind. 30 Jahre ermittelte, durchschnittliche Wetterablauf in einem Gebiet.

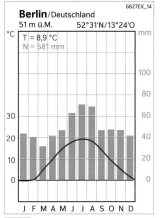

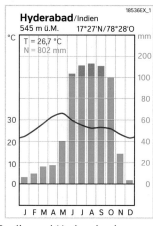

M3 *Klimadiagramme von Berlin und Hyderabad*

❶ Nenne Angaben, die sich aus einem Klimadiagramm ablesen lassen.

❷ Wetter ist nicht gleich Klima. Erkläre.

❸ Werte das Klimadiagramm von Hyderabad aus (M3).

❹ Vergleiche die Klimadiagramme (M3).

❺ Beschreibe am Beispiel von Hyderabad die Auswirkungen des Klimas auf die Vegetation (M2, Atlas).

❻ Für Experten: Leite aus den klimatischen Bedingungen landwirtschaftliche Nutzungsmöglichkeiten für die Klimazone Hyderabads ab.

Methode

M1 | *Monsunregen in der Stadt*

M3 | *Indische Landschaft in der Regenzeit (oben) und in der Trockenzeit (unten)*

Monsun in Indien

Alle Jahre wieder

Indien und große Teile Südasiens liegen im Einflussbereich des Sommer- und Wintermonsuns.

Wintermonsun: Da sich im Nordwinter die Sonne südlich des Äquators befindet, wird Indien nicht so intensiv erwärmt. Luftmassen bewegen sich deshalb aus nordöstlicher Richtung über Indien vom Land zum Meer (Nordostmonsun). Diese sind sehr trocken, weil sie über dem asiatischen Festland keine Feuchtigkeit aufnehmen können. Sie überstreichen das Himalaya-Gebirge und dringen bis zum Indischen Ozean vor.

Große Teile Indiens sind in dieser Zeit von Trockenheit und Dürren betroffen. Inder nennen diesen Monsun auch „Hungerwind".

Sommermonsun: Im Nordsommer steht die Sonne um den Nördlichen Wendekreis im **Zenit** und erwärmt das asiatische Festland stark. Dadurch werden die warmen Luftmassen vom Indischen Ozean in Richtung Indien transportiert (Südwestmonsun). Über dem Indischen Ozean können sie sehr viel Feuchtigkeit aufnehmen und geben diese über dem Festland als Niederschlag wieder ab.

Besonders vor Gebirgen kommt es so zu hohen Niederschlagsmengen. Die Inder nennen diese aus Südwesten kommenden Winde „Regenbringer".

Das niederschlagreichste Gebiet Indiens liegt am Südrand des Himalaya-Gebirges. Dort fallen im Durchschnitt mehrere Tausend Millimeter Regen im Jahr und sorgen für eine große Zahl an Quellen.

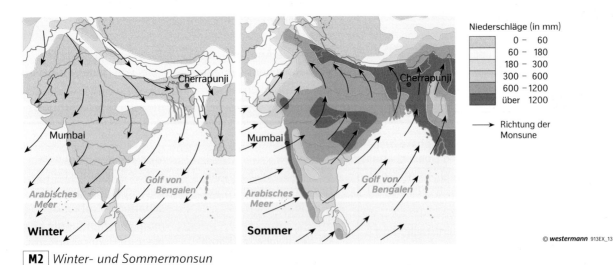

Niederschläge (in mm)

	0 – 60
	60 – 180
	180 – 300
	300 – 600
	600 – 1200
	über 1200

→ Richtung der Monsune

© **westermann** 913EX_13

M2 | *Winter- und Sommermonsun*

100800-174
www.diercke.de

100800-164-4
www.diercke.de

100800-164-3
www.diercke.de

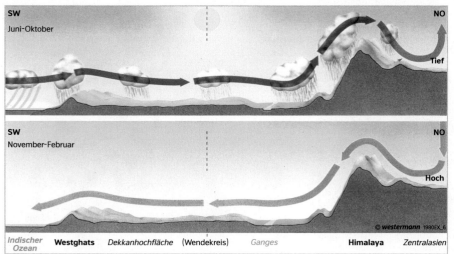

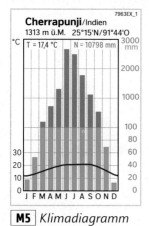

M5 *Klimadiagramm*

Indischer Ozean | **Westghats** | *Dekkanhochfläche* | (Wendekreis) | *Ganges* | **Himalaya** | *Zentralasien*

M4 *Sommermonsun und Wintermonsun*

METHODE

Placemat – ein möglicher Einstieg

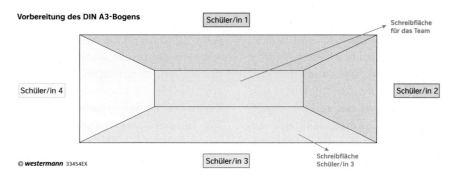

Vorbereitung des DIN A3-Bogens

Schüler/in 1 · Schüler/in 2 · Schüler/in 3 · Schüler/in 4 · Schreibfläche für das Team · Schreibfläche Schüler/in 3

© *westermann* 33454EX

Bildet 4er-Gruppen und zeichnet auf einem DIN A3-Blatt die vorgegebenen Linien auf. Ordnet jedem Schüler der Gruppe eines der äußeren Felder zu. Geht dann folgendermaßen vor:
1. Notiert eine Frage in der Mitte. Zum Beispiel: „Was versteht man unter dem Begriff Monsun?"/ „Monsun – Fluch oder Segen?"
2. Notiert zunächst in eurem Feld, was euch zu dem Begriff „Monsun" einfällt (auch Skizzen sind erlaubt).
3. Lest und kommentiert anschließend schriftlich (aber ohne mit den anderen zu sprechen) die Ideen der Mitschüler.
4. Diskutiert gemeinsam kurz über eure Ideen und einigt euch auf eine Antwort, die ihr unter die Frage schreibt.
5. Bearbeitet die Aufgaben dieser Doppelseiten und überprüft anhand der Ergebnisse euer Vorwissen.

❶ Vergleiche Sommer- und Wintermonsun in einer Tabelle (indischer Name, Richtung, Temperatur, Niederschlag, Dauer und Folgen; M1 – M3)

❷ a) Erstelle mithilfe der Daten auf S. 175 ein Klimadiagramm von Mumbai (Indien), b) Beschreibe mit Hilfe deines Klimadiagramms den Verlauf des Sommer- und des Wintermonsuns. c) An der Südspitze von Indien fallen auch in den Wintermonaten höhere Niederschlagsmengen. Erkläre.

❸ Erkläre unter Berücksichtigung der Lage den Niederschlagsverlauf von Cherrapunji (Atlas).

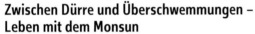

M1 *In der Trockenzeit*

M2 *Straßen während des Sommermonsuns*

Zwischen Dürre und Überschwemmungen – Leben mit dem Monsun

Der Monsun wird oft als Segen, Fluch oder Schicksal bezeichnet. Sein Einfluss auf das Leben in Indien ist bedeutend. Insbesondere die Landwirtschaft hängt vom Beginn, der Dauer, der Intensität und dem Zeitpunkt des Abklingens des regenbringenden Monsuns ab. Seine Unregelmäßigkeit erschwert den Anbau und gefährdet damit regelmäßig die Versorgung von mehr als einer Milliarde Menschen, die in Indien derzeit leben.

Kommt der Südwestmonsun zu früh und zu heftig, folgen Überschwemmungen. Menschen und Tiere ertrinken, die Ernte verfault und der Ackerboden wird abgespült.

Kommt er jedoch zu spät und bringt nur sehr wenig Regen, dann herrscht Dürre und es drohen Hunger und Not. Während das meiste Getreide in der Zeit des Sommermonsuns produziert wird, ist in der Zeit des trockenen Wintermonsuns Ackerbau ohne Bewässerung kaum möglich.

Auch die Oberflächengestalt des Landes, das Relief, beeinflusst die regionalen Regenmengen. Die Nord-Süd verlaufenden Westghats und der Himalaya wirken als Regenfänger (siehe S. 29, M4), während im Regenschatten der Westghats, im Hochland von Dekkan, wenig oder kein Niederschlag fällt.

Monsun und Landwirtschaft

Der Monsun bestimmt die indische Landwirtschaft und damit die Auswahl der Feldfrüchte sowie den Zeitpunkt von Aussaat und Ernte. Fällt der Regen im richtigen Zeitraum und in ausreichender Menge über längere Zeit, können Bauern bis zu drei Ernten im Jahr einbringen.

Die Temperatur ermöglicht das ganze Jahr über einen Anbau. Zur Zeit des trockenen Wintermonsuns liegen die Felder brach oder es werden anspruchslose Hülsenfrüchte angebaut.

In Indien gibt es zwei Anbaumethoden:

1. der Regenfeldbau auf der Grundlage des jährlich fallenden Niederschlags,
2. der Bewässerungsfeldbau unter Nutzung von Flusswasser oder Wasser aus Brunnen und Teichen, die in Indien „Tanks" genannt werden.

Um sich dem unregelmäßigen Wasserangebot anzupassen, musste die indische Bevölkerung schon früh auf verschiedene Bewässerungstechniken zurückgreifen. Beispielsweise wird der Niederschlag in der Regenzeit in Staubecken und Teichen gesammelt und dann in der Trockenzeit auf die Felder geleitet.

Häufig wird auch Grundwasser mithilfe von Tiefbrunnen an die Oberfläche gepumpt und auf den Feldern verteilt. Das führt jedoch zu einer starken Grundwassersenkung und es müssen tiefere Brunnen gebohrt werden.

100800-162-3
www.diercke.de

100800-164-4
www.diercke.de

M3 *Bewässerungstank auf einer Teeplantage*

M6 *Konturgräben verhindern das schnelle Abflie-ßen von Regenwasser.*

Es sind Bilder, die in Indien die schlimmsten Erinne-rungen an Hungersnöte aus den Anfangszeiten des Landes auslösen: Wasserteiche sind ausgetrocknet, die Erde ist in der Hitze aufgebrochen, abgemagerte Rinder sind auf der Suche nach ein paar Grashalmen. Gerade die Bundesstaaten Punjab, Haryana und der Westen von Uttar Pradesh, Hauptanbaugebiete für Reis, sind am schlimmsten betroffen. Indische Meteo-rologen sprechen von einer Dürre, wenn der lebens-spendende Monsun weniger als 90 Prozent der nor-malen Regenfälle bringt. 2012 ist schon die vierte Tro-ckenperiode seit Beginn des Jahrtausends.

(Quelle: W. Germund: Der lebensspendende Monsun schwä-chelt. www.fr-online.de, 15.08.2012)

M4 *Monsun bleibt immer häufiger aus.*

Mehr als zwei Millionen Inder müssen nach schweren Monsun-Regenfällen und Überschwemmungen aus ihren Häusern fliehen. Bislang kamen bereits rund hundert Menschen in den vergangenen Wochen in den Hochwassergebieten im Norden und Osten des Lan-des ums Leben. Viele Menschen ertranken oder wur-den unter einstürzenden Häusern begraben. 60 Men-schen kamen allein im Staat Orissa ums Leben. Nach Angaben des Einsatzleiters sind knapp 2,1 Mio. Men-schen von den Unwettern in 3000 Dörfern betroffen. Der Monsun beginnt in Südasien in der Regel Anfang Juni und dauert bis September. In Indien forderte die Regenzeit in diesem Jahr mehr als 800 Todesopfer.

(Quelle: Die Regenzeit in Indien fordert bereits mehr als 800 Todesopfer. www.n-tv.de, 26.09.2011)

M5 *Monsun vernichtet Lebensgrundlage.*

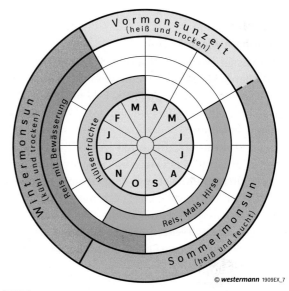

© **westermann** 1909EX_7

M7 *Anbaukalender*

❶ Beschreibe die Auswirkungen unre-gelmäßiger Monsun-regenfälle.

❷ Ordne die Nach-richtenmeldungen und Fotos jeweils einer Jahreszeit zu (M1, M2, M4, M5).

❸ Erläutere landwirt-schaftliche Maßnah-men zur Lösung des Wasserproblems (M3, M6, M7).

❹ Stelle in Textform den Zusammenhang zwischen Nieder-schlag, Relief, Bewäs-serung und Getreide-anbau dar.

M1 | *Im Südwesten Chinas – der Fluss Jangtsekiang ist über die Ufer getreten.*

Hochwasser

... alle Jahre wieder!

Hochwasser an Flüssen hat es schon immer gegeben. Allerdings haben sich die Menschen im Laufe der Jahre immer näher an Flüssen angesiedelt. Daher richtet ein Hochwasser heute viel mehr Schäden an als früher.

Wasserstandsschwankungen von Flüssen sind normal. Entspringt ein Fluss im Gebirge oder kommen seine Nebenflüsse aus dem Gebirge, kann es im Frühjahr durch die Schneeschmelze Hochwasser geben. Der bereits gesättigte Boden kann das Schmelzwasser nicht mehr aufnehmen und es fließt oberirdisch in die Flüsse ab. Im Sommer kann es Hochwasser geben, wenn es stark und lange regnet. Das führt zu einem direkten Anstieg der Wassermassen in den Flüssen.

Überschwemmungen am Jangtse

In China kommt es aufgrund der extremen Wetterereignisse immer wieder zu verheerenden Überschwemmungen. Vor allem die Gebiete am Jangtsekiang, dem längsten Fluss Chinas, sind häufig von Hochwasser betroffen.

Der Jangtsekiang entspringt im östlichen Hochland von Tibet und durchfließt dann die chinesische Tiefebene. Außer der Schneeschmelze im Frühjahr bestimmen vor allem die saisonalen Monsunniederschläge die Wasserführung des Flusses.

Neben den natürlichen Ursachen erhöht auch der Mensch das Überschwemmungsrisiko. Durch Flusslaufregulierungen, **Deiche** sowie die dichte Besiedlung des fruchtbaren Flussufers wird das Flussbett immer stärker verengt. Demzufolge können Flusssedimente nicht mehr natürlich abtransportiert werden, sondern verbleiben im Fluss. Das Flussbett erhöht sich. Auf diese Weise kann das Wasser schneller fließen und leichter über die Ufer treten. Zudem fehlen vielerorts Waldflächen, und Seen werden zur Landgewinnung sowie zum Anbau von Monokulturen trockengelegt.

M2 | *Der Jangtsekiang, der längste Fluss Chinas*

M3 Das Wasser richtet erheblichen Schaden an – Menschen werden obdachlos.

„20.06.2010: Insgesamt sind mehr als zehn Millionen Menschen in China von dem Hochwasser betroffen. Starker Regen hat seit dem 13. Juni dazu geführt, dass Staudämme gebrochen und Dutzende Flüsse über die Ufer getreten sind. Es kam zu Erdrutschen, Straßen wurden beschädigt, die Stromversorgung war unterbrochen. Tausende Häuser wurden durch die Wassermassen zerstört, der wirtschaftliche Schaden wird bisher auf mehr als 14 Milliarden Yuan (1,65 Milliarden Euro) beziffert. Über 500 000 Hektar Ackerland sind zerstört worden - eine Fläche zweimal so groß wie das Saarland. Betroffen war auch die Gegend um den südlichen Perlfluss, Zentrum einer der wichtigsten chinesischen Industrieregionen. Der Nationale Wetterdienst warnte am Sonntag vor weiteren Regenstürmen in den kommenden Tagen."

(Quelle: Riesenflut trifft China. www.spiegel.de, 20.06.2010)

M5 Riesenflut trifft China mit voller Wucht.

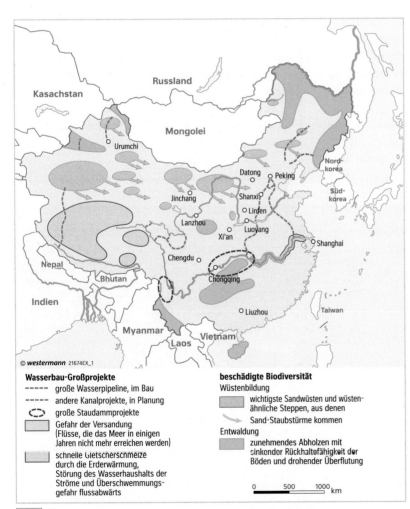

© *westermann* 21674EX_1

Wasserbau-Großprojekte
- - - - - große Wasserpipeline, im Bau
- - - - - andere Kanalprojekte, in Planung
⊂⊃ große Staudammprojekte

▨ Gefahr der Versandung (Flüsse, die das Meer in einigen Jahren nicht mehr erreichen werden)

▨ schnelle Gletscherschmelze durch die Erderwärmung, Störung des Wasserhaushalts der Ströme und Überschwemmungsgefahr flussabwärts

beschädigte Biodiversität
Wüstenbildung

▨ wichtigste Sandwüsten und wüstenähnliche Steppen, aus denen

→ Sand-Staubstürme kommen

Entwaldung

▨ zunehmendes Abholzen mit sinkender Rückhaltefähigkeit der Böden und drohender Überflutung

0   500   1000 km

M4 Überflutungsgefahr unter anderem durch Abholzung

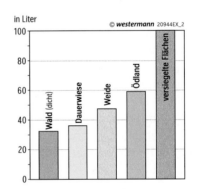

in Liter
© *westermann* 20944EX_2

M6 Direkter Abfluss von 100 Litern Regenwasser in Bäche und Flüsse bei verschiedenen Oberflächen

❶ Fasse die Folgen der Hochwasserkatastrophe im Jahr 2010 in China in einer Mindmap zusammen (M1–M5).

❷ Nenne natürliche und vom Menschen ausgelöste Ursachen von Hochwasser an Flüssen in China (M4).

❸ Das Überschwemmungsrisiko ist für die chinesische Tiefebene sehr groß. Erläutere (M4, M6, Atlas).

Hochwasserschutz

Ein Kampf an vielen Fronten

Hochwasserschutz hat das Ziel, geeignete Vorkehrungen zum Schutz der Menschen und aller Einrichtungen vor Überschwemmungen zu schaffen. Es werden technische Maßnahmen, Vorkehrungen für den natürlichen Rückhalt von Wasser und weitergehende, nachhaltige Maßnahmen zum Hochwasserschutz unterschieden. Vom Menschen errichtete Bauwerke wie Staudämme, Deiche, Flutwehre und **Polder** zählen zu den technischen Verfahren. Hochwasserdämme und Schutzmauern entlang von Flüssen gehören zu den stationären Anlagen. Zudem gibt es mobile Mittel, die im Falle einer Hochwasserwarnung flexibel und relativ kurzfristig aufgebaut werden können, zum Beispiel Deiche aus Sandsäcken.

Der Mensch hat an vielen Stellen in die natürliche Flutregulierung von Flüssen eingegriffen. Natürliche Überschwemmungsgebiete wurden oft überbaut oder intensiv landwirtschaftlich genutzt, was zu einem veränderten Oberflächenabfluss führte.

Hinzu kommen die Eingriffe in das natürliche Gleichgewicht der Flusssysteme. Uferbefestigungen, Wehre, Staudämme und Flussbegradigungen führen dazu, dass sich das natürliche Abflussverhalten verändert. Bei Hochwasser ist die auflaufende Wassermenge oft nicht mehr beherrschbar.

METHODE

Einen Sachverhalt bewerten

1. **Schritt:** Feststellung eines Sachverhalts, zum Beispiel Bau eines Flutungspolders bei Wittenberge an der Elbe.
2. **Schritt:** Frage nach Funktionen und Folgen des Sachverhalts
- Welche Voraussetzungen mussten für den Bau des Polders geschaffen werden? Welche Veränderungen musste die ansässige Bevölkerung in Kauf nehmen?
- Welchen Nutzen hat der Polder?
- Kann der Polder seine Funktion erfüllen? Sind auch negative Folgen zu erwarten?
3. **Schritt:** Bestimmung der Werte
- ein Polder dient zum Beispiel als Überschwemmungsfläche bei Hochwasser – Schutz der Bevölkerung vor Hochwasser = der Wert sicheren Wohnens.
- der Bau eines Polders führt zum Verlust landwirtschaftlicher Nutzfläche = Wert eingeschränkter Nutzung
4. **Schritt:** Wertentscheidung – die Werte müssen gewichtet werden (zum Beispiel durch Zahlen) und anschließend soll eine Entscheidung getroffen werden.

M1 *Moderner Hochwasserschutz in den Niederlanden – bei Bedarf werden die Tore geschlossen.*

Him Lai (Zentrale Wasserbau-Behörde, Peking)

Der Staudamm hat uns in unserer Entwicklung einen großen Schritt nach vorn gebracht. Am Unterlauf des Jangtsekiang werden nun 200 Mio. Menschen vor großen Überschwemmungskatastrophen geschützt. Der Fluss ist ganzjährig von Schiffen und Schubverbänden befahrbar. Chongqing entwickelt sich zum weltweit größten Binnenhafen.

Die neuen Elektrizitätswerke erbringen eine Leistung, die wir dringend zur Stromversorgung benötigen. Mit der Energie versorgen wir in erster Linie die Küstenstädte und ihre wichtigen Industriebetriebe. Wir haben endlich auch viele Tausend Dörfer elektrifizieren können. So verbessert sich der Lebensstandard der Menschen und es können sich weitere Wirtschaftsbetriebe ansiedeln. Dass wir Menschen umgesiedelt haben, sehe ich positiv. Sie mussten zwar ihr altes Zuhause auf dem Seegrund lassen, haben aber eine neue Heimat mit modernen und geräumigen Wohnungen gewonnen. Die chinesische Bevölkerung kann stolz sein auf dieses weltweit größte Bauprojekt seit der Errichtung der chinesischen Mauer.

Han Guanwan (Universität Wuhan)

Der Damm ist eine der größten Fehlplanungen der chinesischen Geschichte. Durch den Stausee wurden 137 Städte mit 400 Krankenhäusern und 1 100 Dörfer überflutet. Wegen des Dammes verloren Millionen ihre Heimat. Ihre Häuser und das Ackerland versanken im Wasser und die Familien mussten in neu geplante Siedlungen ziehen. Oft liegen diese fernab ihrer alten Heimat. Hinzu kommen die Umweltgefahren. Es wurden Fabriken, Kohleminen und Mülldeponien überschwemmt, wodurch das Wasser langfristig verseucht werden könnte. 200 Mio. Menschen am Unterlauf des Jangtsekiang sind von einen möglichen Dammbruch bedroht. Niemand weiß, wie lange der Damm funktionsfähig sein wird. Durch die große Schlammfracht im Fluss könnte der See sehr schnell verschlammen. Dadurch könnten die Wasserkraftwerke unbrauchbar gemacht werden.

Schließlich versank auch eine der schönsten Naturlandschaften, die Drei Schluchten, in den Fluten. Für Hunderttausende Touristen im Jahr gibt es es keinen Grund mehr, das Jangtse-Tal zu besuchen.

Urteil

M2 *Bewertungen des Staudammbaus am Jangtsekiang/China*

❶ Nenne Maßnahmen zum Hochwasserschutz.

❷ Beschreibe die Veränderungen am Jangtsekiang, die durch den Bau des Drei-Schluchten-Staudamms ausgelöst wurden (Atlas, M2, M3).

❸ Bewerte den Bau des Drei-Schluchten-Staudammes am Jangtsekiang (M2).

a) Liste die Pro- und Kontra-Argumente auf, die für und gegen den Bau des Staudammes sprechen (M2).
b) Recherchiere weitere Argumente (Internet).
c) Ordne den Argumenten sinnvolle Werte zu, gewichte diese und nimm eine schriftliche Werteentscheidung vor.

M3 *Der Drei-Schluchten-Staudamm*

100800-183-7
www.diercke.de

100800-186-1
www.diercke.de

100800-189-6
www.diercke.de

M1 *Zerstörungen nach einem Taifun auf den Philippinen*

Tropische Wirbelstürme

... und dann kommt die Flut

Zwischen Juli und November herrscht in Teilen Asiens Zyklon- beziehungsweise Taifunzeit (M3). Tropischen Wirbelstürme entstehen über tropischen Meeren nördlich und südlich des Äquators, wo die Wasserfläche im oberen Bereich eine Temperatur von mindestens 27 °C aufweist. Die zu Beginn noch harmlosen Tiefdruckwirbel saugen über dem Meer die feuchtwarme Ozeanluft an und reißen sie in einer Spirale bis zu 16 km in die Höhe. In der Mitte des Wirbels liegt das wolkenlose und nahezu windstille „Auge" des Sturms. Um dieses Auge kreisen die Wirbel mit Windgeschwindigkeiten von bis zu 350 km/h.

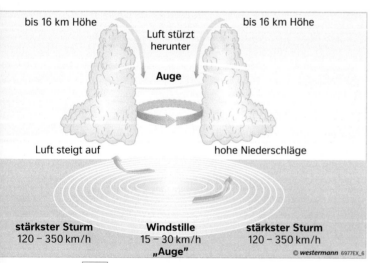

M2 *Entstehung eines Wirbelsturmes*

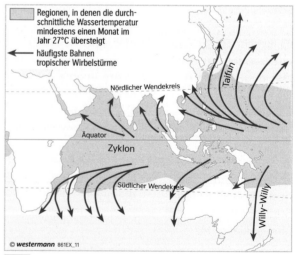

M3 *Zone von Wirbelstürmen*

Als der Zyklon Sidr am 15. November 2007 zu einem tropischen Wirbelsturm der Kategorie 4 eingestuft wurde, sind Tausende von Hilfskräften in Indien und Bangladesch in höchste Alarmbereitschaft versetzt worden. Neben den heftigen Regenfällen, die einen solchen Wirbelsturm begleiten, war es vor allem die zu erwartende Sturmflut, welche die Einwohner der Küstenregionen in Panik versetzte.

Die Gezeitenwellen erreichten an vielen Stellen Höhen von drei Metern über dem normalen Pegel. Die Wassermassen drangen aufgepeitscht durch den Sturm ins Landesinnere vor und ließen von vielen Küstendörfern nur unbewohnbare Trümmer zurück.

Die Schäden waren in einigen Teilen Bangladeschs besonders gravierend. Die Distrikte Patuakhali und Barguna waren sogar von einer mehr als fünf Meter hohen Sturmflut betroffen. Klaus Sibering, Maschineningenieur und Mitarbeiter des THW (Technisches Hilfswerk), fasst das Ausmaß der Katastrophe so zusammen: „Es wird Jahrzehnte dauern, bis die Küste wieder so aussieht wie vor der Katastrophe. Die Mangrovenwälder werden sich nur schwer erholen. Jetzt steht aber die kurzfristige Hilfe für die betroffenen Menschen im Vordergrund: Suche nach Vermissten, Aufbau von Notunterkünften, medizinische Versorgung und die Beschaffung von Nahrungsmitteln. Denn die Reisernte ist in weiten Teilen Opfer von Sidr geworden."

M4 *Zeitungsmeldung*

INFO

Mangroven

Mangroven bilden in tropischen Gebieten dichte Wälder an den Küsten. Sie wachsen unter Bedingungen, die für normale Bäume tödlich sein würden: in salzigem Meerwasser. Außerdem sind sie den Gezeiten ausgesetzt. Mit ihren Stelzen stützen sich die Mangroven ab und haben so den nötigen Halt bei Stürmen und Fluten. Das Geflecht der Wurzeln und Äste bietet Fischen Schutz und Nahrung und raubt Stürmen oder Flutwellen einen Großteil ihrer zerstörerischen Energie. Mangrovenwälder sind ein natürlicher Küstenschutz. Wo der Mensch die Wälder abholzt, drohen den Küsten und küstennahen Gebieten schwere Folgen.

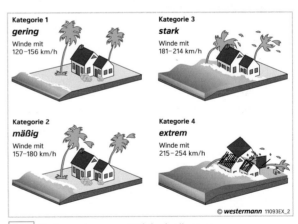

M5 *Kategorien von Wirbelstürmen*

① Erkläre, wie tropische Wirbelstürme entstehen (M2, Internet).

② Recherchiere drei große Städte in Ost-, Süd- und Südostasien, die in Zugbahnen der Wirbelstürme liegen (M3, Atlas).

③ Erläutere, welche Gefahren bei einem Flug in das Auge eines tropischen Wirbelsturms bestehen.

④ An den Küsten Thailands, Kambodschas und Vietnams werden Mangrovenwälder abgeholzt, um Shrimps zu züchten. Beurteile dieses Vorgehen aus wirtschaftlicher und ökologischer Sicht.

INTERNET

www.wissen.de/ Natur
Suchbegriff: tropischer Wirbelsturm

Alles klar?

1. Bilderrätsel

a) Ordne die Bilder ① – ④ einer Naturkatastrophe zu.

b) Berichte über die Gefahren verschiedener Naturereignisse für die Menschen.

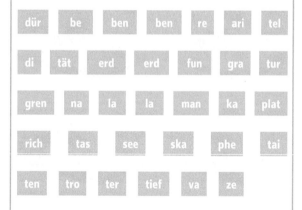

2. Silbenrätsel

Gesucht werden zehn Begriffe, die mit Naturkräften und Plattentektonik zu tun haben. Schreibe die Silben ab. Suche dann die Begriffe.
Die Anfangsbuchstaben von 1 – 10 ergeben einen Begriff aus der Plattentektonik.

dür	be	ben	ben	re	ari	tel
di	tät	erd	erd	fun	gra	tur
gren	na	la	la	man	ka	plat
rich	tas	see	ska	phe	tai	
ten	tro	ter	tief	va	ze	

1. Schicht zwischen Erdkern und Erdkruste
2. Energieskala zur Messung der Erdbebenstärke
3. klimatisch bedingte Trockenperiode
4. Trennungslinie zwischen Erdplatten
5. an der Erdoberfläche ausgetretene Gesteinsschmelze
6. Niederschlag ist geringer als die Verdunstung
7. tropischer Wirbelsturm
8. tiefe und langgestreckte Meeresstelle
9. Erschütterung der Erdoberfläche
10. Folgen der Zerstörung durch ein Naturereignis

3. Das Klima Indiens – ein Reiseführer

Indien wird größtenteils durch den ① _____ beeinflusst. Er kommt nicht immer aus einer Richtung, vielmehr ändert er seine ② _____ je nach ③ _____ . Von Juni bis Oktober liegt fast ganz Indien unter dem Einfluss des ④ _____ , der aus Richtung ⑤ _____ über das Land zieht. Dann ist es feucht und regenreich. In den Bergregionen Richtung Küste kann es zu äußerst heftigen ⑥ _____ kommen. Tendenziell am kühlsten und auch ⑦ _____ ist es im ganzen Land von ⑧ _____ bis Februar. Dann wehen die leichten Brisen des ⑨ _____ aus Richtung ⑩ _____ . Sie bringen wenig Regen und der Himmel ist oft wolkenlos. Von März bis Mai wird es häufig sehr ⑪ _____ und sehr ⑫ _____ . Regen gibt es dann eigentlich nur sehr selten, wenn der Wind Richtung Südwest dreht.

4. Ursachen und Folgen von Hochwasser

Zeichne das Schema auf ein DIN-A4-Blatt. Trage dann die unten stehenden Punkte nach Ursachen (Natur/Mensch) und Folgen sortiert ein:

Überflutung von Häusern

Bodenversiegelung

Verschmutzung der Landschaft

Flussbegradigung

Verlust von Ackerland

Zerstörung von Verkehrswegen

starke Niederschläge

Bau von Deichen

Kurzschlüsse und Brände

plötzlich eintretende Schneeschmelze

wirtschaftliche Nutzung der Flussauen

Lebensgefahr durch Flutwellen

Beseitigung von natürlichen Überflutungsgebieten

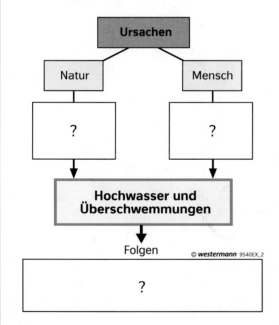

© **westermann** 9540EX_2

Kompetenzcheck

Orientierungskompetenz
Ich kann ...

... Teilräume auf der Erde nennen, in denen Naturkatastrophen gehäuft vorkommen.

... anhand einer selbst erstellten Faustskizze zu Asien ausgewählte geografische Objekte lokalisieren.

Kommunikationskompetenz
Ich kann ...

... plattentektonische Prozesse anhand verschiedener Darstellungen zielgerichtet und unter Verwendung der Fachsprache beschreiben und erklären.

... Inhalte zur Plattentektonik situations- und adressatengerecht präsentieren.

... bei einem Rollenspiel zum Thema „Erdbeben in Japan" fachliche Aussagen und Bewertungen abwägen und in einer Diskussion zu einer eigenen begründeten Meinung kommen.

Methodenkompetenz
Ich kann ...

... Kausalketten und Begriffsnetze zum Vulkanismus erstellen.

... Klimadiagramme auswerten und miteinander vergleichen.

Bewertungs- und Urteilskompetenz
Ich kann ...

... den Bau des Drei-Schluchten-Staudamms kriteriengeleitet bewerten.

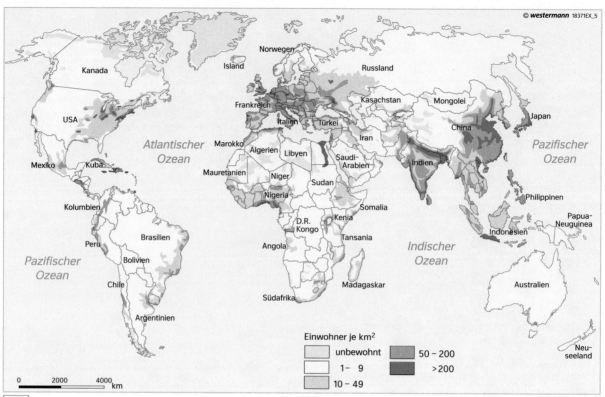

© **westermann** 18371EX_5

Einwohner je km²

unbewohnt		50 – 200
1 – 9		>200
10 – 49		

M1 *Bevölkerungsdichte der Erde*

Verteilung der Menschen auf der Erde

Mehr als sieben Milliarden Menschen bewohnen die Erde. Im Durchschnitt leben 51 Einwohner auf einem Quadratkilometer. Doch die Menschen sind nicht gleichmäßig verteilt. Die Hälfte der Menschen siedelt auf nur fünf Prozent der Festlandsfläche, die Bevölkerungsdichte ist also sehr unterschiedlich.

Die Bevölkerung verteilt sich von Kontinent zu Kontinent unterschiedlich. Das hat vielfältige Ursachen, zum Beispiel die Verfügbarkeit von Ressourcen wie Wasser und Nahrung oder Arbeit. Die Mehrheit der Menschen lebt in klimatisch begünstigten Räumen mit Durchschnittstemperaturen zwischen 5 und 25 °C. Obwohl in den meisten bewohnten Regionen Landwirtschaft betrieben wird, ist die Grundversorgung mit Lebensmitteln oft nicht gewährleistet.

Auch kulturelle, wirtschaftliche und soziale Gegebenheiten haben Einfluss auf die Bevölkerungsdichte. In Entwicklungsländern beispielsweise nimmt die Bevölkerung stärker zu als in Industrieländern. Millionen Menschen verlassen jährlich ihre Heimat und ziehen an andere Orte. Auch sie tragen damit zur unterschiedlichen Verteilung der Weltbevölkerung bei.

Staat	Bevölkerung in Millionen	Einwohner pro km²
China	1 372	142,5
Indien	1 251	380,8
Indonesien	256	134,4
Bangladesch	170	1 137,2
Japan	127	335,8
Mongolei	3	1,9
Bahrain	1,3	1 664,1

M2 *Daten ausgewählter Staaten (2015)*

Kontinent	Einw. pro km²
Asien	141,6
Afrika	40
Europa	33,4
Lateinamerika	31,5
Nordamerika	19,2
Australien	3

M3 *Bevölkerungsdichte der Kontinente*

100800-276-2   100800-276-3   100800-277-4
www.diercke.de   www.diercke.de   www.diercke.de

M4 | *In Ägypten*

METHODE

Eine Faustskizze anfertigen

1. Zeichne mit einem roten Stift zunächst den Umriss des Raumes. Gerade Linien erleichtern die Arbeit.
2. Skizziere mit weiteren Farben ausgewählte Objekte: mit einem braunen Stift Gebirge, mit einem blauen Stift große Flüsse, mit einem gelben oder grünen Stift Landschaften und mit einem roten Stift Städte. Verwende beim Zeichnen der Umrisse einfache Formen (Gerade, Kreis, Oval, Punkt).
3. Du kannst auch thematische Eintragungen vornehmen, beispielsweise die besiedelten Gebiete Ägyptens einzeichnen (M6).

Orientieren mit „Skizzen aus der Hand"

Mithilfe einer Faustskizze kannst du dir einen Überblick über einen Erdteil, ein Land oder eine Region verschaffen.

Faustskizzen bestehen aus groben Umrissen und aus der Hand gezeichneten Linien und Punkten. Sie werden so angelegt und vereinfacht, dass sie nur Wichtiges zeigen und eine ganz oberflächliche Orientierung ermöglichen. Man kann in Faustskizzen zusätzlich Informationen zu ganz verschiedenen Themen aufnehmen.

Siedlungsraum

M6 | *Faustskizze von Ägypten*

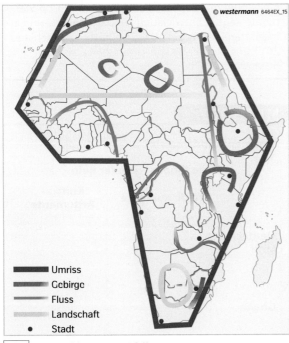

Umriss
Gebirge
Fluss
Landschaft
• Stadt

M5 | *Faustskizze von Afrika*

❶ a) Beschreibe die Bevölkerungsdichte auf der Erde (M1 – M3).
b) Nenne je besiedelten Kontinent drei Räume mit hoher und mit niedriger Bevölkerungsdichte (M1, Atlas).

❷ Nenne Einflussfaktoren für die Verteilung der Weltbevölkerung (Atlas).

❸ Zeichne eine Faustskizze von Afrika. Benenne alle Landschaften, Flüsse, und Städte (M5, Atlas).

❹ **Gruppenarbeit**
Erstellt Steckbriefe zu den Ländern Ägypten, Nigeria und Südafrika mit Faustskizze sowie wichtigen Daten der Länder. Stelle dein Land den Gruppenmitgliedern vor (Atlas).

Orientierung

Vor allem Mädchen dürfen oft nicht zur Schule gehen. Sie werden früh auf die Rolle als Hausfrau und Mutter vorbereitet. Viele Eltern wollen für ihre Tochter möglichst früh eine „gute Partie" sichern. Mädchen werden in einigen Ländern bereits im Kindesalter verheiratet und haben schon vor dem 18. Lebensjahr mindestens ein Kind geboren.

Frühe Mutterschaft und niedrige Schulbildung tragen auch zu einer hohen Geburtenrate bei. Im afrikanischen Land Uganda zum Beispiel haben Frauen ohne Schulbildung durchschnittlich 7,8 Kinder, Frauen mit höherer Schulbildung nur 3,9 Kinder.

In **Industrieländern** ist zur persönlichen Alterssicherung und für das gesellschaftliche Ansehen keine hohe Kinderzahl nötig. Die Menschen legen großen Wert auf eine gute Schulbildung und Erfolg im Beruf. Durch Gesetze und Verordnungen sind die Frauen den Männern gleichgestellt, sodass Frauen unter anderem die gleichen beruflichen Möglichkeiten haben wie Männer.

Viele Paare haben wenige oder keine Kinder, weil sich persönliche Vorstellungen, berufliche Anforderungen und Kinderwunsch schwerer miteinander vereinbaren lassen.

Viele Kinder – ja oder nein?

Etwa neun von zehn Kindern werden in **Entwicklungsländern** geboren. Vor allem arme Familien haben dort viele Kinder.

In Entwicklungsländern spielen Kinder bei der Versorgung der Familie eine wichtige Rolle. Sie müssen mitarbeiten und tragen zum Einkommen der Großfamilie bei. So versorgen sie ihre Eltern im Alter. Statt die Schule zu besuchen, arbeiten viele unter schlechten Arbeitsbedingungen.

INFO

Geburtenrate
Die Geburtenrate ist die Zahl der Geburten je 1000 Einwohner (in Promille). Die durchschnittliche Geburtenrate liegt in Entwicklungsländern doppelt so hoch (22‰) wie in Industrieländern (11‰). So hatte Deutschland 2015 eine Geburtenrate von 8‰, Ghana dagegen von 31‰.

INFO

Sterberate
Die Sterberate ist die Zahl der Sterbefälle je 1000 Einwohner (in Promille). Die durchschnittliche Sterberate liegt in Entwicklungsländern bei 7‰ und in Industrieländern bei 10‰. So hatte Deutschland 2015 eine Sterberate von 11‰, Ghana dagegen eine Sterberate von 8‰.

METHODE 1

Partnerbriefing
1. Teilt die Materialien auf – Partner A/Partner B
2. Bearbeitet die Materialien als Einzelarbeit
3. Briefing Runde 1: Partner A fasst seine Arbeitsergebnisse zusammen und stellt sie Partner B vor. Partner B kann Fragen stellen und fasst dann den Bericht von Partner A zusammen.
4. Briefing Runde 2: Wiederholt den Ablauf wie in Runde 1, nur mit umgekehrten Rollen.

Tipp: Höre deinem Partner gut zu und notiere dir Fragen oder Dinge, die dir besonders gut gefallen haben.

METHODE 2

Argumentationsmatrix

Viele Kinder – ja oder nein		
	Pro-Argumente	**Kontra-Argumente**
Deutschland	• • • •	• • • •
Ghana	• • • •	• • • •

Madiha (43 Jahre)
aus Ghana

Anna (30 Jahre)
aus Deutschland

Madiha, Ghana, verheiratet

Erzähle uns etwas zu deiner Lebenssituation.

Ich habe sieben Kinder und zwei Enkelkinder. Das ist normal. Meine Schwester hat sechs und meine Nachbarin neun Kinder. Wir haben ein Stück Land, auf dem wir Getreide anbauen sowie Hühner, Kühe und Ziegen halten. Unsere Farm ist so klein, dass wir keine Arbeiter beschäftigen können. Daher müssen unsere Kinder mitarbeiten.

Gibt es eine Schule hier im Dorf?

Nein, aber im Nachbardorf ist eine Schule, etwa zwei Stunden zu Fuß. Leider ist das Schulgeld sehr hoch und wir können nur die Jungen in die Schule schicken. Die Mädchen heiraten früh, daher ist die Schule für sie nicht wichtig.

Wolltest du immer so viele Kinder haben?

Frauen mit vielen Kindern sind sehr angesehen. Zudem sollen mich meine Kinder im Alter pflegen. Zwei sind allerdings schon gestorben. Seit wir die Krankenstation haben und die Kinder geimpft werden, ist keines mehr gestorben. Könnte ich es mir aussuchen, würde ich nur vier Kinder haben.

Nur wenige verhüten. Verhütungsmittel sind teuer und schwer zu bekommen. Viele wollen keine Verhütungsmittel nehmen, weil sie meinen, dass es schlecht mit unserer Kultur vereinbar sei.

M1 *Interview in Ghana*

Anna, Deutschland, verheiratet

Du hast einen Sohn und bist leitende Stationsschwester. Fällt es dir leicht, Arbeit und Familie zu vereinen?

Am Anfang war es schwer. Ich wollte viel Zeit mit dem Kind verbringen und trotzdem Karriere machen. Nun haben wir einen Betreuungsplatz. Mein Mann arbeitet als Elektriker und wir sprechen die Betreuung unseres Kindes ab.

Wolltest du immer Kinder haben?

Nein, ein Kind zu haben, war keine leichte Entscheidung für mich. Ich habe lange darüber nachgedacht. Ich war unabhängig und hatte einen guten Job. Ich konnte mir viel leisten. Als ich dann meinen Mann kennenlernte, war ich bereit, eine Familie zu gründen. Ich konnte entscheiden, wann ich ein Kind haben wollte.

Möchtest du ein zweites Kind?

Nein, möchte ich nicht. Meine Oma hatte sechs Kinder. Ich selbst habe zwei Geschwister.

Warum, denkst du, ist das so?

Die Kinder müssen nichts mehr zum Familieneinkommen beitragen. Es gibt Renten und Pensionen. Kinder kosten auch viel Geld. Ich denke, dass viele Paare Angst haben, dass ihr Lebensstandard sinkt. Denn mehrere Kinder würden zumindest die Berufstätigkeit eines Ehepartners stark einschränken.

M2 *Interview in Deutschland*

Partnerbriefing

1 Stellt euch gegenseitig die Einstellung der Frauen vor (M1, M2). Arbeitet dann gemeinsam weiter.

2 a) Nutzt die Argumentationsmatrix und stellt Gründe für und gegen hohe Kinderzahlen dar.

b) Verwendet diese Darstellung, um zu argumentieren: viele Kinder – ja oder nein?

M1 *Indien ist mit 1,3 Mrd. Einwohnern eines der bevölkerungsreichsten Länder der Erde.*

Die Weltbevölkerung wächst

Über Jahrtausende wuchs die Bevölkerung der Erde nur sehr langsam. Zwar konnten sich die Menschen, seitdem sie in der Steinzeit sesshaft wurden und Ackerbau betrieben, immer besser versorgen, auch die Lebenserwartung stieg, aber Seuchen wie Pest, Cholera oder Pocken blieben ein hohes Gesundheitsrisiko.

	1950	2000	2050	Kinder pro Frau 2013
China	554,8	1264,5	1365,0	1,5
Indien	357,6	1002,1	1660,0	2,4
USA	157,8	257,6	398,3	1,9
Indonesien	79,5	212,2	366,5	2,6
Brasilien	54,0	170,1	226,3	1,8
Nigeria	30,0	115,0	396,5	6,0
Deutschland	68,4	82,1	76,4	1,4

M2 *Bevölkerung in Mio. (2050: Prognose)*

Zur Zeit der **Industrialisierung** stiegen vor allem in den Industrieländern die Bevölkerungszahlen. Durch bessere Hygiene, Impfungen und neue Behandlungsmethoden konnte die Ausbreitung von Krankheiten reduziert und verhindert werden.
1930 lebten ungefähr 30 Prozent der Weltbevölkerung in Europa. Etwa seit Mitte des letzten Jahrhunderts wächst die Bevölkerung Europas und Nordamerikas nur noch leicht. In einigen Ländern geht sie inzwischen sogar zurück.
Die Weltbevölkerung wächst um 80 bis 90 Mio. Einwohner pro Jahr. In der zweiten Hälfte des 20. Jahrhunderts fand in den Entwicklungsländern Asiens, Südamerikas und Afrikas ein rasantes Bevölkerungswachstum statt. Heute leben dort rund 80 Prozent der Weltbevölkerung. Auch hier werden die Menschen durch bessere ärztliche Versorgung immer älter, außerdem sinkt die Kindersterblichkeit. Zudem wurde die Nahrungsmittelproduktion gesteigert und weniger Menschen leiden an Unterernährung.

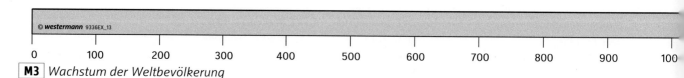

© **westermann** 9336EX_13

| 0 | 100 | 200 | 300 | 400 | 500 | 600 | 700 | 800 | 900 | 100 |

M3 *Wachstum der Weltbevölkerung*

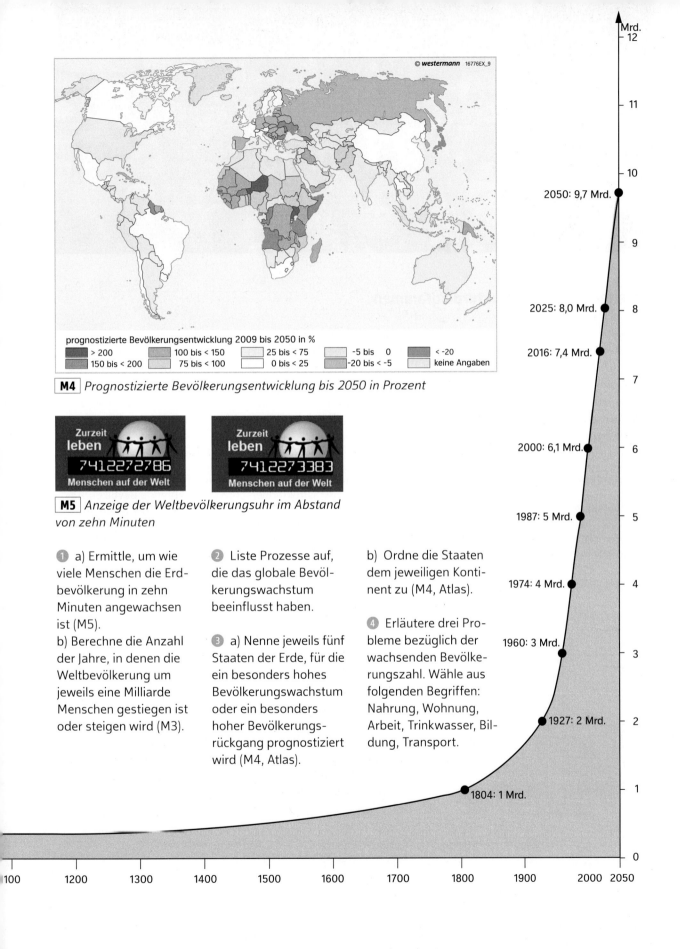

prognostizierte Bevölkerungsentwicklung 2009 bis 2050 in %

> 200	100 bis < 150	25 bis < 75
150 bis < 200	75 bis < 100	0 bis < 25

-5 bis 0	< -20
-20 bis < -5	keine Angaben

M4 *Prognostizierte Bevölkerungsentwicklung bis 2050 in Prozent*

Zurzeit
leben
7412272786
Menschen auf der Welt

Zurzeit
leben
7412273383
Menschen auf der Welt

M5 *Anzeige der Weltbevölkerungsuhr im Abstand von zehn Minuten*

❶ a) Ermittle, um wie viele Menschen die Erdbevölkerung in zehn Minuten angewachsen ist (M5).
b) Berechne die Anzahl der Jahre, in denen die Weltbevölkerung um jeweils eine Milliarde Menschen gestiegen ist oder steigen wird (M3).

❷ Liste Prozesse auf, die das globale Bevölkerungswachstum beeinflusst haben.

❸ a) Nenne jeweils fünf Staaten der Erde, für die ein besonders hohes Bevölkerungswachstum oder ein besonders hoher Bevölkerungsrückgang prognostiziert wird (M4, Atlas).

b) Ordne die Staaten dem jeweiligen Kontinent zu (M4, Atlas).

❹ Erläutere drei Probleme bezüglich der wachsenden Bevölkerungszahl. Wähle aus folgenden Begriffen: Nahrung, Wohnung, Arbeit, Trinkwasser, Bildung, Transport.

2050: 9,7 Mrd.
2025: 8,0 Mrd.
2016: 7,4 Mrd.
2000: 6,1 Mrd.
1987: 5 Mrd.
1974: 4 Mrd.
1960: 3 Mrd.
1927: 2 Mrd.
1804: 1 Mrd.

System

M1 *In der Fußgängerzone*

Arbeiten mit Altersstrukturdiagrammen

Altersstrukturdiagramme stellen die Altersstruktur einer Bevölkerung unterteilt nach Geschlecht dar. Auf der senkrechten Achse werden die Altersstufen abgetragen. Häufig werden die Jahrgänge zu Fünf-Jahres-Gruppen zusammengefasst. Hinzu kommt oft eine Unterteilung in aktive Bevölkerung (Erwerbstätige: 15 bis 64 Jahre), noch nicht aktive Bevölkerung (Kinder und Jugendliche: 0 bis 14 Jahre) und nicht mehr aktive Bevölkerung (Senioren: 65 Jahre und älter). Auf der waagerechten Achse werden die Anzahl oder die Anteile der Jahrgänge abgetragen, nach rechts die Frauen und nach links die Männer.

Pyramidenform
- hohe Geburten- und Sterberate
- Lebenserwartung gering
- Bevölkerungszahl wächst stark an
- überwiegend landwirtschaftlich geprägte Länder mit einem geringen Lebensstandard (Entwicklungsländer)

Glockenform (Bienenstock)
- gleichbleibende Altersstruktur der Bevölkerung
- stark sinkende Säuglings- und Kindersterblichkeit
- typisch für Länder mit einer aufstrebenden Wirtschaft und für Industrieländer

Urnenform (Pilz)
- schrumpfende Bevölkerungszahl
- hohe Lebenserwartung, niedrige Geburtenzahl
- hohe Geburtenzahlen früherer Jahre zeigen sich in der großen Zahl der aktiven Bevölkerung
- typische Altersstruktur für viele hoch entwickelte Länder

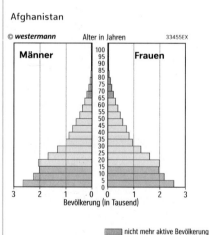

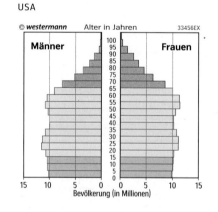

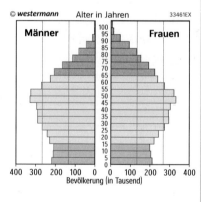

M2 *Altersstrukturdiagramme im Vergleich (2015)*

100800-276-1   100800-276-3
www.diercke.de   www.diercke.de

Ein Alterstrukturdiagramm auswerten

1. Nenne das Land, dessen Bevölkerungszusammensetzung dargestellt ist. Verorte es. Ordne das Diagramm zeitlich ein.
2. Beschreibe die Form des Diagramms. Bestimme den Diagrammtyp, dem es am meisten ähnelt (Pyramide, Glocke, Urne). Stelle fest, ob es im Vergleich zum Diagrammtyp Abweichungen oder Unregelmäßigkeiten gibt. Beschreibe sie.
3. Entnimm dem Diagramm Informationen zu verschiedenen Altersgruppen (Kinder, Jugendliche, Erwachsene, Senioren) und zum Anteil der Geschlechter. Recherchiere. Finde Ursachen für die Bevölkerungszusammensetzung.
4. Zeige aktuelle und zukünftige Probleme auf, die sich aus der Bevölkerungszusammensetzung ergeben (Bildung, Arbeitsmarkt, Versorgung der Menschen, zum Beispiel der Senioren).

MUSTERLÖSUNG

Ägypten

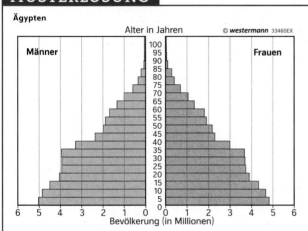

1. Das Diagramm zeigt die Altersstruktur von Ägypten im Jahr 2015. Das Land liegt im Nordosten Afrikas.
2. Das Diagramm hat annähernd die Form einer Pyramide. Die Jahrgänge von 25 bis 34 Jahren sind etwas stärker ausgeprägt. Die Geschlechter sind weitgehend symmetrisch verteilt, es gibt etwas mehr Männer als Frauen.
3. Die Gruppe der nicht mehr aktiven Bevölkerung (Alter 65 Jahre und mehr) ist sehr klein. Die Gruppe der Kinder und Jugendlichen im Alter bis 15 Jahre (noch nicht aktive Bevölkerung) ist sehr groß. Die Zahlen der Jahrgänge der aktiven Bevölkerung nehmen mit zunehmendem Alter stark ab. Dem Diercke Atlas kann ich auf Seite 276 (3) entnehmen, dass die Geburtenrate in Ägypten mit 24‰ hoch ist, die Sterberate gering. Die Bevölkerung wächst also schnell. Die Lebenserwartung liegt zwischen 70 und 79 Jahren und damit über dem weltweiten Durchschnitt. Das ist positiv.
4. In Ägypten ist die Bevölkerung sehr jung. Das kann positiv für die wirtschaftliche Entwicklung sein. Probleme können bei der Versorgung mit Bildung und Arbeit auftreten.

Südafrika

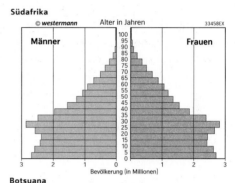

Botsuana

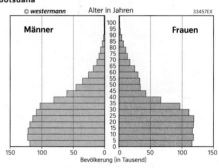

Malawi

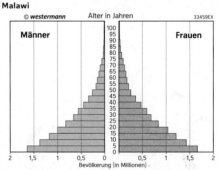

M3 *Altersstrukturdiagramme (2015)*

❶ Werte eines der Alterstrukturdiagramme in M3 aus. Stelle das Ergebnis deinem Partner vor.

Bevölkerungsanalyse

Gruppenpuzzle

Bei einem Gruppenpuzzle arbeitet ihr in kleinen Teams. Während der gesamten Arbeit verändert sich die Zusammensetzung der Gruppen zweimal. In unterschiedlichen Teams erarbeitet ihr euch das notwendige Wissen und stellt euch anschließend eure neuen Erkenntnisse gegenseitig vor.

Gruppenpuzzle: Bevölkerung

Die Materialien auf den Seiten 52 bis 57 stellen die Bevölkerungsstruktur und -entwicklung in drei Ländern dar.

Untersucht diese in Expertengruppen und vergleicht sie in euren Stammgruppppen.

Expertengruppe 1: Bevölkerung in China – Kinder ohne Geschwister (S. 52–53)

Expertengruppe 2: Bevölkerung in Deutschland – viele Großeltern, wenig Enkel (S. 54–55)

Expertengruppe 3: Bevölkerung in Gambia: viele Kinder, eine Entscheidung fürs Leben (S. 56–57)

Ablauf des Gruppenpuzzles

Phase 1
Vorbereitung in der Stammgruppe
Bildet möglichst Sechsergruppen. Bearbeitet die Aufgaben auf der Seite 51 und vergleicht eure Ergebnisse (evtl auch im Plenum). Sichtet das Material auf den Länderseiten. Einigt euch, welche Paare eines der drei Länder untersuchen.

Phase 2
Erarbeitung in der Expertengruppe
Findet euch in Expertengruppen zusammen. Bearbeitet das Material (Seiten 52 – 57) mithilfe der Aufgaben. Erstellt Notizen und vergleicht eure Ergebnisse zunächst mit eurem Partner und dann in der Gruppe. Ergänzt die Notizen, klärt offene Fragen und unbekannte Begriffe. Erstellt eine Präsentation eurer Erkenntnisse, die jeder in seiner Stammgruppe vorstellt. Vergesst nicht, die Lage des Landes zu beschreiben.

Phase 3
Vorstellung in der Stammgruppe
Der Reihe nach stellt ihr jetzt euer Land mithilfe der Präsentationen vor und beantwortet Fragen der Gruppenmitglieder. Die Zuhörer notieren sich die wichtigen Informationen. Anschließend vergleicht ihr die Bevölkerungsentwicklung in den drei Ländern.

Phase 4: *Präsentation vor der gesamten Klasse*
Die Arbeitsgruppen präsentieren ihre Ergebnisse des Ländervergleichs der Klasse.

M1 *Arbeitsphasen*

Die Bevölkerungsentwicklung in Phasen – Arbeit mit Modellen

A Die Sterberate hat ihren niedrigsten Wert erreicht. Die Geburtenrate sinkt noch weiter, da mehr Frauen eine Ausbildung absolvieren und arbeiten.

B Verhütungsmittel sind verfügbar, viele Eltern haben nur noch ein Kind. Es wird über die Vereinbarkeit von Familie und Beruf diskutiert, viele Menschen wollen sich im Beruf weiter entwickeln. Es werden weniger Menschen geboren als sterben, die Bevölkerung schrumpft.

C Die Geburten- und die Sterberate sind hoch. Durch Kriege und Seuchen liegt die Sterberate mitunter über der Geburtenrate. Die Bevölkerung wächst nur langsam.

Kinder kosten Geld und verringern den Lebensstandard.

Frauen bekommen später Kinder als früher.

Kinder sind wichtig für die Altersvorsorge.

Kinder helfen in der Landwirtschaft.

Mehr Frauen sind berufstätig und haben weniger Kinder

Kinder schränken die Berufstätigkeit der Frauen ein.

Die Altersversorgung hängt nicht von der Kinderzahl ab.

© westermann 3866EX_9

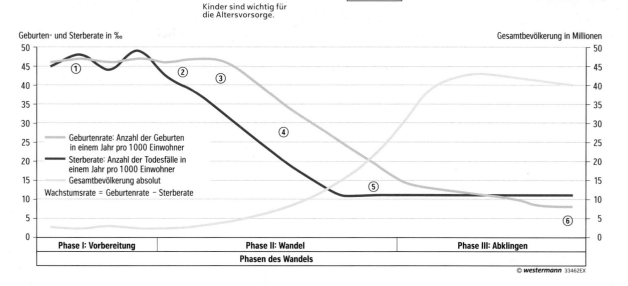

Geburten- und Sterberate in ‰

Gesamtbevölkerung in Millionen

Geburtenrate: Anzahl der Geburten in einem Jahr pro 1000 Einwohner
Sterberate: Anzahl der Todesfälle in einem Jahr pro 1000 Einwohner
Gesamtbevölkerung absolut
Wachstumsrate = Geburtenrate − Sterberate

Phase I: Vorbereitung | Phase II: Wandel | Phase III: Abklingen

Phasen des Wandels

© westermann 33462EX

D Kinder arbeiten nicht mehr in der Landwirtschaft, fast alle gehen zur Schule. Die Geburtenrate sinkt langsam. Die Sterberate sinkt weiter, da sich die Lebensbedingungen weiter verbessern.

E Das Bevölkerungswachstum ist am stärksten. Zwar ist die Geburtenrate schon gesunken, die Sterberate sinkt aber auch immer noch und beide liegen weit auseinander. Daraus folgt, dass der Bevölkerungssaldo hoch ist. Außerdem gibt es viele Eltern, da in der Generation davor viele Kinder geboren wurden, die Geburtenrate war noch deutlich höher.

F Verbesserung der Nahrungssicherheit und der medizinischen Versorgung. Die Sterberate beginnt zu sinken, die Geburtenrate bleibt aufgrund der Traditionen noch hoch.

M2 *Modellhafter Verlauf der Geburten- und Sterberaten sowie der Gesamtbevölkerung*

① Erkläre Geburten- und Sterberate.

② Beschreibe die Entwicklung der Geburtenrate, der Sterberate und der Gesamtbevölkerung in den einzelnen Phasen (M2).

③ Vergleiche insbesondere die Phase der Vorbereitung mit der Phase des Abklingens und formuliere einen Merksatz zum Wandel der Bevölkerung.

④ Ordne die Textbausteine A bis F den Zahlen ①- ⑥ im Diagramm zu. Beginne mit ①-C. Vergleiche mit deinem Partner und begründe deine Zuordnung.

⑤ Erkläre mithilfe der Textbausteine den Wandel der Bevölkerung von der ersten zur letzten Phase. Nutze auch die Bilder von M2.

Kommunikation

M1 *Kindergarten in China – noch sind die meisten Kinder Einzelkinder*

Bevölkerung in China – Kinder ohne Geschwister

Als nach 1950 die Bevölkerungszahl Chinas deutlich wuchs und Probleme bei der Versorgung zum Beispiel mit Nahrung und Wohnraum, aber auch mit Arbeit und Bildung folgten, rief die kommunistische Führung des Landes 1979/80 die Ein-Kind-Politik aus. Damit sollte das Bevölkerungswachstum begrenzt werden, um die Nahrungsmittelversorgung zu sichern.

Jede Familie durfte nur ein Kind haben, Familienplanung wurde Pflicht. Paare, die sich daran hielten, wurden mit besserem Wohnraum oder Vergünstigungen am Arbeitsplatz und bei der Schulbildung, bei der medizinischen Versorgung und mit besseren Renten belohnt. Jenen, die dagegen verstießen, wurden diese Vergünstigungen verwehrt. Außerdem wurde das Heiratsalter für Frauen auf 22 Jahre festgelegt. Betrieben und Wohngebieten wurden zum Teil Geburtenquoten zugewiesen. So haftete nicht nur die Familie für die Einhaltung der Quote, sondern auch Kollegen und Nachbarn, die dann auch auf deren Einhaltung drangen. Ausnahmen von dieser Regelung wurden Minderheiten wie den Tibetern und den Uiguren zugestanden. In einigen ländlichen Regionen durften bäuerliche Familien zwei Kinder haben, da in der Landwirtschaft Arbeitskräfte gebraucht wurden.

Die Ein-Kind-Politik hatte Erfolg – und negative Auswirkungen. Das Wachstum der Bevölkerung konnte aufgehalten und die wirtschaftliche Entwicklung vorangetrieben werden. Die chinesische

Gesellschaft altert jedoch schnell. Immer weniger Kinder stehen immer mehr alten Menschen gegenüber. Außerdem wollten viele Familien aus traditionellen Gründen lieber Jungen haben. In einigen Regionen Chinas wurden auf 100 Mädchen 123 Jungen geboren. Jetzt gibt es für manche Männer keine Partnerin mehr in China. Sie bleiben unverheiratet oder müssen im Ausland um eine Partnerin werben.

Seit 2015 hat China die Zwei-Kind-Politik eingeführt. Alle Familien dürfen jetzt zwei Kinder bekommen. Damit will die Regierung die negativen Ergebnisse der Ein-Kind-Politik abmildern. Weltweit bekommen Menschen auf dem Land im Durchschnitt mehr Kinder als die Städter. Etwa 40 Prozent der chinesischen Bevölkerung lebt in Städten, dieser Anteil wächst rasant, weil immer mehr Menschen in die Städte ziehen.

> **INFO**
>
> **Familienplanung**
> Unter Familienplanung versteht man Maßnahmen, durch die Anzahl und Zeitpunkt von Geburten beeinflusst werden. Staaten können durch Aufklärung, Bildung, Festlegung des Heiratsalters oder Verfügbarkeit von Verhütungsmitteln auf die Bevölkerungsentwicklung einwirken. Die meisten Entscheidungen fällen Menschen aber privat.

100800-162-2
www.diercke.de

Geburtenrate	12‰
Sterberate	8‰
durchschnittliche Kinderzahl/Frau	1,6
Anteil der Frauen, die Familienplanung betreiben	85 %
Anteil der unter 15-Jährigen	13 %
Anteil der über 64-Jährigen	21 %
Lebenserwartung (Männer/Frauen)	73/78 Jahre

M2 *Bevölkerung Chinas (2015)*

Jahr	Bevölkerung (in Mio.)
1955	606,7
1965	715,5
1975	917,9
1985	1 058,0
1995	1 215,8
2005	1 306,3
2015	1 371,9

M4 *Bevölkerungsentwicklung in China*

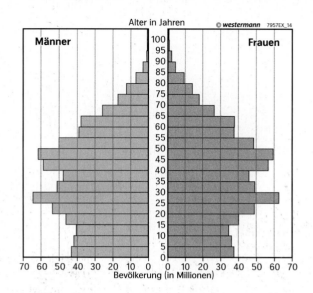

M5 *Altersstrukturdiagramm China (2015)*

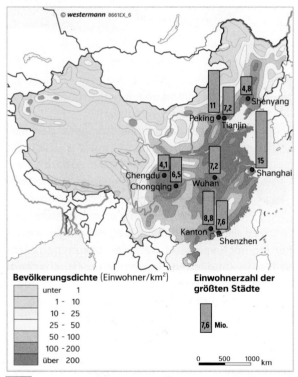

Bevölkerungsdichte (Einwohner/km²)

- unter 1
- 1 - 10
- 10 - 25
- 25 - 50
- 50 - 100
- 100 - 200
- über 200

Einwohnerzahl der größten Städte

7,6 Mio.

0   500   1000 km

M3 *Bevölkerungsverteilung in China*

M6 *Chinesische Jugendliche vor einer Schule in Wuyi Shan*

❶ Stelle die Entwicklung der Bevölkerungszahl in einem Liniendiagramm dar (M4). Nutze 1 cm für 10 Jahre auf der waagerechten Achse und 1 cm für 100 Mio. Menschen auf der senkrechten Achse.

❷ Beschreibe die Entwicklung der Bevölkerungszahl und die Bevölkerungsstruktur mithilfe deines Diagramms, M2 und M5.

❸ Erkläre die Bevölkerungsentwicklung Chinas. Gehe dabei auch auf die Ursachen und die Auswirkungen ein.

❹ Ordne China in eine Phase des Modells auf S. 51 ein. Begründe deine Einordnung.

M1 *Großeltern mit Enkelkind*

Deutschland – viele Großeltern, wenig Enkel

Immer wieder wurde die Bevölkerungsentwicklung im Gebiet des heutigen Deutschlands gebremst. Durch die Pest verlor im 14. Jahrhundert nach Schätzungen jeder zehnte Einwohner sein Leben. Im Dreißigjährigen Krieg (1618–1648) sank die Bevölkerungzahl von etwa 16 Mio. auf circa elf Millionen Menschen. Auch in der jüngeren Vergangenheit wurde die Bevölkerung dezimiert, zum Beispiel durch die Grippeepidemie 1917. Doch immer wieder erholte sich die Bevölkerung und wuchs, erst langsam, dann immer schneller.

Durch die Fortschritte der Medizin, die bessere Versorgung mit Nahrungsmitteln und den allgemeinen Wohlstand seit Beginn der Industrialisierung sank die Sterberate deutlich ab. Die Geburtenrate blieb darüber. Die Bevölkerungszahl wuchs bis zum Beginn der 1970er-Jahre. Durch die Verfügbarkeit moderner Verhütungsmittel und die stärkeren Bestrebungen für die Gleichstellung der Frauen, auch in der Arbeitswelt, sank die Geburtenrate unter die Sterberate. Viele Frauen haben heute nur noch ein Kind, manche bleiben kinderlos. So schrumpft die Bevölkerungszahl in Deutschland wie in den meisten europäischen Staaten. Für das Jahr 2050 wird für Deutschland eine Bevölkerungszahl von 76,2 Mio. vorausgesagt.

Doch die Bevölkerung verändert sich auch in anderer Hinsicht. Dadurch, dass weniger Kinder geboren werden, die Menschen aber immer länger leben, wird Deutschlands Bevölkerung immer älter. In manchen Regionen wird dies durch den Fortzug der jungen Bevölkerung noch verstärkt. Weltweit bekommen Menschen in ländlichen Regionen im Durchschnitt mehr Kinder als die städtische Bevölkerung. Mehr als 80 Prozent der Deutschen leben in Städten.

INFO

Gleichbleibende oder steigende Bevölkerungszahl

Damit die Zahl einer Bevölkerung ohne Wanderungen konstant bleibt, muss die durchschnittliche Kinderzahl je Frau 2,1 betragen. Das heißt, einhundert Frauen müssen 210 Kinder bekommen, damit die Bevölkerungsgröße konstant bleibt. Die 100 Frauen müssen sich und ihre 100 Partner ersetzen.

100800-080-2
www.diercke.de

Geburtenrate	8‰
Sterberate	11‰
durchschnittliche Kinderzahl/Frau	1,4
Anteil der Frauen, die Familienplanung betreiben	66 %
Anteil der unter 15-Jährigen	20 %
Anteil der über 64-Jährigen	32 %
Lebenserwartung (Männer/Frauen)	78/83 Jahre

M2 *Bevölkerung Deutschlands 2015*

Jahr	Bevölkerung (in Mio.)
1955	70,1
1965	75,6
1975	78,7
1985	77,7
1995	81,7
2005	82,4
2015	80,9

M4 *Bevölkerungsentwicklung Deutschlands*

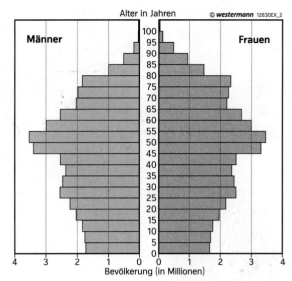

M5 *Altersstrukturdiagramm Deutschland (2015)*

Private Haushalte	40,2 Mio.
Einpersonenhaushalte	40,8%
Familien mit minderjährigen Kindern	**8,1 Mio.**
Ehepaare	69,3%
Alleinerziehende	20,3%
Lebensgemeinschaften	10,3%
Paare	**20,4 Mio.**
Ehepaare	85,7%
Nichteheliche Lebensgemeinschaften	13,9%
Gleichgeschlechtliche Lebensgemeinschaften	0,4%

M3 *Haushalte und Familien in Deutschland (Statistisches Bundesamt 2014)*

M6 *Schöne Aussichten*

① Stelle die Entwicklung der Bevölkerungszahl in einem Liniendiagramm dar (M4) Nutze 1 cm für 10 Jahre auf der waagerechten Achse und 1 cm für 10 Mio. Menschen auf der senkrechten Achse.

② Beschreibe die Entwicklung der Bevölkerungszahl und die Bevölkerungsstruktur mithilfe deines Diagramms, M2 und M5.

③ Erkläre die Bevölkerungsentwicklung Deutschlands. Gehe dabei auch auf die Ursachen und die Auswirkungen ein.

④ Ordne Deutschland in eine Phase des Modells auf S. 51 ein. Begründe deine Einordnung.

M1 *Viele Kinder in Westafrika haben feste Aufgaben im Alltag der Familien – hier: Wasserholen.*

Bevölkerung in Gambia – viele Kinder, hohes Ansehen

In Gambia ist es wie in vielen Ländern des subsaharischen Afrikas: Die Bevölkerung ist jung, ihre Zahl wächst rasant. Damit kann die wirtschaftliche Entwicklung nicht mithalten. Wenn immer mehr Menschen versorgt werden müssen, bleibt der Lebensstandard niedrig, trotz wirtschaftlichen Aufschwungs.

Die Gründe für das starke Bevölkerungswachstum sind vielfältig. In Ländern, in denen viele Menschen in der Landwirtschaft arbeiten, sind Kinder wichtige Hilfen. In einigen Regionen Afrikas werden die Acker- und Weideflächen eines Dorfes nach der Kinderzahl der Familien verteilt. Zudem sind Kinder in dieser Gesellschaft auch ein Grund für hohes Ansehen. Viele Frauen wollen auch hier zwei bis drei Kinder, beugen sich allerdings dem Druck der Familien oder des Umfeldes und bekommen mehr Kinder.

Oft sind die Mädchen und Frauen zudem nicht aufgeklärt und haben keinen Zugang zu modernen Verhütungsmitteln. Frauen heiraten meist jung und bekommen dann schon früh viele Kinder.

Eine weitere Rolle spielt die Bildung. Wenige Mädchen besuchen weiterführende Schulen. Zwei von drei Männern in Gambia können lesen und schreiben, aber nicht einmal jede zweite Frau. Bei einer Konferenz in Kairo wurde 1994 bestimmt, die Bildung aller Kinder und Jugendlichen zu verbessern, auch, damit das Bevölkerungswachstum eingedämmt werden kann.

In Gambia ist seit 2005 die Schulbildung kostenlos, das Land ist bestrebt, allen Kindern eine Schulausbildung zu ermöglichen. In den großen Städten gelingt das auch weitgehend, schwieriger ist dies allerdings in ländlichen Gebieten mit geringer Bevölkerungsdichte. Die Kinder werden hier als Unterstützung in der Landwirtschaft gebraucht, zudem sind die Schulwege oft weit. Die Regierung wirbt deshalb für den Schulbesuch und bietet außerdem ein freies Schulessen an, um die Motivation für einen Schulbesuch zu erhöhen. Etwa ein Drittel der Bevölkerung Gambias lebt in Städten.

INFO

Subsahara-Afrika

Die Sahara trennt Nordafrika vom Rest des Kontinents. Als subsaharisches Afrika oder Subsahara-Afrika bezeichnet man den Teil des Kontinents südlich der Sahara. Alternativ bezeichnet man diesen Raum auch auch als „Afrika südlich der Sahara".

	Jahr	Bevölkerung (in Mio.)
Geburtenrate 31‰	1955	0,3
Sterberate 7‰	1965	0,4
durchschnittliche Kinderzahl/Frau 3,7	1975	0,6
Anteil der Frauen, die Familienplanung betreiben 9 %	1985	0,8
Anteil der unter 15-Jährigen 46 %	1995	1,2
Anteil der über 64-Jährigen 2 %	2005	1,6
Lebenserwartung (Männer/Frauen) 57/60 Jahre	2015	2,0

M2 Bevölkerung Gambias 2015   **M5** Bevölkerungsentwicklung in Gambia

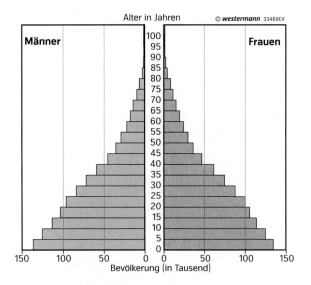

M6 Altersstrukturdiagramm Gambia (2015)

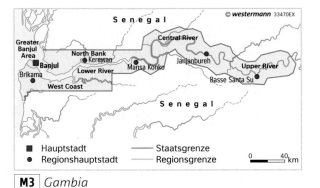

M3 Gambia

M7 Nach dem Einkauf in Kololi wartet Familie Kuyateh auf den Bus in ihr 40 km entferntes Dorf.

Region	Einwohnerzahl
Greater Banjul Area	454 000
Lower River	76 000
Central River	208 000
North Bank	179 000
Upper River	202 000
West Coast	595 000

M4 Bevölkerungsverteilung in Gambia (2013)

❶ Stelle die Entwicklung der Bevölkerungszahl in einem Liniendiagramm dar (M5). Nutze 1 cm für 10 Jahre auf der waagerechten Achse und 1 cm für 200 000 Menschen auf der senkrechten Achse.

❷ Beschreibe die Entwicklung der Bevölkerungszahl und die Bevölkerungsstruktur mithilfe deines Diagramms, M2 und M6.

❸ Erkläre die Bevölkerungsentwicklung und -verteilung Gambias. Gehe dabei auf die Ursachen und die Auswirkungen ein (M2, M3, M4).

❹ Ordne Gambia in eine Phase des Modells auf S. 51 ein. Begründe deine Einordnung.

Kommunikation

Thematische Karten auswerten

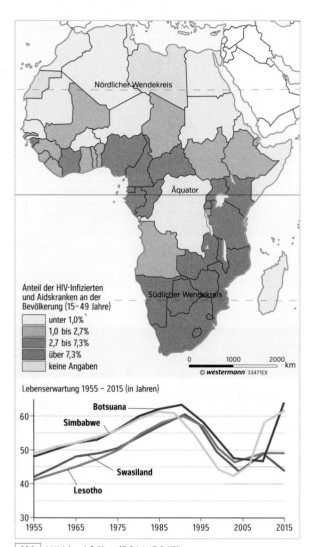

M1 HIV in Afrika (2014/2015)

Aids in Afrika

Die Krankheit Aids ist immer noch nicht heilbar, Medikamente können aber das Leben deutlich verlängern. Der HI-Virus, der die Krankheit Aids verursacht, wird durch Geschlechtsverkehr, über Bluttransfusionen, durch gemeinsam genutzte Spritzen oder bei der Geburt von der Mutter zum Kind übertragen. Dieser Virus greift Zellen im Körper an und zerstört das Immunsystem. Der Körper hat dann keine Abwehrmöglichkeiten gegen weitere Krankheitserreger.

Verhindern kann man eine Infektion nur, wenn man die Übertragungswege unterbricht, durch die Verwendung von Kondomen, durch das Verteilen steriler Spritzen an Drogenabhängige und durch die Untersuchung von Blutkonserven.

Land	Infizierte	Land	Infizierte
1. Swasiland	27,7	9. Malawi	10,0
2. Botsuana	25,2	10. Uganda	7,3
3. Lesotho	23,4	11. Kenia	5,3
4. Südafrika	18,9	12. Tansania	5,3
5. Simbabwe	16,7	13. Kamerun	4,8
6. Namibia	16,0	14. Zentralafr. Rep.	4,3
7. Sambia	12,4	15. Gabun	3,9
8. Mosambik	10,6	16. Republik Kongo	2,8

M2 Anteil der HIV-Infizierten und Aids-Erkrankten (15–49 Jahre, 2014) bezogen auf die Gesamtbevölkerung (in %)

METHODE

Thematische Karten auswerten

1. Beschreibe das Thema der thematischen Karte. Nutze dazu Titel und Legende. Ordne das Gebiet auf der Karte räumlich ein. Beschreibe die verwendeten Signaturen, Farben und Symbole.
2. Analysiere die Ausprägung und räumliche Verteilung des dargestellten Sachverhalts. Untersuche
   - höchste und niedrigste Werte,
   - die räumliche Verteilung der häufigsten Werte,
   - mögliche räumliche Muster.
   - Untersuche gegebenenfalls die dargestellten zeitlichen und räumlichen Prozesse.
3. Leite Probleme aus dem dargestellten Sachverhalt ab. Beurteile die Auswirkungen auf das Leben der Menschen, die Wirtschaft, die Umwelt und die Nahrungsversorgung im dargestellten Raum. Erläutere die Bedeutung des Sachverhaltes für dich und für das Leben hier.
4. Welche Fragen bleiben offen? Formuliere Fragestellungen zum Thema, die durch die Karte nicht beantwortet werden. Recherchiere dazu in diesem Lehrbuch, im Atlas, in Zeitschriften und Büchern oder im Internet.

100800-013-3
www.diercke.de

Der zehnjährige James aus Uganda (r.) kümmert sich allein um drei Geschwister. Sie sind sogenannte Aids-Waisen, Kinder, deren Eltern durch Aids gestorben sind.

Aufklärung ist ein wichtiges Mittel im Kampf gegen Aids. In Aufklärungsprojekten werden Kinder und Jugendliche vor Aids gewarnt und über Verhütungsmittel aufgeklärt.

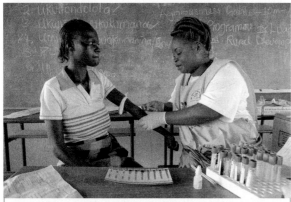

Untersuchungen und Tests helfen, HIV-Infektionen zu erkennen und die Übertragung einzuschränken. Ein frühzeitiger Einsatz von Medikamenten kann das Leben der Menschen mit HIV entscheidend verlängern.

M3 | *Aids in Afrika*

Menschen, die mit dem HI-Virus infiziert sind, sind zum Großteil im erwerbsfähigen Alter, das heißt zwischen 15 und 64 Jahre alt. Erkranken diese Menschen an Aids, dann melden sie sich oft krank oder können aufgrund ihres körperlichen Zustands gar nicht mehr arbeiten oder nicht mehr zur Schule gehen und ihre Ausbildung beenden.

Das Arbeitskräftepotenzial der Länder mit einer hohen HIV-Rate ist deshalb gering. Es fehlen Fachkräfte. Die wirtschaftliche Entwicklung stagniert und es werden nur wenige Investitionen getätigt. Damit die Produktion in der Industrie gesichert ist, besetzen einige Unternehmen ihre Stellen mit mehreren Arbeitnehmern. So kann eine Arbeitskraft schnell vertreten werden.

Für viele Familien steigen die Kosten, wenn Familienmitglieder an Aids erkranken. Da es nur geringe staatliche Unterstützung gibt und die Menschen in Afrika nur selten eine Krankenversicherung haben, können sich die Familien oftmals überhaupt keine medizinische Versorgung leisten.

M4 | *Aids und die Auswirkungen auf die Wirtschaft*

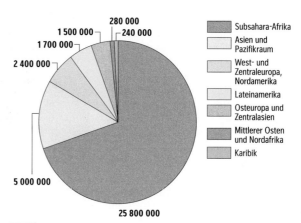

M5 | *Anzahl HIV-Infizierter weltweit (2014)*

① Werte M1 mithilfe der Methodenbox aus.

② Beschreibe die Folgen von Aids.
a) für Betroffene und deren Familien,
b) für die Wirtschaft der Länder (M2 – M5).

③ Erläutere Maßnahmen gegen HIV/Aids.

④ Fasse die Länder aus M2 in Gruppen mit sehr hohem, hohem und mittlerem HIV-Anteil zusammen. Verorte diese (Atlas).

⑤ Erstelle eine Präsentation zu diesem Thema. Recherchiere dazu auf den Seiten von UNICEF und UNAIDS.

Menschen weltweit unterwegs

M1 *Durch Krieg zerstörte Häuser in Aleppo, Syrien*

Partnerarbeit

❶ Berichtet über die Erlebnisse von Amadou und Omar, indem ihr die Texte nach folgenden Gesichtspunkten auswertet:
- Fluchtgründe
- Migrationsroute (Faustskizze, Atlas)
- politische Grenzen
- geografische Bedingungen

Omar wollte weg, nur noch weg. Gestern hatte eine Granate das Haus der Nachbarn zerstört, das seiner Eltern wurde nur knapp verfehlt. Die Familie seiner Tante lebte seit einem Jahr in einem Flüchtlingscamp im Libanon. Die Bedingungen dort sind erbärmlich, die Hilfe für die über zwei Millionen Flüchtlinge wurde weitgehend gestrichen, es herrscht Enge und Hunger. Zwar ist es hier sicher, schrieb seine Tante, aber es gibt zu wenige Toiletten und kaum sauberes Wasser. Die Flüchtlinge können nicht arbeiten, die Schulen sind völlig überfüllt. Dorthin will Omar nicht. Am liebsten möchte er nach Europa, dort eine Zukunft aufbauen, sein Studium beenden, arbeiten. Einen legalen Weg dafür gibt es jedoch nicht. Omar fährt mit anderen Flüchtlingen durch das syrische Bürgerkriegsgebiet nach Norden. Mehrfach wird er an Checkpoints festgehalten und kann erst nach Zahlung von Schmiergeld weiterfahren. Er bezahlt Schleppern 300 Euro, um über die Grenze in die Türkei zu kommen. Dort fährt er mit einem Bus nach Izmir. Angebote für die Weiterreise findet Omar bei Facebook. Die Schleuser hier verlangen 2000 Euro für eine Überfahrt nach Griechenland. Wieder bezahlt er und wird mit einem Schlauchboot nach Kos gebracht. Die Überfahrt dauert lange, das Boot ist überfüllt

Omar M., geboren in Aleppo

und die Flüchtlinge haben weder Essen noch Wasser an Bord. Aber sie überleben und sind glücklich, als sie nachts den Strand der Ferieninsel erreichen. Hier trifft Omar am nächsten Tag auf deutsche und britische Urlauber, zwei Welten, nur einige Meter voneinander entfernt. Omar arbeitet illegal in der Landwirtschaft, er hilft bei der Olivenernte und in Restaurants. Nach drei Wochen bietet ihm ein Mann eine Gelegenheit, nach Italien zu kommen und verlangt dafür 850 Euro. Omar gibt ihm das Geld, der Mann kommt aber nicht zum verabredeten Treffpunkt, Omar sieht ihn nie wieder. Zu Fuß, mit der Bahn, in LKW und immer wieder mit

der Hilfe von Schleppern schafft es Omar schließlich über Albanien, den Kosovo, Montenegro und Serbien nach Ungarn. Andere Flüchtlinge haben ihre Fluchtwege bei Facebook veröffentlicht, von wichtigen Standorten gibt es GPS-Koordinaten. Mehrfach wird er von der Polizei aufgegriffen und inhaftiert, um wieder freigelassen zu werden, manchmal gegen Zahlung von Geld, manchmal nach einer Nacht in einer Zelle und etwas zu essen. Mitunter bieten Freiwillige und Flüchtlingsorganisationen an Busbahnhöfen und hinter Grenzübergängen eine warme Mahlzeit, ein Bett und, besonders angenehm, eine warme Dusche an.
Von der serbisch-ungarischen Grenze aus wird Omar mit dem Bus an die österreichische Grenze gefahren. Von hier aus fährt er mit dem Zug nach München, wo er in einer Aufnahmeeinrichtung registriert und nach Berlin weitergeleitet wird. Jetzt lebt er in einem Flüchtlingsheim in Pankow. Wie es weitergehen soll, weiß er noch nicht. Omar hofft, Arbeit zu finden und eine Familie in einer friedlichen Umgebung gründen zu können. Natürlich würde er sehr gern seine Eltern nachholen. Für sie wäre so eine Flucht zu teuer und viel zu anstrengend. In seiner Heimat ist immer noch Krieg, zurück kann Omar nicht.

M2 *Omars Geschichte*

100800-279-4
www.diercke.de

M3 *Im Senegal bei Kaolack*

Amadous Vater baut im Senegal Hirse, Mais und Maniok an. Er hat nur ein sehr kleines Stück Land, gerade genug, um die Familie zu ernähren. Mit zwölf Jahren begann Amadou, neben der Schule in einer Mechaniker-Werkstatt zu arbeiten. Gerade 20 Jahre alt, wurde Amadou arbeitslos, große Perspektiven sah er in seiner Heimat nicht. Er hatte viele Geschichten über Verwandte und Nachbarn gehört, die nach Europa gegangen waren. Sie hatten eine Perspektive. Sein Erspartes und das seiner Eltern sollten ihm helfen, seine Entscheidung schien einleuchtend: „Ich wollte nach Europa, was sollte ich noch zu Hause! In Spanien arbeitet ein Cousin. Dort sollte man leicht Arbeit in der Landwirtschaft und auf dem Bau finden. Außerdem kann man dann von Spanien aus gehen, wohin man will." Amadou fuhr mit dem Bus und als Anhalter über Bamako bis Tamanrasset. In Algerien reiste er in der Nacht und manchmal zu Fuß durch die Wüste bis fast ans Mittelmeer. Schleuser brachten ihn über die marokkanische Grenze. Mit dem Bus reiste er bis zur Stadtgrenze von Melilla. Dieser Ort ist spanisches Territorium auf dem afrikanischen Kontinent und durch einen starken Zaun von Marokko abgegrenzt. Wie Tausende andere fand er hier keinen Weg in die EU, wurde verhaftet und nach Abbès in

Amadou D., geboren in Kaolack

Algerien abgeschoben. Längst hatte er kein Geld mehr. In Algerien konnte Amadou als Hilfskraft bei der Oliven-ernte genug Geld verdienen, um erneut nach Marokko zu reisen, nach Rabat. Er wollte nun auf dem Seeweg Europa erreichen. In verzweifelter Lage, inzwischen ohne Geld und Aussicht auf Arbeit, bot ihm ein Ghanaer, der im „Bootgeschäft" arbeitete, an, sich die Reise zu verdienen: Amadou sollte 20 andere „Kunden" auftreiben, die jeweils 1000 Euro für die Überfahrt bezahlen. Dies gelang ihm nach etwa einem Jahr. Die Gruppe wurde zur Südgrenze Marokkos gebracht. Dort mussten die Menschen einige Tage ohne Wasser war-

ten, bis die von den Schleusern bestochenen Polizisten Dienst hatten. In einem abgelegenen Küstenort mussten sie alle Ausweispapiere vernichten und ihnen wurde alles bis auf die Kleidung von den Schleusern geraubt. Ein Fischer war für die Überfahrt als Skipper angeheuert. Trotz rauer See hielt das kleine Boot durch. Vor Fuerteventura wurden sie von der spanischen Küstenwache gestoppt. Auf den Kanaren wurden sie 14 Tage „in Quarantäne" genommen und von der Polizei befragt. Die Polizei konnte Amadous Identität nicht feststellen, sodass er nicht abgeschoben wurde. Er nahm an einem Sprachkurs der Einwanderungsbehörde teil und wurde nach Madrid geflogen. Zunächst wohnte er dort mit anderen afrikanischen Einwanderern in einem Park. Zuletzt verdiente er als Gärtner in einer anderen spanischen Stadt 650 Euro monatlich. Davon verwendete er die Hälfte für Unterkunft, 100 Euro für Verpflegung, 50 Euro für Fahrtkosten. Ein Mann aus Sierra Leone überließ ihm eine Arbeitserlaubnis gegen die Zahlung von 100 Euro. Eigentlich würde Amadou gern in den Senegal zurückkehren, doch das kommt nicht in Frage. „Wenn ich so zurückkehre, würde ich vor Scham sterben. Nein ich kann nicht zurück. Das wäre die größte Schande und meine Familie braucht die Unterstützung."

M4 *Amadous Geschichte*

Herkunfts- und Zielgebiete von Migranten

Die beiden Berichte von Omar und Amadou haben gezeigt, welche Hoffungen und Wünsche Migranten mit ihrem Migrationsziel verbinden. Häufig sind die Flüchtlinge auf ihrer Reise und im Zielland mit vielen Herausforderungen konfrontiert, zum Beispiel eine Unterkunft zu finden.

- Derzeit sind etwa 60 Mio. Menschen weltweit auf der Flucht, die höchste Zahl, die der UN-Flüchtlingsrat jemals verzeichnet hat.
- 2014 wurden in der gesamten EU 626 000 Asylanträge gestellt.
- Im Jahr 2015 sind 1,1 Mio. Flüchtlinge nach Deutschland gekommen.

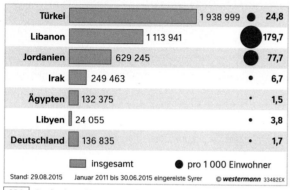

M1 Syrische Flüchtlinge nach Ländern (2015)

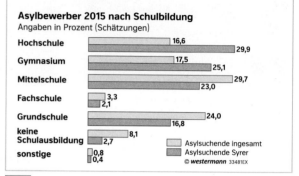

M4 Bildungsstand syrischer Flüchtlinge in Deutschland (2015)

M2 Gründe für die Auswanderung aus dem Senegal

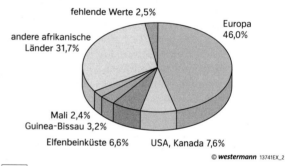

M5 Ziele senegalesischer Migranten

Hier hat kaum einer Papiere – und es hat auch noch nie jemand nach welchen gefragt. Jeden Morgen stellen sich die Männer auf der Landstraße auf, in einer langen Reihe, und warten auf die Unternehmer. Die [...] nehmen so viele Arbeiter mit, wie sie brauchen. Für acht bis zehn Stunden Arbeit im Plastik [Gewächshäuser] verdienen die Afrikaner zwischen 28 und 30 Euro – [...] immer noch genug, um weitere Arbeiter anzulocken. Nur: [...] „Ich habe schon so oft ohne Lohn gearbeitet, dass ich es gar nicht zählen kann", seufzt Samba aus Mali, der seit einem Jahr hier lebt. [...] „Wir können ja nichts tun. Sollen wir etwa zur Polizei gehen? Das brächte uns nur Probleme – es gibt uns offiziell ja gar nicht." Er hat heute den Tag damit verbracht, Wassermelonen-Pflanzen mit Pestiziden einzunebeln. „Das ist die schwerste Arbeit, weil man davon ganz dumm im Kopf wird. Schon nach einer halben Stunde siehst du kaum noch und kannst kaum noch atmen, aber du hast noch acht Stunden vor dir", erzählt er. Atemschutz hat keiner bekommen, er hatte aber vorsorglich ein altes T-Shirt mitgenommen, das er sich vor das Gesicht band. „Manche geben dir Masken, manche nicht – wir müssen nehmen, was kommt, wir haben keine Möglichkeit, etwas zu verlangen", sagt Titi aus Senegal. [...] Die Gemüsebauern von Almeria brauchen solche Arbeiter, um beim harten Preiskampf um die Regale der mitteleuropäischen Supermärkte mithalten zu können.

(Quelle: C. Milborn: Gestürmte Festung Europa. Einwanderung zwischen Stacheldraht und Ghetto. Wien 2006, S. 66f.)

M3 Aus einer Reportage über illegale Migranten in Almeria, die in den Gewächshäusern aus Plastikfolie arbeiten.

Bevölkerung und Migration

M6 *Unterkünfte von Flüchtlingen in Spanien*

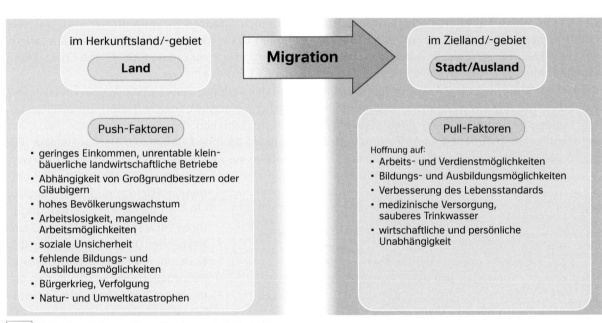

M7 *Gründe für Migration: Push- und Pull-Faktoren*

Partnerarbeit:
Vergleicht die Flucht von Amadou und Omar (S. 60/61).

Berücksichtigt die Bedeutung der Migration für die Herkunftsgebiete und die Familien.

❸ Bewertet die Bedingungen in den Zielgebieten.

b) Ordnet die Wanderung beider (siehe S. 60/61) in das Modell der Push- und Pull-Faktoren ein (M7).

❶ Erklärt die Schwierigkeiten einer Rückkehr ins Herkunftsland.

❷ Erklärt, wodurch die Wanderung der Flüchtlinge unterstützt wurde.

❹ a) Vergleicht die Fluchtgründe und Erwartungen an das Zielland.

M1 *Flüchtlinge stürmen den Grenzzaun der spanischen Exklave Melilla in Nordafrika.*

Migration global

Die Ursachen von Migration sind vielfältig. Armut, Kriege und fehlende Zukunftsaussichten stehen dabei an erster Stelle. Die Gründe für Abwanderung werden nach Push- und Pull-Faktoren unterschieden: Push-Faktoren sind die Gründe, die die Menschen zum Verlassen ihrer Heimat bewegen. Pull-Faktoren sind die Erwartungen, die einen Migranten zu einem Ziel hinziehen.

Meist sind es gar nicht die Ärmsten, die weggehen, schon gar nicht in weit entfernte Länder. Ihnen fehlen die Mittel, Reisen oder Schleuserdienste bezahlen zu können. In Afrika und Mittelamerika legen oft ganze Familien oder Dörfer ihre Ersparnisse zusammen, um Einzelnen die Reise nach Europa oder in die USA zu bezahlen.

Vor allem junge, gut ausgebildete Menschen gehen das Risiko einer Auswanderung ein und rechnen sich Chancen in anderen Ländern aus. Sie fehlen dann als Fachkräfte in ihren Heimatländern. Dadurch ist die wirtschaftliche Entwicklung dieser Länder erschwert.

Auf der anderen Seite hat die Migration auch förderliche Auswirkungen auf die Herkunftsländer. Häufig schicken die Migranten einen Teil ihres Lohnes an ihre Familien im Herkunftsland. Für viele arme Länder stellen solche Rücküberweisungen eine bedeutende Einkommensquelle dar und viele Familien sind dringend auf die Zahlungen ihrer Verwandten im Ausland angewiesen. Da dieses Geld für den Konsum, für Bildung und Gesundheit ausgegeben wird, werden somit auch Wirtschaft und Entwicklung der Herkunftsländer gestützt. Es ist aber auch zu befürchten, dass einige Familien eigene Aktivitäten aufgrund der Zahlungen aus dem Ausland vernachlässigen und von diesen abhängig werden.

Falls Migranten zurückkehren, können die Heimatländer von deren erworbenem Wissen und den Erfahrungen profitieren.

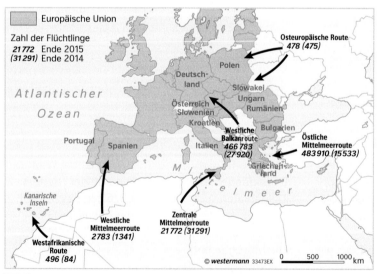

Europäische Union

Zahl der Flüchtlinge
21 772 Ende 2015
(31 291) Ende 2014

Osteuropäische Route
478 (475)

Polen

Deutschland

Slowakei

Ungarn

Österreich
Slowenien

Rumänien

Kroatien

Bulgarien

Atlantischer Ozean

Portugal

Spanien

Westliche Balkanroute
466 783
(27 920)

Italien

Östliche Mittelmeerroute
483 910 (15533)

Griechenland

M i t t e l m e e r

Kanarische Inseln

Westliche Mittelmeerroute
2783 (1341)

Zentrale Mittelmeerroute
21 772 (31 291)

Westafrikanische Route
496 (84)

© westermann 33473EX

0   500   1000 km

M2 *Fluchtrouten und deren Bedeutung (2015)*

gewaltsam Vertriebene weltweit

59,5
Millionen

Wenn diese 59,5 Mio. Menschen eine Nation wären, läge sie an Platz 24 der internationalen Rangfolge.

Flüchtlinge
19,5
Millionen

international Vertriebene
38,2
Millionen

Asylsuchende
1,8
Millionen

M3 *Flüchtlinge weltweit (2015)*

Vertriebene

42 500
Personen jeden Tag
(2014)

10 900	14 360	21 400	32 700	42 500
2010	2011	2012	2013	2014

© *westermann* 33479EX

M5 *Flüchtlinge in Pakistan*

Auswanderer gehen meist „in den Fußstapfen" anderer Migranten; die Auswanderung ist dadurch für den Einzelnen weniger risikoreich. Die Menschen finden am Ziel Anlaufstellen, an denen sie Unterstützung erhalten, sich in der neuen Umgebung zurechtzufinden, zumal in der Regel Sprachbarrieren vorhanden sind. Zudem gibt es meist Informationen darüber, wie Einreisehindernisse umgangen werden können.

In vielen Wunschzielen von Auswanderern, wie der EU oder den USA, ist die Möglichkeit zur Einwanderung eng begrenzt. Nicht gewollte Einwanderung wird dort an den Grenzen mithilfe von Zäunen und Seepatrouillen, mit Einreise und Aufenthaltsbestimmungen weitestgehend verhindert. Viele Migranten nehmen große Gefahren auf sich, um solche Hindernisse zu überwinden, schon weil sie wissen, dass sie innerhalb kurzer Zeit – gerade auch als „Illegale" – Arbeit finden werden. In der Gastronomie und Landwirtschaft, in der Bauwirtschaft und der häuslichen Pflege alter Menschen werden viele beschäftigt, die sich ohne Aufenthaltserlaubnis in den Industrieländern aufhalten. Die „Illegalen" arbeiten für geringste Löhne, es müssen für sie keine Beiträge zu Kranken-, Arbeitslosen- und Rentenversicherungen bezahlt werden und sie können keines der üblichen Arbeitnehmerrechte in Anspruch nehmen. Sie können sich nirgendwo über Missstände beschweren oder Klage erheben. Sie müssten sonst fürchten, abgeschoben zu werden.

Daher sind Migranten oft Opfer von Ausbeutung oder werden von Schleusern ausgenutzt. Es gibt aber auch Migranten, die durch offizielle Regelungen in wohlhabendere Länder gelangen. Beispielsweise werden Arbeitsmigranten aus Süd- und Südostasien von den reichen Erdölstaaten im Mittleren Osten angeworben. So besteht die Bevölkerung Dubais zu 85 Prozent aus ausländischen Arbeitskräften. Ob als Arbeiter in der Bauwirtschaft und im Tourismus oder als qualifizierte Angestellte in Banken – in allen Bereichen sind Ausländer dort unverzichtbar.

Um hochqualifizierte Migranten ist in den Industriestaaten ein regelrechter Wettbewerb entbrannt. Die Einwanderung von IT-Spezialisten, Ärzten, Krankenschwestern oder auch von Geistlichen wird in zahlreichen Ländern gefördert. Dennoch gibt es in vielen Industrieländern Bürgerinnen und Bürger, die die Einwanderer als Bedrohung ihres Arbeitsplatzes oder ihres Wohlstandes ansehen. Andererseits kann die Einwanderung jene Probleme mildern, die in Industrieländern mit schrumpfender und alternder Bevölkerung zu lösen sind.

M4 *Strategien und Strukturen von Migration*

① a) Werte den Text S. 64 aus.
b) Formuliere wichtige Aussagen.

Partnerarbeit
② a) Bewertet die Bedeutung der Migration für die Herkunfts- und die Zielländer.
b) Nennt mindestens drei positive und drei negative Auswirkungen.

③ „Migration ist ein Gewinn für die Herkunfts- und die Zielländer."
a) Diskutiert die These unter Verwendung der erarbeiteten Fakten.
b) Verdeutlicht, welche Vor- und Nachteile ihr für die Herkunftsländer und welche für die Zielländer seht und wie ihr diese gewichtet.

65

M1 *Lagos (Nigeria)*

Bevölkerungswachstum in Städten

Seit Jahrzehnten wächst weltweit die Bevölkerung in den Städten stärker als auf dem Land. Während 1975 rund ein Drittel der Weltbevölkerung in Städten wohnte, sind es mit Beginn des 21. Jahrhunderts schon über die Hälfte. Prognosen sagen, dass im Jahr 2050 zwei Drittel der Menschheit in Städten leben werden.

Die Bevölkerung in vielen Städten der Industrieländer nimmt aber wegen sinkender Geburtenraten und Abwanderung in die Großstädte inzwischen nur noch wenig zu oder sogar ab.

In Entwicklungs- und **Schwellenländern** wachsen die meisten Städte rasant, zum Teil durch hohe Geburtenraten, aber auch durch Zuwanderung.

Viele Menschen verlassen den ländlichen Raum und ziehen in die Städte, weil sie sich dort bessere Arbeits- und Lebensbedingungen erhoffen. Diesen Vorgang nennt man Landflucht. Ursachen dafür sind vor allem fehlende Erwerbs- und Arbeitsmöglichkeiten, fehlende medizinische Versorgung und sehr geringe Bildungsmöglichkeiten. Die als besser eingeschätzten Lebensbedingungen in den Städten, wie Arbeits- und Bildungsmöglichkeiten, ziehen die Menschen an.

INFO

Verstädterung

Verstädterung bedeutet das Anwachsen der Städte nach Bevölkerungszahl, Siedlungs- und Verkehrsfläche. Ausgelöst wird Verstädterung durch Abwanderung aus dem ländlichen in den städtischen Raum.

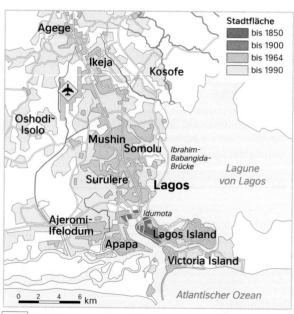

M2 *Stadtentwicklung Lagos*

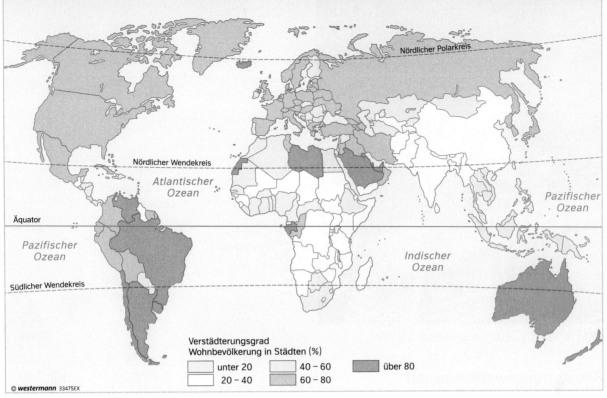

Verständerungsgrad
Wohnbevölkerung in Städten (%)

unter 20
20 – 40
40 – 60
60 – 80
über 80

© **westermann** 33475EX

M3 *Weltweiter Verstädterungsgrad*

davon: China

Stadtbevölkerung
in Entwicklungs- und
Schwellenländern
38 %

Landbevölkerung
49 %

Weltbevölkerung
7,4 Mrd.
2016

Stadtbevölkerung in
Industrieländern
13 %

davon: China

Stadtbevölkerung
in Entwicklungs-
und Schwellenländern
48 %

Landbevölkerung
40 %

Weltbevölkerung
8,2 Mrd.
2030

Stadtbevölkerung
in Industrieländern
12 %

© **westermann** 17426EX_5

M4 *Anteil Stadt- und Landbevölkerung*

M5 *Markt in Lagos*

❶ Benenne je fünf Länder mit einem Verstädterungsgrad von 20 – 40 % und mit über 80 % (M3, Atlas).

❷ Vergleiche die Verteilung der Stadt- und Landbevölkerung weltweit 2016 mit der Prognose von 2030 (M4).

❸ Erkläre am Beispiel von Lagos, was Verstädterung für die Menschen dort bedeutet (M1, M2, M5).

❹ „Das dritte Jahrtausend wird das Jahrtausend der Städte". Erläutere die Aussage.

❺ Schreibe einen Zeitungsartikel mit dem Titel „Ursachen und Auswirkungen von Landflucht" (M4, Atlas).

M1 *In Bangladeschs Hauptstadt Dhaka*

Bevölkerungswachstum und Megastädte auf der Erde

Entwicklung der Städte – weltweit unterschiedlich

Das Wachstum der Weltbevölkerung ist sehr ungleich verteilt. Ähnlich verhält es sich mit dem Anwachsen der **Ballungsräume** und der Verstädterung.

In den Industrieländern begann die Verstädterung mit der Industrialisierung im 19. Jahrhundert: Großes Bevölkerungswachstum, Fortschritte in der Technik, Steigerung der Arbeitsmöglichkeiten und des Lebensstandards ließen die Städte wachsen. Nach dem Zweiten Weltkrieg setzte der Verstädterungsprozess – mit großen regionalen Unterschieden – in den Entwicklungsländern ein.

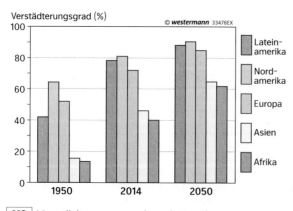

M2 *Verstädterungsgrad nach Kontinent*

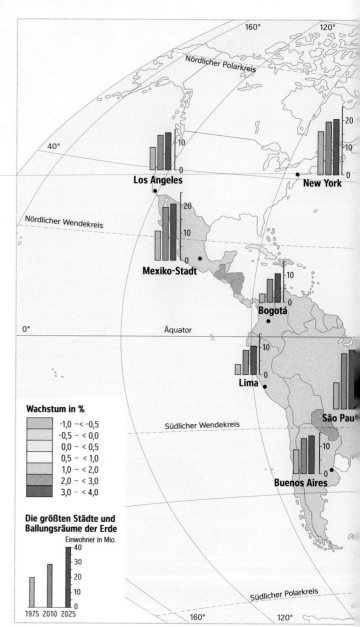

M3 *Durchschnittliches Bevölkerungswachstum in den Jahren 2005–2010 und Megastädte, die 2025 zehn Millionen Einwohner und mehr haben werden*

❶ a) Nenne zehn Länder mit sehr hohem Bevölkerungswachstum (M3),
b) Nenne zehn Länder mit geringem Bevölkerungswachstum (M3),
c) Nenne zehn Länder mit abnehmender Bevölkerung (M3).

d) Beschreibe, wie sich
1. die Anzahl,
2. die Verteilung der Megastädte verändert hat (M3).

100800-277-4
www.diercke.de

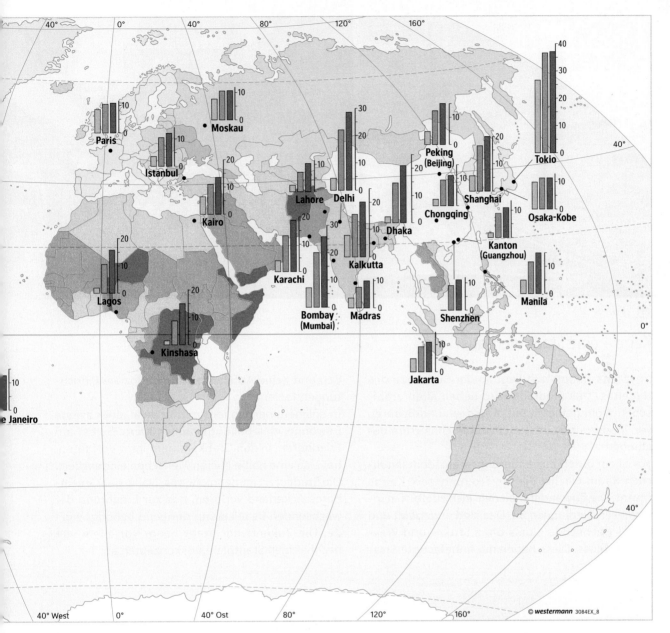

© **westermann** 3084EX_8

❷ Beschreibe die Entwicklung des Verstädterungsgrades von drei Kontinenten deiner Wahl (M2).

❸ Interpretiere die Karikatur (M4) mithilfe von S. 116/117.

❹ Erstelle einen Steckbrief mit den wichtigsten Informationen über eine Megastadt deiner Wahl (Atlas, Lexikon, Internet).

M4 *Karikatur*

69

M1 *Kairo*

Kairo – eine Stadt ufert aus

Ägyptens Hauptstadt liegt an der Südspitze des Nildeltas. Das Stadtbild wird neben alten arabischen Wohngebieten mit Moscheen und Basaren von modernen Stadtvierteln mit Hochhäusern bestimmt.

Vor allem durch Zuwanderungen aus dem ländlichen Raum wächst die Bevölkerungszahl Kairos rasant. Die Zuwanderer siedeln sich zumeist in informellen Siedlungen an. Das sind ungeplant und illegal wachsende Slums ohne Strom- und Wasseranschluss. Diese haben nur unbefestigte Straßen und keine Abfallentsorgung. Soziale Einrichtungen fehlen.

In solchen Vierteln lebt mittlerweile jeder zweite Bewohner des Ballungsraumes Kairo. Selbst auf Friedhöfen, in den Grabkammern ihrer Vorfahren, hat sich eine halbe Million Menschen einquartiert. Die Stadt ufert immer mehr aus. Dabei geht fruchtbares Ackerland verloren, das zur Ernährung der wachsenden Bevölkerung dringend benötigt würde. Die Zukunft der Stadt hängt vor allem von nachhaltigen Stadtplanungskonzepten ab.

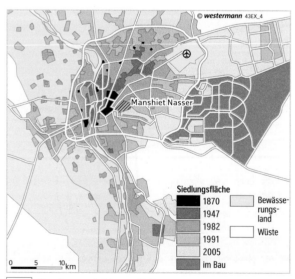

M2 *Stadtentwicklung Kairo*

INFO

Konzept zur nachhaltigen Stadtplanung
Stadtplanung beschäftigt sich mit der baulichen Entwicklung der Stadt.
Die Städte und ihr Umland befinden sich in einem ständigen Wandel und die Bedürfnisse der Bewohner können sehr unterschiedlich sein. Eine nachhaltige Stadtentwicklung versucht, die unterschiedlichen Interessenlagen abzuwägen und zukunftsfähige Projekte (Verkehrskonzepte, Grünflächen, umweltfreundliche Energietechniken, Bildungseinrichtungen) für die Stadt zu entwickeln. Die Städte sollen lebenswerte Orte für alle ihre Einwohner sein.

100800-159
www.diercke.de

100800-152-1
www.diercke.de

Stadtentwicklung in Manshiet Nasser

Dieser Stadtteil ist eine der größten informellen Siedlungen Kairos. Sie befindet sich auf felsigem Wüstenland und wurde ab Ende der 1950er-Jahre von ländlichen Zuwanderern aus Oberägypten besiedelt. Da auch immer mehr arme Menschen aus der Innenstadt nach Manshiet Nasser umzogen, wuchs die Bevölkerung auf rund 800 000 Einwohner an. Die ägyptische Regierung beschloss 1997, den Stadtteil nicht abzureißen, sondern in ein reguläres Wohngebiet umzuwandeln. Es wurden vor allem die Ver- und Entsorgung von Wasser sowie das Straßennetz ausgebaut. Feste Behausungen, Geschäftsstraßen sowie Bildungs- und Gesundheitseinrichtungen entstanden. Die Lage Tausender Bewohner, die in die Planungen einbezogen waren, hat sich merklich verbessert. Ähnliche Projekte werden jetzt auch in anderen Stadtteilen Kairos und Alexandrias realisiert.

M3 | *Lebensmittelladen in Manshiet Nasser*

Satellitenstadt in der Wüste

Am östlichen Stadtrand von Kairo entsteht ein neues Stadtviertel, New Cairo City. Bis 2050 sollen hier 2,5 Mio. Menschen leben. Es entsteht ein Wohngebiet für die wohlhabende Mittel- und Oberschicht. Vielfältige Infrastruktureinrichtungen wie Parks, Shopping Malls, Kinos, Restaurants, Gesundheitseinrichtungen, Polizeistationen und Moscheen werden errichtet. Für die Bewohner der Satellitenstadt bleibt aber das „alte" Kairo weiterhin wichtiger Anlaufpunkt. Da es keine ausreichende Anbindung an Kairo mit dem öffentlichen Verkehr gibt, werden die Menschen vor allem private Pkw nutzen.

M4 | *New Cairo City*

M5 | *Lage Ägyptens*

Jahr	Mio. Einw.
1950	2,49
1960	3,68
1970	5,58
1980	7,34
1990	9,06
2000	10,39
2010	12,00
2015	13,13

M6 | *Einwohner Kairos*

❶ Beschreibe Lage und Bedeutung von Kairo innerhalb Ägyptens (M5, Atlas).

❷ Leite Probleme aus der Bevölkerungsentwicklung Kairos ab.

❸ Stelle die Probleme der Stadtentwicklung den Zielen der Stadtplaner zur nachhaltigen Stadtentwicklung gegenüber (M1 – M4, M6).

❹ Ordne die Entwicklung der Bevölkerung Kairos in das Modell der Push- und Pull-Faktoren ein (S. 63).

System

Alles klar?

1. Diagramme auswerten

Wertet eines der drei Altersstrukturdiagramme aus.

Schweden

© westermann   33541EX

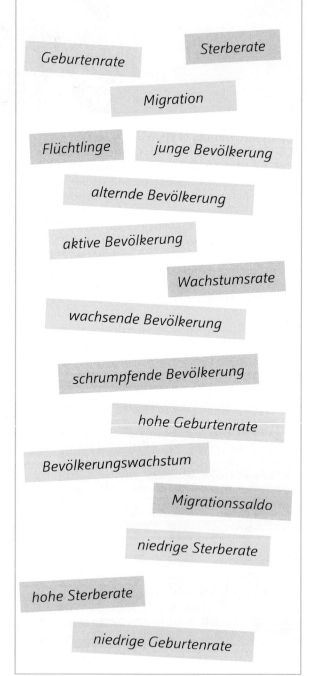

Tschad

© westermann   12631EX_3

Thailand

© westermann   33540EX

2. Begriffsnetz:

Schreibe die Begriffe auf ein Blatt und schneide sie aus. Ordne selbstständig die Begriffe zunächst nach den Kategorien: Kenne ich, kenne ich nicht. Kläre in der Gruppe die unbekannten Begriffe. Erstelle ein Begriffsnetz, in dem Zusammenhänge deutlich werden.

Geburtenrate

Sterberate

Migration

Flüchtlinge

junge Bevölkerung

alternde Bevölkerung

aktive Bevölkerung

Wachstumsrate

wachsende Bevölkerung

schrumpfende Bevölkerung

hohe Geburtenrate

Bevölkerungswachstum

Migrationssaldo

niedrige Sterberate

hohe Sterberate

niedrige Geburtenrate

3. Bevölkerungsentwicklung

Erkläre, wie sich die Bevölkerung im Laufe der Entwicklung verändert. Teile die Entwicklung in Phasen ein und beschreibe die Bevölkerungsentwicklung in den einzelnen Phasen sowie die Veränderung von der ersten zur letzten Phase.

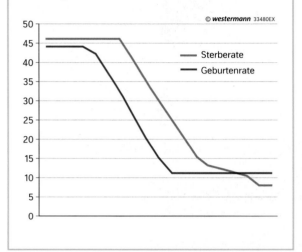

© **westermann** 33480EX

Sterberate
Geburtenrate

4. Migration erklären

Erkläre, was du unter Push- und Pull-Faktoren verstehst. Nenne Beispiele für diese Faktoren und erkläre Ihre Bedeutung für die Migration.

5. Knobeln

Trotz besserer Lebensbedingungen und höherer Lebenserwartung ist die Sterberate in Deutschland mit 11‰ höher als in Äthiopien mit 8‰. Erkläre.

Kompetenzcheck

Systemkompetenz
Ich kann …

… die Begriffe Geburtenrate, Sterberate, Wachstumsrate definieren.

… die Veränderung der Bevölkerung eines Landes mithilfe der veränderten Geburten- und Sterberate erklären.

… Migration durch Push- und Pull-Faktoren erklären.

Orientierungskompetenz
Ich kann …

… Regionen mit wachsender und Regionen mit schrumpfender Bevölkerung nennen.

… Herkunfts- und Zielregionen globaler Wanderungen benennen.

… wichtige Aufnahmeregionen für Flüchtlinge benennen.

… aus Karten demographische Daten bestimmen (Geburten- und Sterberate, Wachstumsrate, Regionen mit starkem Bevölkerungswachstum, geringem Bevölkerungswachstum, negativem Bevölkerungswachstum).

… aus Karten Informationen zur Migration bestimmen (Migrationsrichtung, Herkunfts- und Zielregionen).

Methodenkompetenz
Ich kann …

… Liniendiagramme zum Verlauf von Geburten-, Sterberaten und Bevölkerungswachstum analysieren.

… Altersstrukturdiagramme auswerten.

… Begriffsnetze erstellen.

… Argumentationsketten verwenden.

Urteils- und Kommunikationskompetenz
Ich kann …

… mithilfe von Argumentationsketten Gründe für eine hohe/eine niedrige Kinderzahl in verschiedenen Regionen der Erde darlegen.

CHECK

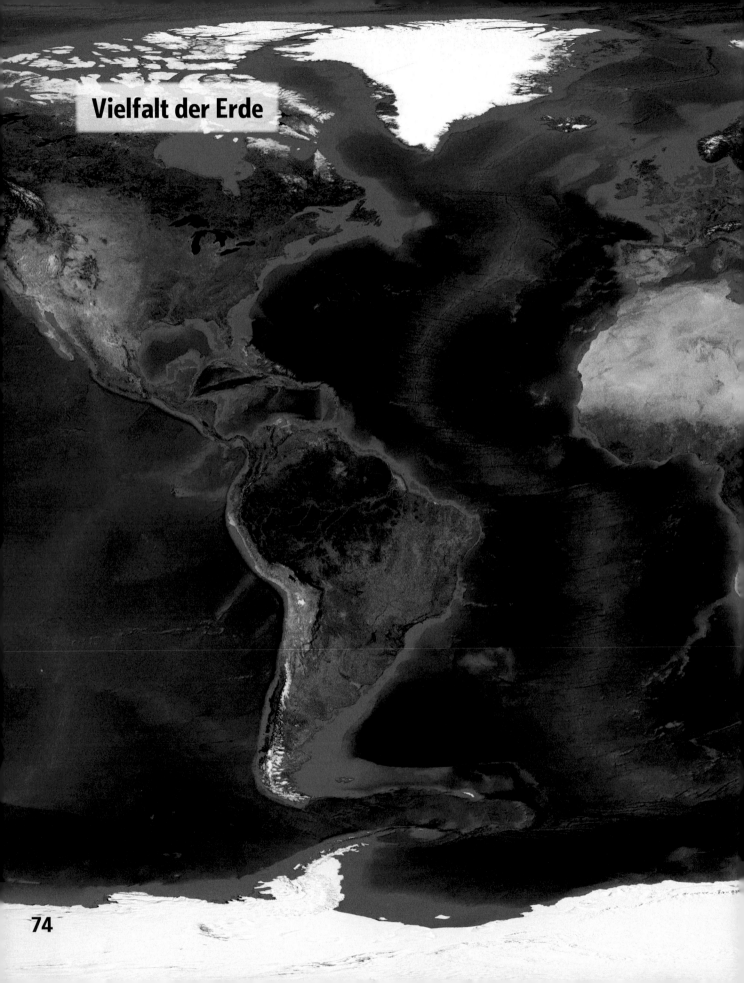

Vielfalt der Erde

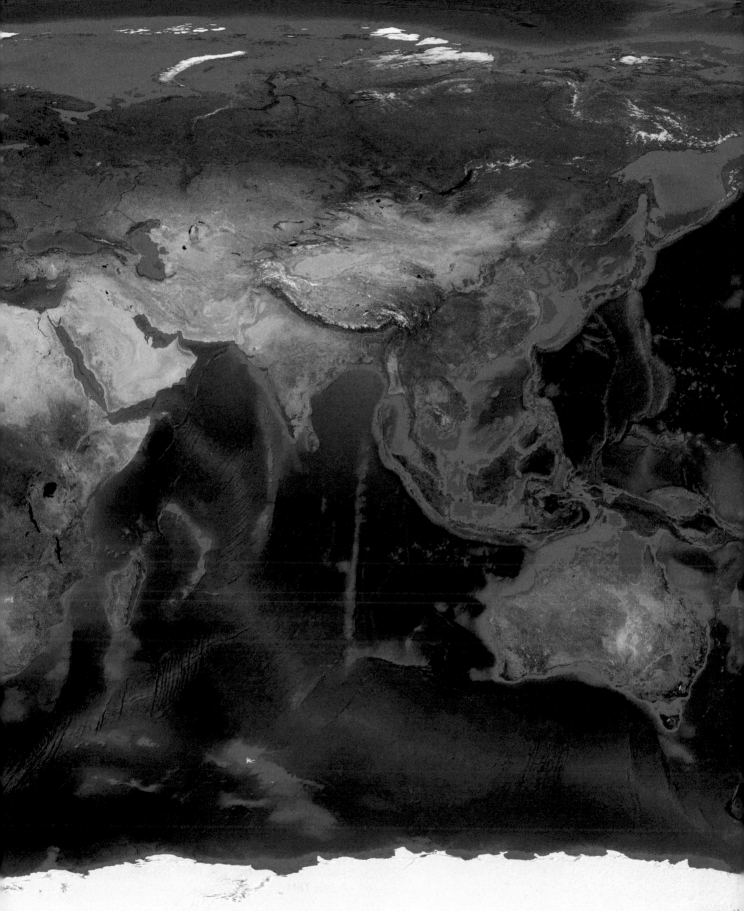

Dem Täter auf der Spur

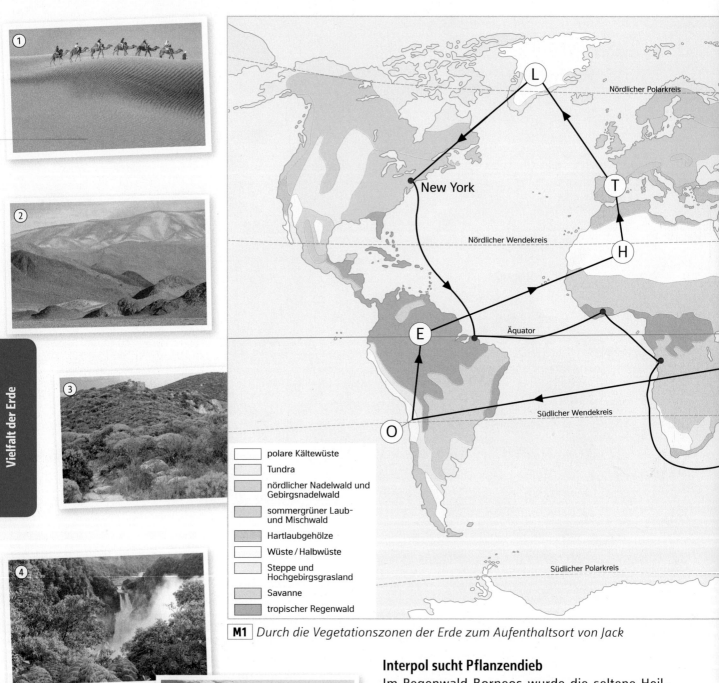

M1 *Durch die Vegetationszonen der Erde zum Aufenthaltsort von Jack*

Legende:
- polare Kältewüste
- Tundra
- nördlicher Nadelwald und Gebirgsnadelwald
- sommergrüner Laub- und Mischwald
- Hartlaubgehölze
- Wüste / Halbwüste
- Steppe und Hochgebirgsgrasland
- Savanne
- tropischer Regenwald

Kartenbeschriftungen: Nördlicher Polarkreis, Nördlicher Wendekreis, Äquator, Südlicher Wendekreis, Südlicher Polarkreis, New York

Interpol sucht Pflanzendieb

Im Regenwald Borneos wurde die seltene Heilpflanze „Piper cubeba" gestohlen. Diese ist medizinisch aufgrund ihrer entzündungshemmenden Wirkung weltweit begehrt und wurde schon als Heilpflanze des Jahres gekürt.

Verdächtigt wird ein gewisser Jack, der für Diebstähle medizinisch wertvoller Pflanzen berüchtigt ist. Interpol bittet um Hilfe bei der Suche nach dem Täter.

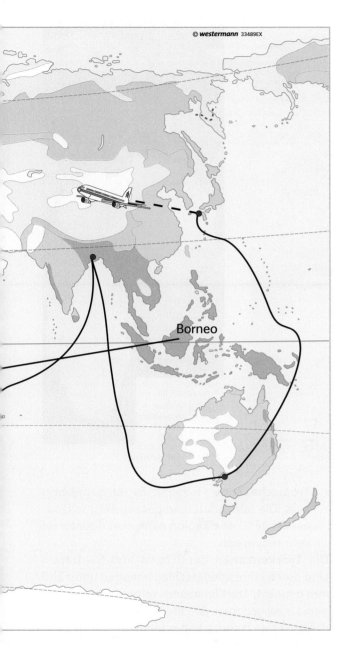

© **westermann** 33489EX

Borneo

Spur 1:

In New York vergaß Jack sein Handy mit fünf Fotos, die er auf seiner Flucht aufgenommen hat. Wenn man die Bilder in der Reihenfolge ① – ⑤ den Buchstaben der jeweiligen Aufnahmeorte in der Karte zuordnet, erhält man den ersten Hinweis auf seinen Aufenthaltsort.

Hotel

Spur 2:

Interpol konnte den unten stehenden verschlüsselten Funkspruch von Jack an seine Bande empfangen. Es handelt sich um Hafenstädte, die der Dieb bei seiner weiteren Flucht aufgesucht hat. Man findet den zweiten Hinweis über seinen Aufenthaltsort, wenn man aus dem Wortsalat mithilfe der richtigen Buchstabenkombinationen sechs Städtenamen bildet. Die Anfangsbuchstaben der Städte ergeben zusammengefügt den zweiten Hinweis über Jacks Aufenthaltsort. Achtung: Die Städte sind als Punkte in der Karte eingetragen.

MELBE – stop! –
JADINAB – stop! –
DANLAU – stop! –
TAKKALUT – stop! –
LIDAEDAE – stop! –
GANASIKA – stop!

*Reb welen
d
i
k
a
n*

Nagasaki

Orientierung

Spur 3:

Jetzt musst du den letzten Hinweis auf das Versteck von Jack finden. Nutze auch die Seiten 78/79.

B e r l i n
a b c d e f

c) Wie heißt die Zone zwischen polarer Kältewüste und nördlichem Nadelwald? (5. Buchstabe)

e) In welcher Vegetationszone liegen die meisten Fluchtorte von Jack? (5. Buchstabe)

f) Die Insel Borneo liegt größtenteils in ... (Land). (2. Buchstabe)

d) große Insel im Bereich der polaren Kältewüste (5. Buchstabe)

b) Savannentyp auf der Abbildung (2. Buchstabe).

a) Name der Klimazone, in der diese Pflanzen wachsen (3. Buchstabe)

① Finde den Aufenthaltsort von Jack, indem du die Spuren verfolgst, die Interpol bereits sammeln konnte (Atlas, M1).

Klima- und Vegetationszonen

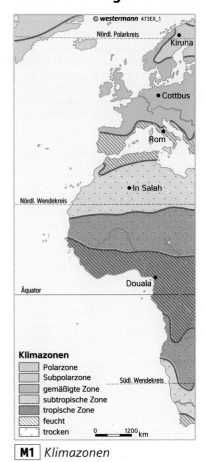

M1 *Klimazonen*

Klimazonen

- Polarzone
- Subpolarzone
- gemäßigte Zone
- subtropische Zone
- tropische Zone
- feucht
- trocken

0 — 1200 km

Nördl. Polarkreis
Kiruna
Cottbus
Rom
Nördl. Wendekreis
In Salah
Äquator
Douala
Südl. Wendekreis

© *westermann* 473EX_1

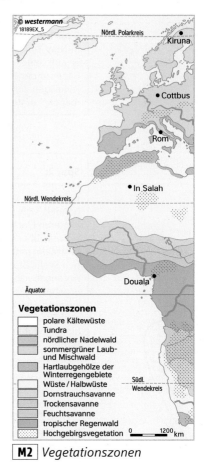

M2 *Vegetationszonen*

Vegetationszonen

- polare Kältewüste
- Tundra
- nördlicher Nadelwald
- sommergrüner Laub- und Mischwald
- Hartlaubgehölze der Winterregengebiete
- Wüste / Halbwüste
- Dornstrauchsavanne
- Trockensavanne
- Feuchtsavanne
- tropischer Regenwald
- Hochgebirgsvegetation

0 — 1200 km

© *westermann* 18189EX_5

Nördl. Polarkreis
Kiruna
Cottbus
Rom
Nördl. Wendekreis
In Salah
Äquator
Douala
Südl. Wendekreis

M3 *Satellitenbild*

Nördliche Anbaugrenze für:

- Kartoffeln
- Winterweizen
- Wein
- Ölbaum

© *westermann* 33488EX

Klimazonen in Afrika und Europa

Temperatur und Niederschlag sind zwei wichtige Klimaelemente. Räume, in denen ein ähnliches Klima herrscht, werden Klimazonen genannt. Diese ziehen sich wie Gürtel um die Erde. Stark vereinfacht werden folgende Klimazonen unterschieden:

- **Polarzone**: Die Temperaturen liegen ganzjährig unter dem Gefrierpunkt (Dauerfrost). Die Niederschläge fallen als Schnee.
- **Subpolarzone**: Die Jahresmitteltemperatur liegt in Kiruna bei 0 °C. Es gibt kurze frostfreie Sommer und lange Winter.
- **Gemäßigte Zone**: Die Jahresmitteltemperatur liegt in Cottbus um 9 °C. Das ganze Jahr über fallen Niederschläge, vermehrt aber in den Sommermonaten. Es gibt vier Jahreszeiten.
- **Subtropische Zone** (Subtropen): Die Jahresmitteltemperatur beträgt in Rom um 18 °C. Es gibt meist heiße, trockene Sommer und milde, feuchte Winter.

- **Tropische Zone** (Tropen): Es ist ganzjährig heiß. Die Jahresmitteltemperatur liegt in Douala bei 26 °C. Die Region nahe dem Äquator ist sehr regenreich.

Die **Trockenzonen** der Tropen und Subtropen sind durch Jahresniederschlagsmengen unter 250 mm geprägt. Die Klimazonen folgen nicht, wie mit dem Lineal gezogen, den Breitengraden. Ein Grund dafür ist der Einfluss kalter und warmer Meeresströmungen. Auch die unterschiedliche Verteilung von Land und Wassermassen auf der Erde sowie die Gebirge beeinflussen die Klimazonen.

Vegetationszonen

Pflanzen benötigen für ihr Wachstum Wärme und Feuchtigkeit. Daher hängt es vom Klima ab, wie viele und welche Pflanzen in einem Gebiet vorkommen. Die Pflanzen haben sich jeweils dem Klima angepasst. Gebiete mit gleicher oder ähnlicher Pflanzenbedeckung werden Vegetationszonen genannt. Diese ziehen sich gürtelartig um die Erde.

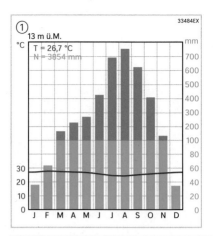

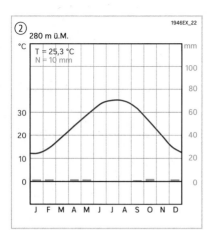

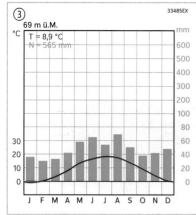

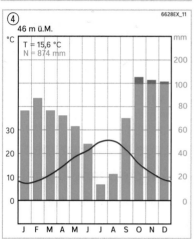

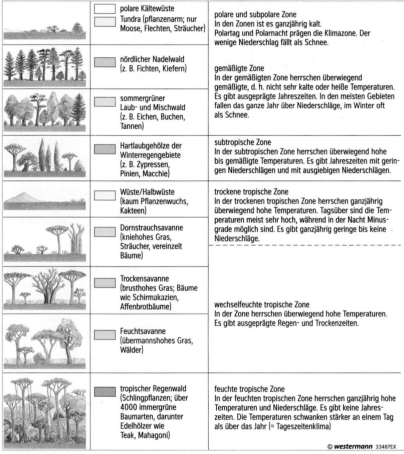

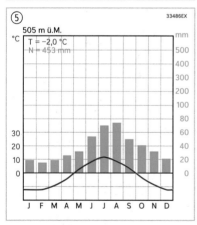

polare Kältewüste	polare und subpolare Zone
Tundra (pflanzenarm; nur Moose, Flechten, Sträucher)	In den Zonen ist es ganzjährig kalt. Polartag und Polarnacht prägen die Klimazone. Der wenige Niederschlag fällt als Schnee.
nördlicher Nadelwald (z. B. Fichten, Kiefern)	gemäßigte Zone In der gemäßigten Zone herrschen überwiegend gemäßigte, d. h. nicht sehr kalte oder heiße Temperaturen. Es gibt ausgeprägte Jahreszeiten. In den meisten Gebieten fallen das ganze Jahr über Niederschläge, im Winter oft als Schnee.
sommergrüner Laub- und Mischwald (z. B. Eichen, Buchen, Tannen)	
Hartlaubgehölze der Winterregengebiete (z. B. Zypressen, Pinien, Macchie)	subtropische Zone In der subtropischen Zone herrschen überwiegend hohe bis gemäßigte Temperaturen. Es gibt Jahreszeiten mit geringen Niederschlägen und mit ausgiebigen Niederschlägen.
Wüste/Halbwüste (kaum Pflanzenwuchs, Kakteen)	trockene tropische Zone In der trockenen tropischen Zone herrschen ganzjährig überwiegend hohe Temperaturen. Tagsüber sind die Temperaturen meist sehr hoch, während in der Nacht Minusgrade möglich sind. Es gibt ganzjährig geringe bis keine Niederschläge.
Dornstrauchsavanne (kniehohes Gras, Sträucher, vereinzelt Bäume)	
Trockensavanne (brusthohes Gras; Bäume wie Schirmakazien, Affenbrotbäume)	wechselfeuchte tropische Zone In der Zone herrschen überwiegend hohe Temperaturen. Es gibt ausgeprägte Regen- und Trockenzeiten.
Feuchtsavanne (übermannshohes Gras, Wälder)	
tropischer Regenwald (Schlingpflanzen; über 4000 immergrüne Baumarten, darunter Edelhölzer wie Teak, Mahagoni)	feuchte tropische Zone In der feuchten tropischen Zone herrschen ganzjährig hohe Temperaturen und Niederschläge. Es gibt keine Jahreszeiten. Die Temperaturen schwanken stärker an einem Tag als über das Jahr (= Tageszeitenklima)

© **westermann** 33487EX

M4 *Vegetation mit Klimaeigenschaften und ausgewählte Klimadiagramme*

❶ Vergleiche M1 – M3 miteinander und stelle Vermutungen darüber an, in welchen Regionen die Lebensbedingungen für den Menschen besonders extrem sind.

❷ Beschreibe Klima und Vegetation auf der Strecke von Cottbus nach Douala .

❸ a) Nenne wichtige Klimamerkmale der Klimazonen.

b) Ordne die Klimastationen (①–⑤) einer Klimazone zu und begründe deine Entscheidung (M1, M4).

❹ Stelle eine Vegetationszone vor und gehe dabei auf Klima und Vegetation ein (M1–M4, Internet, Atlas).

M1 Siedlung im Norden Russlands am 12.06.2013, 15.00 Uhr: Temperatur - 2 °C

M2 Massai-Siedlung im Süden Kenias am 12.06.2013, 15.00 Uhr: Temperatur 31° C

Lage der Klimazonen –
Auf die Sonne kommt es an!

Ohne die Sonne gäbe es kein Leben auf der Erde, denn ihre Strahlung sorgt für Licht und Wärme, selbst Wind und Regen hängen davon ab. Da die Erde annähernd die Form einer Kugel hat, werden verschiedene Breiten unterschiedlich intensiv bestrahlt (M3). Die Sonnenstrahlen treffen an den Polen in einem flacheren Winkel auf die Erdoberfläche als am Äquator. Deshalb ist es an den Polen kälter als am Äquator, die Flächen werden unterschiedlich stark erwärmt.

Außerdem ist der Weg durch die Atmosphäre bei flachem Einfallswinkel länger (M3). Infolgedessen kann mehr Strahlung zum Beispiel an Wolken oder **Aerosolen** in der Atmosphäre ins All reflektiert werden. Die Strahlungsenergie, die auf der Erdoberfläche ankommt, wird dadurch verringert. Die Neigung der Erdachse bestimmt die Tageslänge in den Beleuchtungszonen und hat natürlich einen Einfluss auf die Erwärmung der Erde.

Für das lokale Klima (siehe Geobasics) ist die Ausrichtung nach der Himmelsrichtung bedeutsam. Zum Beispiel werden Südhänge stärker beschienen als Nordhänge. Wärmeliebende Pflanzen, wie Wein, baut man deshalb bevorzugt an Südhängen an.

Wind und Meeresströmungen verteilen die Wärmeenergie auf der Erde.

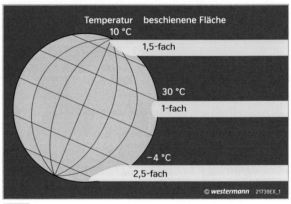

M3 Unterschiedliche Strahlungsverhältnisse und Temperaturen auf der Erde (hier: 22. Juni)

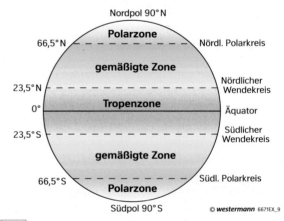

M4 Beleuchtungszonen der Erde

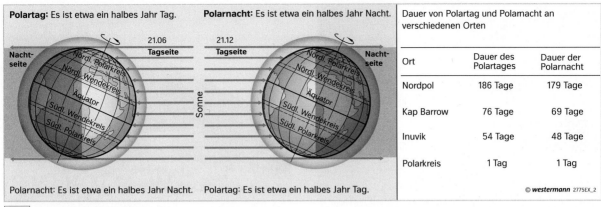

Polartag: Es ist etwa ein halbes Jahr Tag.	Polarnacht: Es ist etwa ein halbes Jahr Nacht.	Dauer von Polartag und Polarnacht an verschiedenen Orten		
		Ort	Dauer des Polartages	Dauer der Polarnacht
		Nordpol	186 Tage	179 Tage
		Kap Barrow	76 Tage	69 Tage
		Inuvik	54 Tage	48 Tage
		Polarkreis	1 Tag	1 Tag
Polarnacht: Es ist etwa ein halbes Jahr Nacht.	Polartag: Es ist etwa ein halbes Jahr Tag.	© *westermann* 2775EX_2		

M5 *Polartag und Polarnacht*

EXPERIMENT

Einfallswinkel

1. Bestrahle mit einer Taschenlampe senkrecht ein weißes Blatt Papier.
2. Umkreise mit einem Bleistift die bestrahlte Fläche.
3. Behalte nun den Abstand der Lampe zum Blatt bei und verändere den Einstrahlwinkel auf 30°, 45° und 60° (Winkelmesser).
4. Zeichne auch jetzt die bestrahlte Fläche nach.
5. Vergleiche die bestrahlten Flächen.
6. Erläutere das Ergebnis des Experiments.

© *westermann*　　　　　　　　　　9309EX_5

M6 *Experiment Beleuchtung*

❶ Beschreibe die klimatischen Unterschiede zwischen Nordrussland und Kenia am gleichen Tag (M1, M2).

❷ Erkläre die klimatischen Unterschiede dieser beiden Orte anhand deren Lage und Sonneneinstrahlungsverhältnissen (Atlas).

❸ Erkläre
a) Tag und Nacht (M6),
b) Polartag und Polarnacht (M5, Geobasics S. 152 – 155).

M1 *Im Februar in der Nähe von Valentia (Irland)*   **M3** *Im Februar in der Nähe von Kiew (Ukraine)*

Lage der Klimazonen – Auf das Meer kommt es an!

Während sich die Menschen im Februar in Kiew noch mit dicken Pelzmänteln vor Minusgraden schützen, herrschen in Valentia an der Westküste Irlands milde 8°C. Wie können solche Temperaturunterschiede in Orten mit ähnlicher Breitenlage auftreten?

Diese Unterschiede liegen an den Eigenschaften des Meerwassers und des Festlandes. Da Wasser Wärme lange speichert, ist die Lufttemperatur im Winter in Valentia, das am Atlantik liegt, höher als in Kiew, fernab des Ozeans.

Die milde feuchte Atlantikluft strömt mit dem vorherrschenden Westwind nach Osten. Ihr Einfluss nimmt mit zunehmender Entfernung vom Meer aber immer weiter ab.

Auch die Niederschlagsmengen sind unterschiedlich hoch, denn in Atlantiknähe regnet es deutlich mehr. Auf dem Weg über den Kontinent wird die Luft immer trockener und es bilden sich seltener Wolken, aus denen Niederschlag fällt. Die Klimadiagramme (M5, M7, M9) zeigen, dass es in allen Jahreszeiten klimatische Unterschiede gibt, trotz ähnlicher Breitenlage.

Aber auch Meeresströmungen beeinflussen das Klima küstennaher Regionen. Der warme Golfstrom sorgt sogar im Winter für eisfreie Häfen in Nordeuropa. Auch kalte Meeresströmungen haben Einfluss auf das Klima. So regnet es an der Westküste Chiles sehr selten, weil dort der kalte Humboldtstrom wirkt.

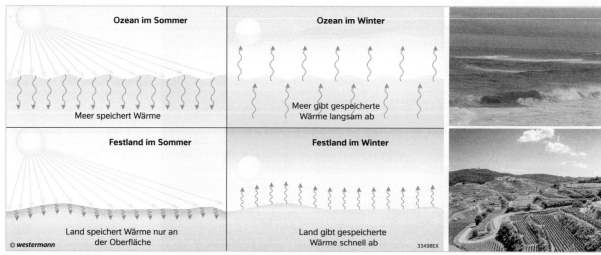

M2 *Temperaturverhalten von Wasser und Land*

100800-254   100800-250-1   100800-255
www.diercke.de   www.diercke.de   www.diercke.de

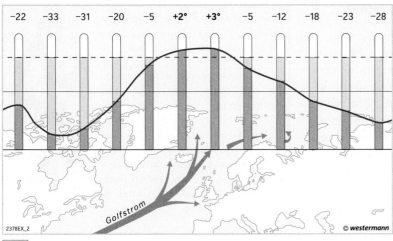

−22 −33 −31 −20 −5 **+2°** **+3°** −5 −12 −18 −23 −28

Golfstrom

2378EX_2

© westermann

M4 *Auswirkungen des Golfstroms auf die Temperatur im Januar*

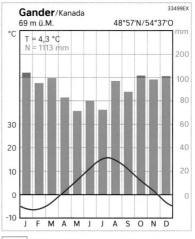

Gander/Kanada   33499EX
69 m ü.M.   48°57'N/54°37'O
T = 4,3 °C
N = 1113 mm

M8 *Klimadiagramm Gander*

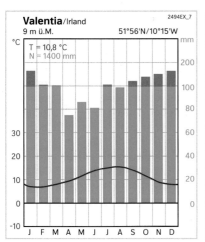

Valentia/Irland   2494EX_7
9 m ü.M.   51°56'N/10°15'W
T = 10,8 °C
N = 1400 mm

M5 *Klimadiagramm Valentia*

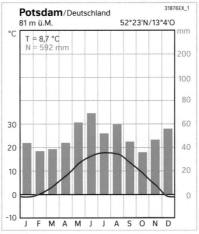

Potsdam/Deutschland   31876EX_1
81 m ü.M.   52°23'N/13°4'O
T = 8,7 °C
N = 592 mm

M7 *Klimadiagramm Potsdam*

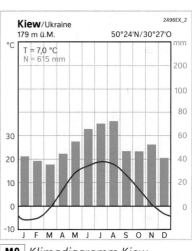

Kiew/Ukraine   2496EX_2
179 m ü.M.   50°24'N/30°27'O
T = 7,0 °C
N = 615 mm

M9 *Klimadiagramm Kiew*

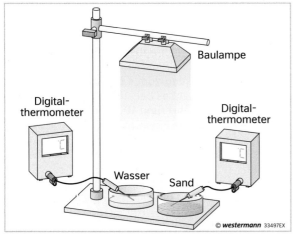

Baulampe

Digital-
thermometer

Digital-
thermometer

Wasser   Sand

© westermann 33497EX

M6 *Experiment: Wirkung von Sonneneinstrahlung auf Sand und Wasser*

❶ Die Lage zum Meer beeinflusst das Klima.
a) Erläutere diese Aussage (M2).
b) Vergleiche Temperaturen und Niederschläge der Klimastationen (M5, M7 – M9).
c) Erkläre die Unterschiede.

❼ a) Nenne kalte und warme Meeresströmungen und beschreibe ihren Verlauf (M4, Atlas).

b) Beschreibe die Auswirkungen kalter und warmer Meeresströmungen (M4, Atlas).

❸ Erkläre den Verlauf der Januartemperaturen (M4).

❹ In San Francisco gehen trotz des subtropischen Klimas wenige Menschen baden. Erkläre (Atlas).

83

Lage der Klimazonen – Auf die Höhe kommt es an!

Der Kilimandscharo ist mit 5895 m das höchste Bergmassiv Afrikas. Seinen höchsten Gipfel, obwohl in der Nähe des Äquators gelegen, bedeckt ein Gletscher. Wandert ein Mensch zu diesem Gipfel, so durchquert er die verschiedenen Höhenstufen der Vegetation. Das ähnelt einer Wanderung vom Äquator bis zum Nord- oder Südpol.

M1 *Die Vegetation am Kilimandscharo*

„Für den rund 70 km langen Weg bis zum Gipfel des Kilimandscharo und zurück benötigt man etwa fünf Tage und überwindet dabei circa 4035 Höhenmeter. Das Gebiet des Kilimandscharo ist ein Nationalpark.

1. Der Weg beginnt am Marangu-Tor in etwa 1860 Meter Höhe. Hier stehen so hohe Laubbäume, dass ihre Spitzen nicht zu sehen sind. Es ist warm und der Gipfel ist nicht zu erkennen.

2. Bis zur Mandara-Hütte auf etwa 2680 m Höhe wandert man durch das faszinierende Grün des tropischen Berg- oder Nebelwaldes. Moosflechten hängen von den Zweigen herunter. Die Luft ist feucht und die Wege gleichen Schlammpfaden. Über Nacht trocknen in der Hütte die durchgeschwitzten Sachen nicht.

3. Eine kurze Strecke oberhalb der Mandara-Hütte endet der Wald. Hier gibt es hohes Gras und auch einzelne Büsche. Wir wandern über Hochmoore und an blühenden Pflanzen vorbei. Kurz vor der Horombo-Hütte reißen dann die Wolken auf und der Blick auf das Ziel, den höchsten Gipfel (Uhuru Peak), ist frei. Wir wandern danach über den Wolken.
In der Nacht ist der Himmel sternenklar und die Sterne erscheinen näher als sonst. Jemand hat am Abend den immer laufenden Wasserhahn zugedreht. Dadurch ist morgens das Wasser in der Leitung gefroren.

4. Nach Verlassen der Horombo-Hütte in circa 3720 Meter Höhe hört die Vegetation recht schnell ganz auf. Es gibt nur noch Felsen, so weit das Auge reicht. Wir laufen vorbei an einem Hinweisschild „last water point". Dann an der Kibo-Hütte in etwa 4690 Meter Höhe haben auch die Träger deutlich mit der „dünnen", sauerstoffarmen Luft zu kämpfen.

5. Der letzte Aufstieg zum Kibo ist am härtesten. Um Mitternacht geht es bei -18 °C los. Der Weg ist extrem steil und führt rund 1000 Höhenmeter über loses Geröll bis zum Kraterrand. Der fantastische Sonnenaufgang entschädigt aber für die Strapazen. Das Wasser in der Flasche taut langsam wieder auf.
Der Weg am Kraterrand entlang zum Gipfel führt vorbei an kleinen Gletschern. Endlich um 7 Uhr haben wir den Gipfel erreicht. Jetzt müssen wir nur noch zurück."

M2 *Ben berichtet vom Kilimandscharo-Aufstieg.*

100800-151-6
www.diercke.de
100800-246-1
www.diercke.de

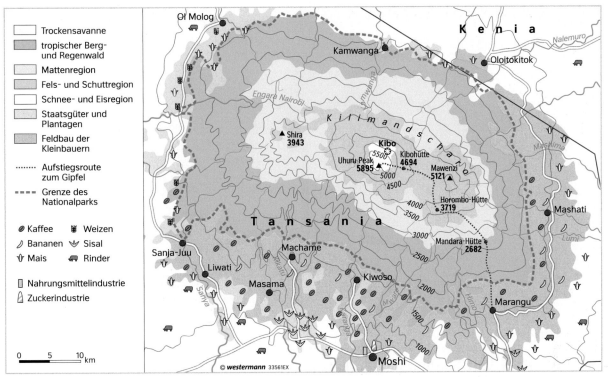

M3 | *Die Höhenstufen der Vegetation und die Landnutzung am Kilimandscharo*

Legend (left side of M3):

- Trockensavanne
- tropischer Berg- und Regenwald
- Mattenregion
- Fels- und Schuttregion
- Schnee- und Eisregion
- Staatsgüter und Plantagen
- Feldbau der Kleinbauern
- ········· Aufstiegsroute zum Gipfel
- – – – Grenze des Nationalparks

- ◍ Kaffee
- ⅏ Weizen
- ⌇ Bananen
- ⌄ Sisal
- ⇞ Mais
- 🐄 Rinder

- ▯ Nahrungsmittelindustrie
- ▯ Zuckerindustrie

0   5   10 km

© westermann 33561EX

① Bei einer Wanderung zum Gipfel des Kilimandscharo durchquert man verschiedene Klima- und Vegetationszonen.
a) Ordne M1 den Textabschnitten (M2) zu.

b) Ordne die Fotos den Höhenstufen zu (M3).
c) Erstelle eine Tabelle, in die du die typischen Merkmale der Höhenstufen der Vegetation am Kilimandscharo einträgst (M2, M3).

d) Vergleiche die Höhenstufen der Vegetation in den Alpen und am Kilimandscharo (M4).

② Vergleiche die vertikalen Höhenstufen mit

den horizontalen Klimazonen vom Äquator zum Nordpol. Berücksichtige Klimamerkmale, Vegetation und Nutzung (M3, M4, Atlas).

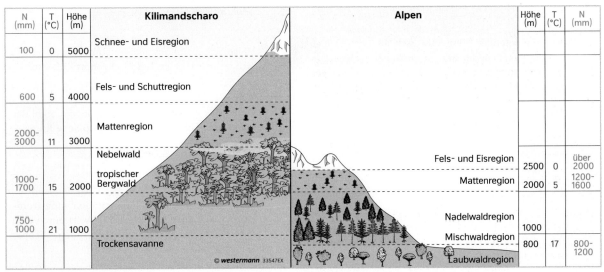

M4 | *Die Höhenstufen am Kilimandscharo und an der Zugspitze in den Alpen im Vergleich*

Kilimandscharo side:

N (mm)	T (°C)	Höhe (m)	Kilimandscharo
100	0	5000	Schnee- und Eisregion
600	5	4000	Fels- und Schuttregion
2000–3000	11	3000	Mattenregion
1000–1700	15	2000	Nebelwald / tropischer Bergwald
750–1000	21	1000	Trockensavanne

Alpen side:

Alpen	Höhe (m)	T (°C)	N (mm)
Fels- und Eisregion	2500	0	über 2000
Mattenregion	2000	5	1200–1600
Nadelwaldregion	1000		
Mischwaldregion	800	17	800–1200
Laubwaldregion			

© westermann 33547EX

85

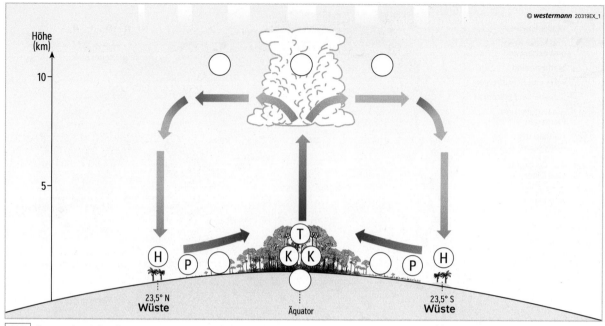

M1 *Passatkreislauf*

Der Passatkreislauf – Arbeit mit Modellen

Die Seeleute, die mit ihren Segelschiffen von den Kanaren in die Karibik fuhren, nutzten die beständigen Nordost-Winde über dem Atlantik. Die Passatwinde sind typisch für weite Teile der Tropen und beeinflussen dort das Klima. In den Tropen steht die Sonne mindestens einmal im Jahr über jedem Ort im Zenit, das heißt, sie steht zur Mittagszeit senkrecht. Beides hängt zusammen.

1 Der Passatwind wird durch die Drehung der Erde auf der Nordhalbkugel nach rechts und auf der Südhalbkugel nach links abgelenkt. So entsteht auf der Nordhalbkugel der Nordostpassat und auf der Südhalbkugel der Südostpassat (M5)

2 Mit zunehmender Höhe kühlt sich die Luft ab und Wasserdampf **kondensiert**, es entstehen Wolken, aus denen es ausgiebig regnet. Diesen Regen nennen wir Zenitalregen, da er durch den Zenitstand der Sonne erzeugt wird.

3 Der Einfallswinkel der Sonne ist in den **Tropen** sehr steil, deshalb erwärmt sich die Erdoberfläche sehr stark und durch sie die darüber liegenden Luftmassen.

4 Nachströmende Luftmassen drängen die nun trockene und kühle Luft nach Norden bzw. Süden, es entsteht ein Höhenwind, der polwärts gerichtet ist.

H Die Luftmassen sinken am Rand der Tropen und in den Subtropen ab. Am Boden erhöht sich dadurch der Luftdruck. Es entstehen **Hochdruckgebiete** (z.B. das Azorenhoch, welches das Klima in Europa beeinflusst). Die Luft ist jetzt sehr trocken, sie erwärmt sich beim Absinken.

T Diese Luft steigt auf und der Luftdruck verringert sich. Es entsteht ein **Tiefdruckgebiet** (Hitzetief).

K Durch das Zusammenströmen (konvergieren) der Luftmassen entsteht die **innertropische Konvergenzzone** (ITC).

P Die Luftdruckunterschiede zwischen dem subtropischen Hochdruckgebieten und dem innertropischen Tiefdruckgebiet werden jeweils durch eine Luftströmung, also durch Wind, ausgeglichen. Dieser Wind heißt **Passat**.

M2 *Textbausteine*

100800-249-2 100800-248-3 100800-249-4
www.diercke.de www.diercke.de www.diercke.de

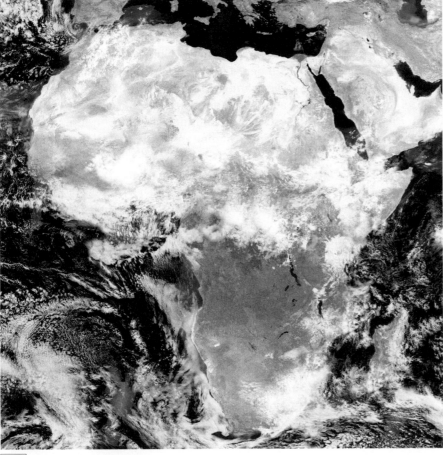

M3 *Satellitenbild Afrikas*

M5 *Passate*

subtropischer Hochdruckgürtel 23,5° n.B.

NO-Passat

äquatoriale Tiefdruckrinne 0°

SO-Passat

subtropischer Hochdruckgürtel 23,5° s.B.

© westermann 10378EX_5

M6 *Zenitalstand der Sonne*

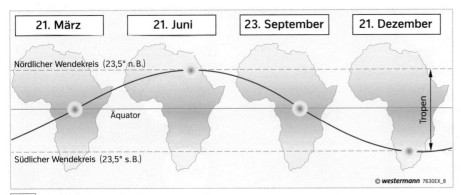

| 21. März | 21. Juni | 23. September | 21. Dezember |

Nördlicher Wendekreis (23,5° n.B.)

Äquator

Tropen

Südlicher Wendekreis (23,5° s.B.)

© westermann 7630EX_8

M4 *Veränderung des Zenitalstandes*

❶ **Partnerarbeit**
a) Übertrage M1 in dein Heft. Ordne die Textbausteine (M2) richtig zu.
b) Erkläre deinem Partner mithilfe der Zeichnung die Entstehung der Passatwinde und ihren Einfluss auf das Klima (M2, Atlas).
c) Befrage dann deinen Nachbarn zum Passatkreislauf.

❷ Erkläre, warum sich der Zenitstand der Sonne im Jahresverlauf ändert (M4, M6, Atlas).

❸ a) Luisa behauptet, das Foto kann nicht in Spanien aufgenommen worden sein. Hat sie recht? Begründe (M6).
b) Tim behauptet, M6 ist im Dezember aufgenommen. Hat er recht? Begründe.

Kommunikation

Vertiefung – Passatkreislauf

Es donnert und der Staub ist kilometerweit zu sehen, wenn die Herden wie jedes Jahr zwischen April und Mai aus Tansania kommend die Ufer des Grumeti-Flusses erreichen und weiterziehen in Richtung Kenia. Keine Grenze kann die Tiere aufhalten. Das neue Gras ist aufgegangen und das Braun der Savanne wechselt in ein saftiges Grün.

Mehr als eine Million Gnus und Zehntausende Zebras und Gazellen wandern im Uhrzeigersinn durch die Serengeti. Die Tiere sind immer auf der Suche nach Futter und haben sich mit ihrem Wanderungsverhalten an die natürlichen Bedingungen der Serengeti angepasst. Zum Ende des Sommers ziehen sie von Tansania aus nordwärts, erreichen im Herbst Kenia und ziehen weiter über den gefährlichen Fluss Mara in die kenianische Masai Mara, wo sie im Winter weiden. Dann ziehen sie wieder südwärts, überqueren die Grenze zu Tansania im Frühling und sind im Sommer dort auf den südlichen Weideplätzen.

Die wandernden Gnu- und Zebraherden bilden auch für andere Tiere der Savanne die Nahrungsgrundlage. Raubtiere wie Löwen, Geparden und Hyänen begleiten sie und finden entlang der Wanderungsrouten reichlich Nahrung. Geier verzehren die Reste der Beute. An den Flussübergängen schlagen Krokodile zu. Auch sie leben von den Herden, die auf der Suche nach Nahrung die Flüsse überqueren.

Sind die Herden weitergezogen, kommt zum Mangel an Beutetieren auch noch ein Wassermangel. Die Flüsse führen weniger Wasser, viele Wasserstellen trocknen aus. Nur die stärksten Raubtiere können diese Zeit überleben und sich fortpflanzen.

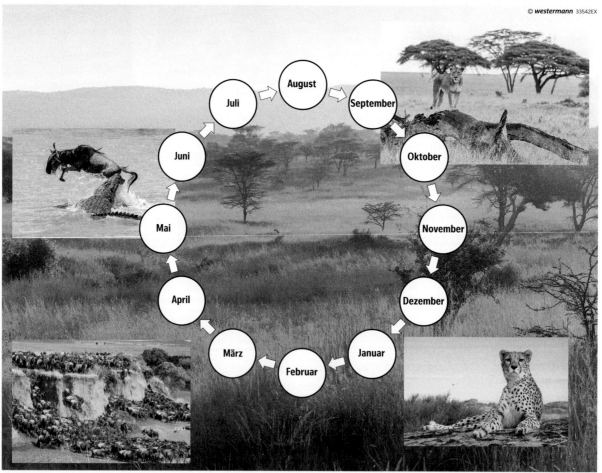

© **westermann** 33542EX

M1 Die „Gnu-Uhr" in Afrika: Verlagerung der Weideplätze im Jahresverlauf, vereinfacht

100800-156
www.diercke.de   100800-148-4
www.diercke.de

EXPERIMENT

Wir erzeugen ein Tiefdruckgebiet (Hitzetief)

Vorsicht Verbrennungsgefahr!
Achte auf deine Haare und entferne alle brennbaren Materialien aus dem Umkreis der Experimentanordnung.

Aufgaben

1. Baue mit mindestens zehn Teelichtern im Kreis die Experimentanordnung nach.
2. Zünde die Kerzen an, beachte die Sicherheitsregeln beim Umgang mit offenen Flammen.
3. Beobachte die Flammen.
4. Verbrennungsgefahr: von oben annähern! Prüfe vorsichtig mit der Hand die Temperatur etwa 10 bis 15 cm über einer Flamme und innerhalb des Kerzenkreises.
5. Erkläre deine Ergebnisse.

EXPERIMENT

Wir erzeugen einen Kreislauf (Lehrerexperiment)

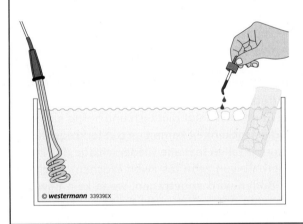

© **westermann** 33939EX

- Glaswanne mit Wasser
- große Teefilter mit Eiswürfeln aus dem Tiefkühler (-18°C) an einer Seite der Glaswanne befestigen
- auf dieser Seite zusätzliche Eiswürfel ins Wasser legen
- ein oder zwei Reisetauchsieder (300W) auf der gegenüberliegenden Seite befestigen
- Pipelle mit roter Tinte bereithalten

Aufgaben

1. Tinte auf der Seite des Eises ins Wasser geben.
2. Beobachte die Verteilung der Tinte.
3. Werte deine Beobachtungen aus und erkläre die Prozesse.

---

① Finde die Serengeti im Atlas.
a) Beschreibe ihre Lage im Gradnetz und durch topografische Lagemerkmale.
b) Ordne den Jahreszeiten in der Serengeti Monate zu.

c) Ordne diese Landschaft einer Klima- und einer Vegetationszone zu.
d) Erläutere klimatische Besonderheiten in der Serengeti.

② Erkläre den Einfluss des Klimas auf die Wanderung der Herden. Verwende die Begriffe Regenzeit, Trockenzeit, Zenitstand der Sonne, Wanderung der Herden, Verlagerung der Regenzeit (Atlas).

③ Ordne die Experimente in das Modell des Passatkreislaufes ein. Erkläre, welche Phänomene im Modell durch die Experimente erklärt werden.

M1 *Bodenbedeckungsvarianten in der Savanne*

Wahlthema A: Landschaft der Savannen

Zwischen Wasserüberfluss und Wassermangel

Eine Landschaft ist ein Gebiet, das durch annähernd gleiche, sich wechselseitig bedingende Merkmale von Landschaftskomponenten (M2) geprägt ist. Die Wechselwirkungen dieser Merkmale werden mithilfe eines Modells beschrieben. Im Folgenden werden die Landschaftskomponenten Bios, Wasser und Klima am Beispiel der Savannen untersucht.

Savannen sind geschlossene Graslandschaften mit eingestreuten Baum- oder Buschbeständen. Sie liegen im tropischen Wechselklima.

Die afrikanischen Savannen sind die Heimat bekannter Tiere wie der Großkatzen Löwe, Leopard und Gepard. Tausende Gnus, Zebras, Gazellen und Antilopen ziehen in Herden durch das Grasland und folgen den Niederschlägen.

In dieser Region hat sich der moderne Mensch (homo sapiens) entwickelt, im Grasland den aufrechten Gang erlernt und von hier aus die Erde besiedelt.

Wegen der intensiven Sonneneinstrahlung sind die Temperaturen ganzjährig hoch. Die Vegetation der Savannen ist wesentlich durch Niederschläge geprägt. In den Savannen gibt es Regen- und Trockenzeiten (**hygrische Jahreszeit**). Mitunter treten auch zwei Regenzeiten auf.

Die Regenzeit setzt plötzlich und heftig ein. Nach langer Trockenheit kommt es zu Starkregenfällen. Mitunter fallen fast alle Niederschläge des Jahres innerhalb von zehn bis zwölf Wochen. Fruchtbarer Boden wird abgetragen, wenn kein Bewuchs ihn schützt. Die Flora und die Fauna haben sich auf diesen Wechsel eingestellt. Die in der Trockenzeit verdorrte Graslandschaft ergrünt und es gibt ein reichhaltiges Nahrungsangebot für die Tiere. Flüsse und Seen, die trockengefallen waren, führen wieder Wasser (**periodische Flüsse oder Seen**). Problematisch wird es für die Lebewesen, wenn in der Regenzeit zu wenig Niederschläge fallen. Die Abweichung vom Durchschnittswert der Jahresniederschläge kann in einzelnen Jahren sehr hoch sein.

Aufgrund der unterschiedlichen Niederschlagsmengen haben sich drei Savannenarten gebildet: Dornstrauch-, Trocken- und Feuchtsavanne.

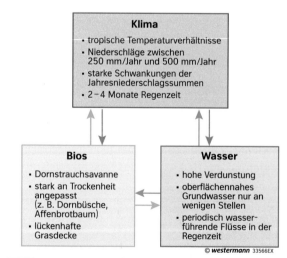

Klima
- tropische Temperaturverhältnisse
- Niederschläge zwischen 250 mm/Jahr und 500 mm/Jahr
- starke Schwankungen der Jahresniederschlagssummen
- 2–4 Monate Regenzeit

Bios
- Dornstrauchsavanne
- stark an Trockenheit angepasst (z. B. Dornbüsche, Affenbrotbaum)
- lückenhafte Grasdecke

Wasser
- hohe Verdunstung
- oberflächennahes Grundwasser nur an wenigen Stellen
- periodisch wasserführende Flüsse in der Regenzeit

© **westermann** 33566EX

M2 *Ausgewählte Landschaftskomponenten und deren Wechselwirkungen (Dornstrauchsavanne)*

90 100800-149-5 www.diercke.de

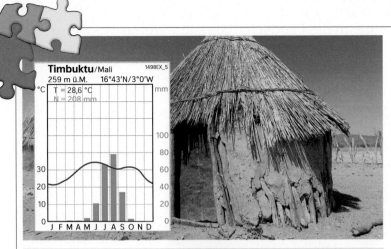

Timbuktu/Mali 1498EX_5
259 m ü.M.   16°43'N/3°0'W
°C   T = 28,6 °C   mm
     N = 208 mm

Kano/Nigeria 1496EX_8
469 m ü.M.   12°3'N/8°32'O
°C   T = 26,2 °C   mm
     N = 873 mm

Kumasi/Ghana 33563EX
256 m ü.M.   6°42'N/1°37'W
°C   T = 26,4 °C   mm
     N = 1480 mm

Dornstrauchsavanne
- 2 – 4 Monate Regenzeit;
- unter 500 mm Niederschlag / Jahr;
- kniehohes, zum Teil lichtes Gras, einzelne laubabwerfende Bäume (zum Beispiel Akazien) und an Trockenheit angepasste Dornsträucher;
- keine geschlossene Vegetationsdecke;
- Böden verkrustet, lockerer Oberboden stark erosionsgefährdet

Trockensavanne
- 5 – 7 Monate Regenzeit;
- 500 – 1000 mm Niederschlag / Jahr
- hohes Gras, zahlreiche in der Trockenzeit laubabwerfende Bäume und Sträucher wie Schirmakazie und Affenbrotbaum
- Böden nährstoffreich und zum Ackerbau geeignet

Feuchtsavanne
- 8 – 10 Monate Regenzeit
- über 1000 mm Niederschlag / Jahr;
- bis zu sechs Meter hohes Gras, entlang der Flüsse Galeriewälder, Bäume überwiegend immergrün;
- Böden nährstoffarm und unfruchtbar

M3 *Savannenarten*

Gruppenpuzzle (siehe S. 50)

❶ Stammgruppe: Finde im Atlas Regionen, in denen Savannen vorkommen. Beschreibe Lage und Ausdehnung auf den einzelnen Kontinenten.

❷ Expertengruppe: Teilt euch in Expertengruppen auf. Jede Gruppe beschreibt die Landschaft einer Savannenart ausführlich (M3, Atlas). Geht auf die Lage und die Ausdehnung der Savannenart ein.

❸ Stammgruppe: Stellt eure Ergebnisse den anderen Gruppenmitgliedern vor.

❹ Stammgruppe: Erstellt ein Wirkungsgefüge der Savanne. Berücksichtigt dabei die Landschaftskomponenten Bios, Wasser und Klima.

❺ Stammgruppe: Vergleicht abschließend die Savannenarten unter Berucksichtigung der Merkmale.

M1 *Savanne in der Trockenzeit*

Vielfalt der Erde

Bios in der Savanne

Die wechselfeuchten Gebiete sind geprägt durch Trocken- und Regenzeiten. Weite Graslandschaften bestimmen das Bild der unterschiedlichen **Savannentypen**. An die hier herrschenden klimatischen Bedingungen hat sich die **Flora** angepasst. Die Pflanzen haben unterschiedliche Strategien zur Wasserspeicherung und gegen die Austrocknung entwickelt.

Der Affenbrotbaum zum Beispiel besitzt in seinem dicken Stamm ein schwammartiges Speichergewebe. Wie der Schwamm in der Badewanne kann auch dieses Gewebe Wasser aufnehmen. Somit ist der auch Baobab genannte Baum in der Lage, über Monate Wasser zu speichern.

Dornbüsche dagegen haben sehr kleine Blätter. Dadurch verdunstet weniger Wasser und der Großteil dessen wird der Pflanze zugeführt. Die Dornen schützen die Pflanze zusätzlich vor hungrigen Tieren.

Nicht nur die Flora, sondern auch die **Fauna** musste sich an die Lebensumstände anpassen. Das Zebra ist ein Meister der Tarnung. Im Sonnenlicht verschwimmen die typischen Streifen. Somit kann es von Raubtieren nur schwer erspäht werden.

Die Antilopen haben als Schutz vor Raubtieren ein schnelles Fluchtverhalten entwickelt. Junge Antilopen können schon kurz nach der Geburt laufen. Der Gepard, ein Raubtier, das bis zu 110 km/h schnell sein kann, jagt vorwiegend in der Savanne. Er benötigt den gras- und strauchbedeckten Boden der Savanne, um sich anzuschleichen. Seine Höchstgeschwindigkeit kann der Gepard nur für etwa 400 m aufrecht erhalten. Die leichten Hügel dienen ihm als Spähplatz, um seine Beute ins Visier zu nehmen.

M2 *Affenbrotbaum (Baobab)*

100800-149-5
www.diercke.de

M3 *Bauern in Burkina Faso*

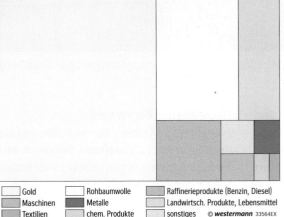

Burkina Faso Export 2013 (2,7 Mrd. US-Dollar)

Gold — Rohbaumwolle — Raffinerieprodukte (Benzin, Diesel)
Maschinen — Metalle — Landwirtsch. Produkte, Lebensmittel
Textilien — chem. Produkte — sonstiges © *westermann* 33564EX

M4 *Anteil der Exportgüter in Burkina Faso*

Nutzung der wechselfeuchten Tropen

Die Anzahl der humiden Monate im Jahr nimmt vom Äquator in Richtung der Wendekreise ab, die Anzahl der ariden Monate hingegen zu. Diese natürlichen Voraussetzungen bestimmen die landwirtschaftliche Nutzung.

Die Böden in der Savanne laugen schnell aus. Deshalb wechseln die Bauern regelmäßig ihre Ackerflächen (**Landwechselwirtschaft**).

Etwa 70 Prozent der landwirtschaftlichen Produktion in diesen Regionen sind kleinbäuerlich geprägt. Familien bestellen und ernten ihre kleinen Felder mit einfachen Geräten, zum Beispiel mit Hacken. Der Boden wird während der Wachstumsphase der Pflanzen in der Regenzeit immer wieder gelockert. Hauptanbaufrüchte sind Maniok, Hirse und Yams. Nur wenige Flächen werden bewässert oder gedüngt.

Oft erledigen die Frauen den Großteil der Tätigkeiten. Einen Teil ihrer Ernte nutzen sie für die Selbstversorgung ihrer Familien mit Nahrung. Was übrig bleibt, versuchen sie zu tauschen oder zu verkaufen. Die so erzielten Erlöse sind jedoch sehr gering. Viele Männer arbeiten daher in umliegenden Städten. Dort können sie Geld verdienen, das die Familien dringend benötigen. Viele Gebiete in den Savannen sind dürregefährdet. Die Ernten und damit die Einnahmen können ausbleiben. Da die Bevölkerung der Savannen wächst, wird ihre Versorgung mit Lebensmitteln immer schwieriger.

Viele Länder der wechselfeuchten Tropen exportieren landwirtschaftliche Güter. Landwirtschaftliche Großbetriebe bauen großflächig auf Plantagen **Cash Crops** wie Erdnüsse, Soja, Baumwolle oder Schnittblumen an, die auf dem Weltmarkt gehandelt werden. Solche Unternehmen haben die nötigen finanziellen Mittel, ihre Flächen zu düngen und zu bewässern, um so den Ertrag der Ernte zu sichern und zu steigern.

Partnerbriefing (siehe S. 44)

1 Partner 1:
Erkläre die Anpassung der Flora und Fauna an die natürlichen Gegebenheiten der Savanne.

2 Partner 2:
Erkläre die Anpassung der Nutzung durch den Menschen an die natürlichen Gegebenheiten der Savanne.

3 Gemeinsam:
Ergänzt das Wirkungsgefüge (S. 91, Aufgabe 4).

4 Gemeinsam:
Recherchiert Produkte aus der Savanne, die hier im Einzelhandel angeboten werden.

Wahlthema B: Der tropische Regenwald

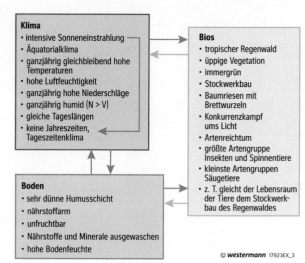

Klima
- intensive Sonneneinstrahlung
- Äquatorialklima
- ganzjährig gleichbleibend hohe Temperaturen
- hohe Luftfeuchtigkeit
- ganzjährig hohe Niederschläge
- ganzjährig humid (N > V)
- gleiche Tageslängen
- keine Jahreszeiten, Tageszeitenklima

Bios
- tropischer Regenwald
- üppige Vegetation
- immergrün
- Stockwerkbau
- Baumriesen mit Brettwurzeln
- Konkurrenzkampf ums Licht
- Artenreichtum
- größte Artengruppe Insekten und Spinnentiere
- kleinste Artengruppen Säugetiere
- z. T. gleicht der Lebensraum der Tiere dem Stockwerkbau des Regenwaldes

Boden
- sehr dünne Humusschicht
- nährstoffarm
- unfruchtbar
- Nährstoffe und Minerale ausgewaschen
- hohe Bodenfeuchte

© **westermann** 17923EX_3

M1 *Tropischer Regenwald (Amazonas in Brasilien)*

M2 *Ausgewählte Landschaftskomponenten und deren Wechselwirkung (tropischer Regenwald)*

Vielfalt der Erde

Landschaft tropischer Regenwald

Eine Landschaft ist ein Gebiet, das sich durch seine natürlichen Merkmale von anderen Gebieten abgrenzt. Die Wechselwirkungen dieser Merkmale können mithilfe des Landschaftskomponentenmodells beschrieben werden (M2). Das Modell setzt Landschaftskomponenten, wie beispielsweise Bios, Boden, Klima und deren Merkmale am Beispiel des tropischen Regenwaldes, miteinander in Beziehung.

Tageszeitenklima

Der tropische Regenwald wächst rund um den Äquator in der immerfeuchten, tropischen Klimazone. Das ganze Jahr über ist die Sonneneinstrahlung nahezu gleichbleibend hoch. Dadurch ist es mit Durchschnittstemperaturen zwischen 25°C und 27°C gleichmäßig warm und es gibt keine Jahreszeiten.

Die Temperaturunterschiede sind im tropischen Regenwald innerhalb eines Tages größer als die zwischen den einzelnen Monaten. Daher wird das Klima dort als **Tageszeitenklima** bezeichnet. Die Niederschläge fallen fast an jedem Tag zur gleichen Zeit. Nur selten gibt es Tage, an denen kein Niederschlag fällt. Verantwortlich dafür ist die Sonne. Sie erwärmt verstärkt um die Mittagszeit den Boden und damit die bodennahe Luft. Diese steigt auf und kühlt dabei wieder ab. Der in der Luft enthaltene Wasserdampf kondensiert, Wolken entstehen und es regnet.

Das Klima bei uns, in der gemäßigten Zone, nennt man dagegen Jahreszeitenklima. Aufgrund von Temperaturschwankungen im Laufe eines Jahres lassen sich warme und kalte Jahreszeiten voneinander unterscheiden.

Artenreichtum

Das Klima mit hohen Temperaturen, hoher Luftfeuchtigkeit und großen Niederschlagsmengen bedingt den Artenreichtum im tropischen Regenwald. Obwohl nur sieben Prozent der eisfreien Landmassen der Erde von tropischen Regenwäldern bedeckt sind, befinden sich hier bis zu 90 Prozent aller bekannten Tier- und Pflanzenarten.

Begünstigt wird die Entstehung der vielen Arten dadurch, dass der Regenwald unterschiedliche Lebensweisen erlaubt und sich daher keine Art gegen andere Arten entscheidend durchsetzen muss. Allerdings weisen viele Arten nur eine geringe Individuenzahl auf. Es ist wahrscheinlicher, zwei Exemplare verschiedener Arten als zwei Exemplare derselben Art anzutreffen.

Die größte Anzahl der Tierarten bilden die Insekten und Spinnentiere. Neben seltenen Säugetieren gibt es sehr giftige Reptilien wie Schlangen oder Amphibien wie Pfeilgiftfrösche. Allerdings findet man nicht auf jedem Kontinent die gleichen Tierarten im tropischen Regenwald. Während der Gorilla nur in Afrika zu finden ist, trifft man Orang-Utans nur im Regenwald von Südostasien an.

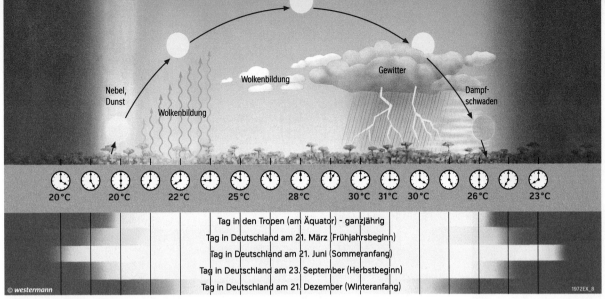

M3 *Täglicher Ablauf des Wetters im Tageszeitenklima*

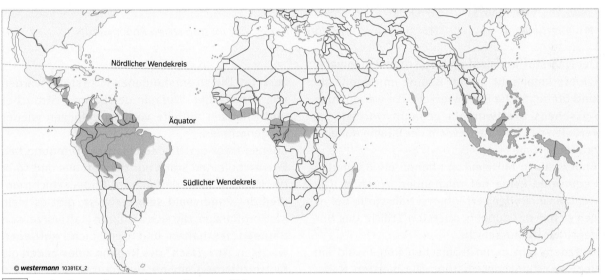

M4 *Verbreitung der tropischen Regenwälder*

M5 *Säugetiere des tropischen Regenwalds*

❶ Beschreibe die Lage der tropischen Regenwälder auf der Erde (M4, Atlas).

❷ Formuliere Zusammenhänge zwischen den Landschaftskomponenten im tropischen Regenwald (M2).

❸ Erkläre den täglichen Ablauf des Wetters im tropischen Regenwald (M3).

❹ Begründe, warum das Klima in der gemäßigten Zone als Jahreszeitenklima und das Klima im tropischen Regenwald als Tageszeitenklima bezeichnet wird (M3).

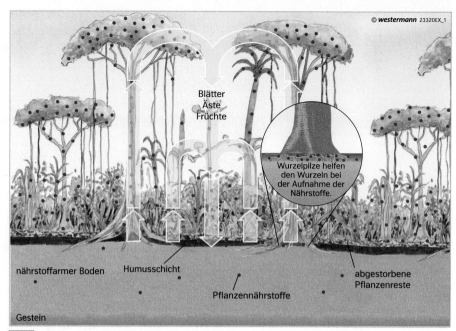

Blätter
Äste
Früchte

Wurzelpilze helfen
den Wurzeln bei
der Aufnahme der
Nährstoffe.

nährstoffarmer Boden   Humusschicht

Pflanzennährstoffe

abgestorbene
Pflanzenreste

Gestein

M1 *Brettwurzel*   **M2** *Geschlossener Nährstoffkreislauf im tropischen Regenwald*

Der Nährstoffkreislauf im tropischen Regenwald

Ein Merkmal sehr großer Bäume im Regenwald sind breite, flache Baumwurzeln, die wegen ihres Aussehens **Brettwurzeln** genannt werden. Sie verteilen das enorme Gewicht der Bäume auf eine größere Fläche.

Anders als in Mitteleuropa haben die Bäume im Regenwald keine tief reichenden Wurzeln. Die wenigen im Boden verfügbaren Nährstoffe befinden sich in der dünnen, obersten Schicht des Bodens, der Humusschicht.

Trotzdem gibt es im tropischen Regenwald ein üppiges Pflanzenwachstum. Die meisten Nährstoffe sind in den Pflanzen gespeichert und werden erst wieder freigesetzt, wenn die Pflanzen absterben. Herabfallende Blätter, tote Tiere und Pflanzen verwesen an der Bodenoberfläche. Dort werden sie von Kleintieren, Pilzen und Bakterien zersetzt. Die so entstandenen Nährstoffe werden von den flachen Wurzeln der Bäume, Sträucher und Pflanzen mithilfe von Wurzelpilzen wieder aufgenommen.

Ebenso trägt der Niederschlag zur Düngung bei. Er wäscht feinen Staub aus der Luft aus und spült die Nährstoffe in die oberste Bodenschicht ein. Weil der Regenwald sehr dicht ist, gibt es viele Kletterpflanzen, die sich mit ihren Haftwurzeln an Bäumen festhalten und dem Licht entgegen wachsen. Am „Dach" des Regenwaldes bilden die Kletterpflanzen eigene Zweige mit Blättern und Blüten.

Luftwurzeln wachsen nach unten und versorgen die Pflanze mit Nährstoffen aus der obersten Bodenschicht.

Partnerbriefing

❶ Beschreibe die Wurzeln großer Bäume im tropischen Regenwald (M1).

❷ Erläutere, warum die Bäume im tropischen Regenwald keine tief in die Erde reichenden Wurzeln besitzen (M2).

❸ „Der Boden des tropischen Regenwaldes ist nur wenig fruchtbar." Erkläre die Ursachen (M2).

❹ Wurzelpilze haben eine besondere Rolle im geschlossenen Nährstoffkreislauf des tropischen Regenwaldes. Erkläre (M2).

❺ a) Präsentiert eurem Partner die Ergebnisse aus den Aufgaben 1–4.
b) Erklärt anhand der Landschaftskomponenten (M2 S. 94) Zusammenhänge im tropischen Regenwald.

100800-258-1   100800-260-1
www.diercke.de   www.diercke.de

Vielfalt der Erde

M3 *Stockwerkbau im tropischen Regenwald*

Der Stockwerkbau im tropischen Regenwald

An keinem Ort der Welt gedeihen so viele unterschiedliche Pflanzenarten wie im tropischen Regenwald. Die ersten europäischen Forscher, die vor etwa 200 Jahren den Regenwald erkundeten, sprachen von der „grünen Hölle", denn die Wälder erschienen lebensfeindlich und undurchdringbar. Die Pflanzen leben in verschiedenen Stockwerken (M3). Zwei Drittel aller Pflanzen- und Tierarten des tropischen Regenwaldes sind in 30 bis 40 Meter Höhe anzutreffen, da durch das Blätterdach der hohen Bäume nur etwa ein Prozent des Sonnenlichts bis zum Boden dringt. Die Lebensbedingungen sind am Boden daher erschwert.

Um dem Licht nahe zu sein, wachsen Aufsitzerpflanzen, sogenannte **Epiphyten**, auf den Stämmen und Ästen der Bäume. Wissenschaftler haben auf einem einzigen Baum bis zu 72 verschiedene Pflanzenarten gezählt.

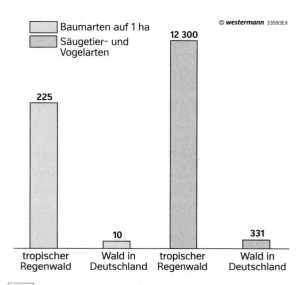

M4 *Anzahl der Baum- und Tierarten in deutschen Wäldern und im tropischen Regenwald*

Partnerbriefing

① Beschreibe den Stockwerkbau des tropischen Regenwaldes und dessen Auswirkungen (M3).

② Vergleiche den tropischen Regenwald mit unseren Wäldern (M4).

③ Im tropischen Regenwald gibt es Froscharten, die niemals am Boden zu sehen sind. Erkläre (Internet).

④ a) Präsentiert eurem Partner die Ergebnisse aus den Aufgaben 1–3.
b) Erklärt anhand der Landschaftskomponenten (M2 S. 94) Zusammenhänge im tropischen Regenwald.

M1 *Tropischer Regenwald nach der Rodung und mit anschließender landwirtschaftlicher Nutzung*

Nutzung des tropischen Regenwaldes

Wanderfeldbau, Landwechselwirtschaft und Plantagenwirtschaft

Die traditionelle Form der Landwirtschaft im tropischen Regenwald ist der **Wanderfeldbau**. Hierzu schlagen die Regenwaldbewohner Sträucher ab und fällen Bäume. Diese lassen sie zum Trocknen liegen. Nach einigen Wochen wird der Wald angezündet (**Brandrodung**). So gelangen die Nährstoffe über die Asche in den Boden. Nach einigen Jahren sind die Nährstoffe verbraucht und die Bauern ziehen weiter, um neue Felder anzulegen. Der Boden kann sich erholen und es entsteht der sogenannte Sekundärwald.

In stärker bewohnten Gebieten hat die **Landwechselwirtschaft** den Wanderfeldbau abgelöst. Hierbei bewirtschaften die Bauern ihre Felder von festen Wohnsitzen aus. In jedem Jahr werden andere Früchte auf den Feldern angebaut. Nach einigen Jahren der Nutzung geben die Bauern die Felder wieder auf, der Wald kann nachwachsen. Landwirtschaftliche Produkte wie Kakao oder Palmöl werden auf **Plantagen** angebaut. Dabei handelt es sich um Großbetriebe, die sich auf die Erzeugung eines einzigen Produktes für den Weltmarkt spezialisiert haben (**Monokultur**).

Sobald der Nährstoffkreislauf des Regenwaldes durch Abholzung unterbrochen wird, ist die Humusschicht nicht mehr durch die Wurzeln der Bäume geschützt. Sie wird durch Regen fortgespült. Diesen Vorgang nennt man **Bodenerosion**. Bereits nach wenigen Jahren gehen dadurch die Ernteerträge stark zurück.

Warum ist es für Sie als Dorfbewohner wichtig, gegen die Holzfäller im Regenwald anzukämpfen?
Den Regenwald brauchen wir zum Überleben. Wir leben nicht nur in ihm, sondern auch von dem, was der Wald uns liefert, nämlich essbare Pflanzen, Fleisch, Feuerholz usw.
Was unternehmen sie gegen die Holzfäller?
Einige unserer Dorfbewohner haben sich zu einer „Dschungel-Patrouille" zusammengeschlossen. Wir versuchen Holzdiebe aufzuspüren und verjagen sie. Finden wir illegale Sägewerke, so zerstören wir sie, damit keine weiteren Bäume zersägt und abtransportiert werden können.
Haben Sie eine Idee, was aus dem Tropenholz gemacht wird und wer daran verdient?
Mir wurde erzählt, dass aus dem Holz unter anderem Gartenmöbel, Fensterrahmen oder Musikinstrumente hergestellt werden. Daran verdienen ja eh nur die Holzfirmen, die Politiker und das Militär.

M2 *Interview mit einem Dorfbewohner aus dem Regenwald (Auszug)*

100800-261-3
www.diercke.de

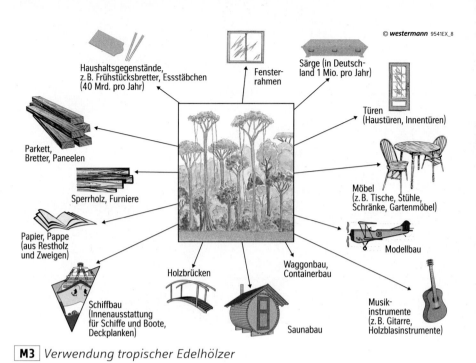

Haushaltsgegenstände,
z. B. Frühstücksbretter, Essstäbchen
(40 Mrd. pro Jahr)

Fensterrahmen

Särge (in Deutschland 1 Mio. pro Jahr)

Türen
(Haustüren, Innentüren)

Parkett,
Bretter, Paneelen

Sperrholz, Furniere

Papier, Pappe
(aus Restholz
und Zweigen)

Möbel
(z. B. Tische, Stühle,
Schränke, Gartenmöbel)

Modellbau

Schiffbau
(Innenausstattung
für Schiffe und Boote,
Deckplanken)

Holzbrücken

Saunabau

Waggonbau,
Containerbau

Musikinstrumente
(z. B. Gitarre,
Holzblasinstrumente)

© **westermann** 9541EX_8

M3 *Verwendung tropischer Edelhölzer*

M5 *Abholzung eines Urwaldriesen*

Menge der Abtragung
(konstante Fläche)

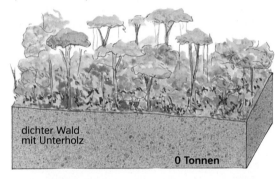

dichter Wald
mit Unterholz

0 Tonnen

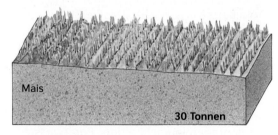

Mais

30 Tonnen

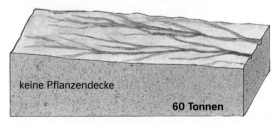

keine Pflanzendecke

60 Tonnen

M4 *Bodenerosion im tropischen Regenwald*

Organisierte Kriminalität kennt man im Zusammenhang mit Drogenhandel oder Schutzgelderpressung. Sie ist aber auch für die illegale Abholzung des Regenwalds verantwortlich.

Alle zwei Sekunden vernichten illegale Holzfäller weltweit eine Waldfläche von etwa der Größe eines Fußballfeldes. Darauf macht die Weltbank in einem Bericht aufmerksam.

Der kriminelle Holzeinschlag bringt demnach jährlich einen Gewinn von acht bis elf Milliarden Euro. Das Geld werde meist von organisierten Kriminellen kontrolliert, [...]. In einigen Ländern sind diesem Bericht zufolge sogar 90 Prozent des Holzeinschlags illegal.

(Quelle: Ein Fußballfeld Regenwald, alle zwei Sekunden.
www.focus.de, 22.03.2012)

M6 *Illegaler Holzeinschlag*

❶ Beschreibe die Formen der landwirtschaftlichen Nutzung des tropischen Regenwaldes.

❷ Erläutere die dargestellten Veränderungen (M1, M4). Benutze dafür folgende Begriffe: Bodenerosion, Niederschlag, Humus, Rodung, Nährstoffe.

❸ Erkläre die Bedeutung des Regenwaldes für die Bewohner (M2).

❹ Erkläre die Auswirkungen des Holzeinschlages im tropischen Regenwald (M4).

❺ Erkläre, den Begriff Raubbau (M6, Internet).

M1 *Ernte auf einer nachhaltigen Teakholzplantage in Costa Rica*

Das Beispiel Forstwirtschaft

Um die tropischen Wälder zu erhalten, empfehlen Experten eine nachhaltige **Forstwirtschaft.** Das bedeutet, dass nicht mehr Bäume gerodet werden, als nachwachsen können.

Viele Länder verbinden die Erlaubnis zum Baumfällen daher mit der Auflage, dass vernichtete Wälder wieder aufgeforstet werden müssen. Anhand von Gütesiegeln, zum Beispiel FSC, kann der Verbraucher erkennen, dass Holz aus nachhaltiger Waldnutzung stammt. Das bedeutet, dass bei der Holzernte ökologische Funktionen der Wälder (Wasserhaushalt, biologische Vielfalt) erhalten bleiben. Gesetze und traditionelle Rechte sollen beachtet werden. Ebenso wird für die Sicherheit der Waldarbeiter gesorgt und darauf geachtet, dass kein Holz verschwendet wird.

Um die unberührten Regenwälder zu schützen, haben einige Länder Edelholzplantagen angelegt. Sie sollen helfen, die Nachfrage nach tropischen Edelhölzern, zum Beispiel Teakholz, zu befriedigen, ohne dass **Urwald** abgeholzt werden muss.

Agroforstwirtschaft: Mischanbau unter Bäumen

Um die Regenwälder möglichst schonend zu bewirtschaften, empfehlen Experten, die Nutzung des Regenwaldes dem natürlichen Waldökosystem anzupassen.

Bei der **Agroforstwirtschaft** werden keine großen Flächen gerodet, sondern man baut Feldfrüchte im Schutz großer Bäume an. Zwischen den Bäumen wachsen in Mischkultur Maniok, Bohnen, Hirse, Mais und Gemüse. So werden die Böden nicht überbeansprucht und behalten ihre Fruchtbarkeit.

Die Situation ist dramatisch! Viele Länder Zentralafrikas haben schon über die Hälfte ihrer Regenwälder verloren. Der Wald wird von Firmen zur Holzgewinnung und zur Anlage von Plantagen gerodet. Angesichts der wachsenden Bevölkerung sind es aber auch viele landlose Bauern, die den Wald roden. Wir müssen zu einer nachhaltigen Wirtschaftsweise finden. Das heißt, wir dürfen unser Land nur so nutzen, dass es keinen Schaden nimmt und auch noch unseren Kindern zur Verfügung steht. Die Kleinbauern könnten Agroforstwirtschaft betreiben. Dabei werden nicht alle großen Bäume gerodet und es werden Nutzpflanzen in Mischkultur angebaut, sodass der natürliche Stockwerkbau nachgeahmt wird. Es könnten auch Edelholzplantagen in nachhaltiger Forstwirtschaft bewirtschaftet werden. Hier wird für jeden gefällten Baum ein neuer gepflanzt. Schließlich könnten die Menschen in Europa unseren Wald schützen, indem sie zum Beispiel nur Produkte aus Holz nutzen, das aus nachhaltigem Anbau stammt.

M2 *Dr. Abegunde berichtet (Experte für Landwirtschaft an der Universität Lagos in Nigeria)*

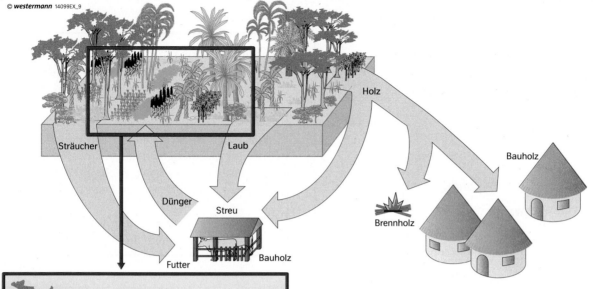

© **westermann** 14099EX_9

Holz

Bauholz

Sträucher

Laub

Dünger

Streu

Brennholz

Bauholz

Futter

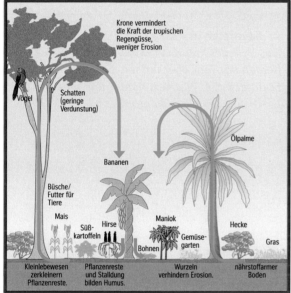

M3 *Agroforstwirtschaft*

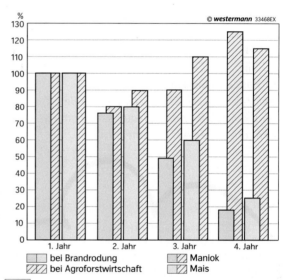

M4 *Erträge auf Böden des tropischen Regenwaldes (2014)*

System

❶ Beschreibe die Wirtschaftsweise der nachhaltigen Forstwirtschaft und der Agroforstwirtschaft.

❷ Erkläre, wie die Agroforstwirtschaft den natürlichen Nährstoffkreislauf des Waldes nutzt (M2, M3).

❸ Die Bevölkerungszahl in den Ländern mit tropischem Regenwald wächst. Diskutiere die Agroforstwirtschaft als nachhaltige Nutzungsform zur Versorgung dieser Bevölkerung (M4).

Alles klar?

1. Klima- und Vegetationszonen

Schreibe die Klimazonen auf und ordne ihnen die richtigen Vegetationszonen zu.

Savannen   **Polarzone**   tropische Zone

Hartlaubgehölze   subtropische Zone

Tundra   nördlicher Nadelwald

Regenwald

Wüste und Halbwüste   **Subpolarzone**   Laub- und Mischwald

Kältewüste   gemäßigte Zone

2. Passatkreislauf

Erkläre einem Mitschüler mithilfe der Begriffe aus der Wetterwolke den Passatkreislauf oder schreibe alternativ einen Lexikoneintrag.

Südostpassat – aufsteigende Luftmassen – Tropen – Subtropen – absinkende Luftmassen – Äquator – Tiefdruckrinne – Zenitalregen – Nordhalbkugel – Südhalbkugel – Wind – Hochdruckgebiet – Nordostpassat

3. Klima in Afrika

a) *Eine Reisegesellschaft veranstaltet folgende Reisen nach Afrika:*
   1. *20.–30. Juni Nubien (ca. 20° N)*
   2. *15.–28. Juli Kongo-Becken (ca. 1° S)*
   3. *10.–20. Dezember Malawi-See (ca. 14° S)*
   Auf welche Wetterverhältnisse müssen sich die Reiseteilnehmer jeweils einstellen? Begründe.
b) *Erkläre das Auftreten von Regenzeiten in den Tropen.*
c) *Vergleiche das Klima am Äquator mit dem Klima in unseren Breiten.*

4. Savannen in Afrika

Das Volk der Kababish wandert mit seinen Viehherden das Jahr über umher.
Erläutere die Wanderungsrouten mithilfe der Karte und des Klimadiagramms.

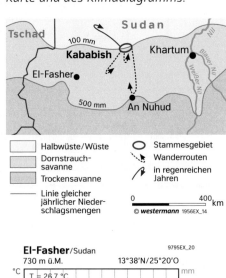

☐ Halbwüste/Wüste	⬭ Stammesgebiet
☐ Dornstrauchsavanne	⇢ Wanderrouten
☐ Trockensavanne	⤴ in regenreichen Jahren
— Linie gleicher jährlicher Niederschlagsmengen	0 400 km

© **westermann** 1956EX_14

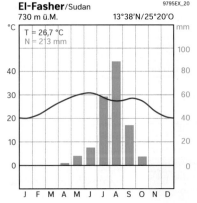

El-Fasher/Sudan   9795EX_20
730 m ü.M.   13°38'N/25°20'O
T = 26,7 °C
N = 213 mm

6. Überschrift

Werte die Karikatur aus, indem du...
a) *...sie beschreibst.*
b) *...die Absicht der Karikatur erläuterst.*
c) *...die Aussagen der Karikatur erklärst.*

Kompetenzcheck

Orientierungskompetenz

Ich kann...

... Klimadiagramme in verschiedene Klimazonen einordnen.

Systemkompetenz

Ich kann...

... Wechselbeziehungen zwischen ausgewählten Geofaktoren an einem Landschaftsbeispiel (Savanne oder tropischer Regenwald) beschreiben.

Kommunikationskompetenz

Ich kann...

... die Anpassung von Flora und Fauna der Savannen an die Bedingungen in den Savannen beschreiben und erklären.

... den Nährstoffkreislauf bzw. den Stockwerkbau im tropischen Regenwald anhand verschiedener Fragestellungen beschreiben.

5. Nährstoffkreislauf

a) *Übertrage die Zeichnung in dein Heft und beschrifte sie.*
b) *„Anders als in Mitteleuropa haben die Bäume im Regenwald keine tief reichenden Wurzeln." Erkläre den dennoch üppigen Pflanzenwuchs im tropischen Regenwald.*

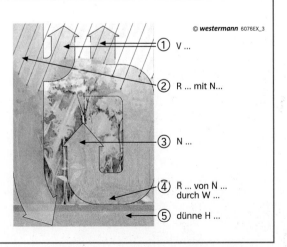

① V ...
② R ... mit N...
③ N ...
④ R ... von N ... durch W ...
⑤ dünne H ...

CHECK

M1 *Essensausgabe*

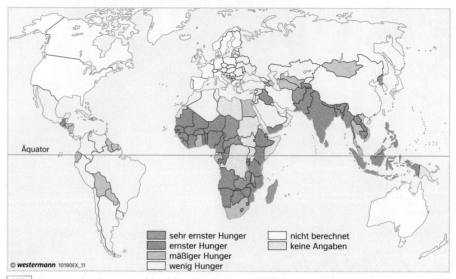

Äquator

sehr ernster Hunger
ernster Hunger
mäßiger Hunger
wenig Hunger

nicht berechnet
keine Angaben

© **westermann** 10190EX_11

M2 *Hunger in der Welt (Welthungerindex 2015)*

Zu viel oder zu wenig?

Hunger und Mangelernährung

Auf der Erde leiden etwa eine Milliarde Menschen an **Hunger** und Unterernährung. Die meisten von ihnen leben in ländlichen Regionen, also paradoxerweise genau dort, wo Nahrungsmittel produziert werden. Nach UN-Definition zählt ein Mensch als Hungernder, der weniger zu essen hat, als er täglich braucht, um leichte Arbeit zu verrichten und sein Körpergewicht zu halten. Die dafür erforderliche tägliche Nahrungsmenge liegt bei 10000 Kilojoule (kJ).

Den Hungernden fehlt oft die Energie, sich selbst aus **Armut** und Unterernährung zu befreien. Täglich sterben etwa 25000 Menschen an Krankheiten, die durch Mangelernährung ausgelöst werden. Besonders betroffen sind Kinder.

Als Mangelernährung wird bezeichnet, wenn ein Mensch zwar ausreichend Nahrungsmittel zu sich nimmt, darin aber nicht die notwendigen Mengen an Kohlenhydraten, Fetten, Eiweißen, Mineralstoffen und Vitaminen enthalten sind.

Überfluss und Überernährung

Während der Hunger seine Opfer meist in den Entwicklungsländern fordert, werden Millionen von Menschen in Industrieländern krank, weil sie zu viel essen oder sich falsch ernähren. Weltweit sind heute 20 Prozent der Menschen übergewichtig.

Sogenannte Zivilisationskrankheiten wie Herzinfarkte, Bluthochdruck oder Zuckerkrankheit gelten als Folgen der Überernährung. Übergewicht und ernährungsbedingte Krankheiten verursachen heute etwa ein Drittel der Kosten im Gesundheitswesen in Deutschland. Mittlerweile fordern Experten, dass Zusatzsteuern auf ungesundes Essen und Trinken erhoben werden sollten, damit weniger ungesunde Nahrung im Einkaufswagen landet. Viele Krankenkassen unterstützen heute ihre Versicherten durch Angebote, die helfen sollen, dass die Menschen sich wieder gesünder ernähren. Dabei steht insbesondere die Zusammensetzung der Nahrung (weniger Zucker und Fett) im Mittelpunkt.

INFO

Nahrungsbedarf
Der Nahrungsbedarf eines Menschen ist abhängig von seinem Energieverbrauch, der von den körperlichen Aktivitäten bestimmt wird.
Nahrungsenergie wird in Kilojoule (kJ) gemessen (veraltet in Kilokalorie, kcal).

1 Hamburger ca. 2000 kJ
1 Salamibrötchen ca. 980 kJ
1 Liter Cola ca. 1 760 kJ
Im Durchschnitt braucht ein Mensch ca. 10000 kJ am Tag (Verbrauch/Stunde: Schlafen 84 kJ, Stehen 185 kJ, schnelles Gehen 790 kJ, Joggen 2520 kJ).

100800-275-5
www.diercke.de

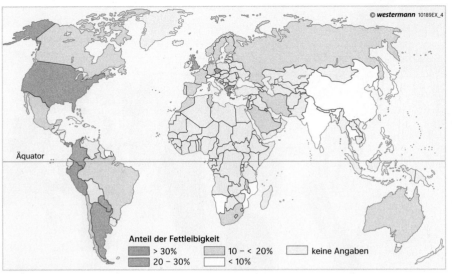

Anteil der Fettleibigkeit

> 30%   10 – < 20%   keine Angaben
20 – 30%   < 10%

M3 *Weltweites Problem Fettleibigkeit (2010)*

M5 *Deckt den Kalorienbedarf für einen halben Tag*

Der WHI 2015 fasst vier Indikatoren zu einem Index zusammen:
- den prozentualen Anteil der Unterernährten an der Bevölkerung
- den prozentualen Anteil der Kinder unter fünf Jahren, die ausgezehrt sind (zu niedriges Gewicht im Verhältnis zur Körpergröße, ein Hinweis auf akute Unterernährung)
- den prozentualen Anteil der Kinder unter fünf Jahren, deren Wachstum Verzögerungen aufweist (zu geringe Körpergröße im Verhältnis zum Alter, ein Hinweis auf chronische Unterernährung)
- den prozentualen Anteil der Kinder, die sterben, bevor sie fünf Jahre alt sind

Der WHI stuft die Länder gemäß einer 100-Punkte-Skala ein, auf der 0 (kein Hunger) der beste und 100 der schlechteste Wert ist – in der Praxis wird keiner der Extremwerte erreicht.
< 10: wenig Hunger
10 – 19,9: mäßiger Hunger
20 – 34,9: ernster Hunger
35 – 49,9: sehr ernster Hunger
> 50: gravierende Hungersituation

M4 *Welthunger-Index (WHI)*

Übergewicht und Adipositas, zu Deutsch: Fettsucht, sind längst nicht mehr nur in den USA, dem Mutterland des Fast Food, ein Massenphänomen. Die Weltgesundheitsorganisation spricht von einer „globalen Epidemie des 21. Jahrhunderts". Von Turin bis Tokio werden die Taillen breiter und breiter. In Deutschland ist inzwischen jeder dritte Jugendliche und jedes fünfte Kind übergewichtig. Das sind mehr als dreieinhalb Millionen Jungen und Mädchen unter 18. Acht Prozent der 10- bis 14-Jährigen und vier Prozent der Fünf- bis Siebenjährigen sind sogar adipös, also krankhaft übergewichtig. Absolut gesehen, hat sich die Zahl der Schulanfänger, die zu viel wiegen, in den vergangenen 25 Jahren mehr als verdoppelt und die der pummeligen Zehnjährigen gar vervierfacht.

(Quelle: A. Lache, www.stern.de, 28.11.2009)

M6 *Generation XXL – übergewichtige Kinder*

INTERNET

Welthungerindex
www.welthungerhilfe.de/welthungerindex-karte.html

---

① a) Liste auf, in welchen Ländern mehr als 30 Prozent der Menschen an Fettleibigkeit leiden (M3).
b) Ordne sie Kontinenten zu.

② a) Nenne Länder, die ernst und sehr ernst von Hunger betroffen sind (M2).
b) Ordne sie Kontinenten zu.

③ Vergleiche Mangelernährung und Überernährung.

M1 *Eine somalische Großfamilie verlässt nach einer Dürre ihr Heimatdorf.*

Leben ohne Hunger und Armut – aber wie?

Viele Menschen auf der Erde leben in Armut. Etwa 700 Millionen müssen täglich mit weniger als 1,90 US-Dollar auskommen. Viele haben nicht genug zu essen, kein sauberes Trinkwasser, können nicht zum Arzt gehen, wenn sie krank werden, sind zu schwach zum Arbeiten. Die Kinder können nicht zur Schule gehen.

Ein dauernder Nahrungsmangel lässt den Körper abmagern. Der Körper gleicht die Unterernährung dadurch aus, dass er sein Wachstum verlangsamt oder der Hungernde Aktivitäten (z.B. Arbeit) nur eingeschränkt ausführen kann.

Viele Länder, in denen Hunger und Unterernährung weit verbreitet sind, befinden sich in Afrika südlich der Sahara. Ein Großteil der Menschen lebt dort in Dörfern in ländlichen Gebieten. Viele Regionen in Afrika südlich der Sahara sind Naturrisiken ausgesetzt, zum Beispiel Dürren oder Hochwasser. Wenn dadurch die Ernte vernichtet wird oder das Vieh verendet, geht es für die Menschen dort ums Überleben. Aufgrund fehlender und schlecht ausgebauter Straßen sind viele Dörfer besonders in Notsituationen nur schwer erreichbar. Hilfsmaßnahmen können dann nicht oder nur verspätet den Menschen helfen.

Beispiel Kreislauf 1:
Armut bedeutet ein niedriges Einkommen. Es fehlt Geld, um es in die Ausbildung zu investieren. Deshalb bleibt die Ausbildung oft mangelhaft. Das führt zu schlecht entlohnten Arbeitsverhältnissen, wodurch Armut und Hunger entstehen.

Beispiel Kreislauf 2:
Ein Mensch in Armut kann nur wenig oder gar nichts einkaufen (wenig Konsum). Er hat deshalb zu wenig Nahrung zur Verfügung. Wer zu wenig oder zu einseitig isst, hat häufig Krankheiten und zeigt deshalb wenig Leistung bei der Arbeit. Das führt zu einer geringen Produktion, was dann zu geringem Lohn und dadurch zu Hunger und Armut führt.

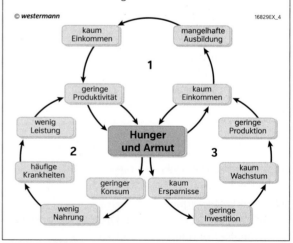

M2 *Kreisläufe Hunger und Armut*

Seit Generationen wohnt meine Familie auf dem Altiplano, ungefähr 100 km von La Paz. Wir bauen vor allem Kartoffeln an, aber auch anderes Gemüse. Was meine Familie selbst nicht zum Leben braucht, verkaufen wir auf den Märkten in der Umgebung. Allerdings können wir von unseren Erlösen nur das Notwendigste kaufen: Sachen zum Anziehen, ein paar Schulhefte und Lebensmittel, die wir nicht selbst herstellen. Eigentlich müsste ich Dünger kaufen, um meine Erträge zu steigern. Auch sind viele meiner Arbeitsgeräte schon alt und kaum noch zu reparieren. Von einem neuen Pflug ganz zu schweigen. Ich bin schon froh, wenn ich die Saatkartoffeln für das nächste Jahr zur Seite legen und den Samen fürs Gemüse bezahlen kann. Deshalb habe ich kaum mehr Einnahmen als in den letzten Jahren, wenn überhaupt. Wenn dann noch das Wetter verrückt spielt ...
Oft kann ich mir kaum das Schulgeld für die vier Kinder leisten. Ich mache mir Sorgen, wie sie später leben werden. Viele Jugendliche ziehen ja schon in die Städte, um da zu lernen, zu arbeiten, zu leben ...

M3 *Joaquin Mendelez, ein Bauer aus Bolivien, erzählt.*

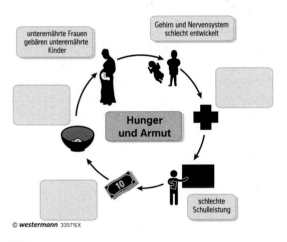

M4 *Auswirkungen von Kinderarbeit und Armut*

M5 *Karikatur*

❶ Nenne natürliche Ursachen für Hunger.

❷ Zeichne nur den Kreislauf 3 in M2 vergrößert ab. Notiere an den Kästchen passende Aussagen von Herrn Mendelez (M3).

❸ Notiere sinnvolle Begriffe und Wortgruppen für die Leerstellen in M4.

❹ Werte die Karikatur aus (M5).

❺ Bereitet in Gruppen ein Referat zu den „10 Mythen über den Welthunger" vor (Internet).

INTERNET

Zehn Mythen über den Hunger in der Welt
http://de.wfp.org/artikel/10-mythen-ueber-den-welthunger

System

109

M1 *Mogadischu – immer wieder kommt es zu Kämpfen und Anschlägen.*

Weitere Ursachen von Hunger

Somalia – ein Land mit vielen Problemen

Bürgerkrieg, Flüchtlingsströme, Hungersnöte und politische Instabilität sind Stichworte, die häufig im Zusammenhang mit Somalia stehen. Doch was sind die Gründe der vielen Probleme?

Somalia gehört zu den ärmsten Ländern der Welt. Die Bevölkerung lebt hauptsächlich von nomadischer Viehzucht und vom Ackerbau. Dürreperioden oder Überschwemmungen in den Flusstälern schädigen immer wieder den landwirtschaftlichen Anbau und führen zu Hungersnöten.

Etwa 70 Prozent der Bevölkerung leben von der Subsistenzwirtschaft. Dabei dienen die Erzeugnisse aus der Landwirtschaft oder Fischerei ausschließlich der Selbstversorgung.

Bis in die 1990er-Jahre war der Fischfang noch ertragreich. Die Fischerei wurde jedoch von illegalen Fischerei-Flotten anderer Länder verdrängt.

Seit Jahrzehnten herrscht in Somalia **Bürgerkrieg**. Familienclans kämpfen, um Gebietsansprüche durchzusetzen. Das Land hat keine funktionierende politische Führung und staatliche Verwaltung.

Zwar besitzt Somalia Erdölvorkommen und andere Bodenschätze. Diese können wegen der instabilen politischen Situation jedoch nicht erschlossen werden. Aufgrund fehlender staatlicher Strukturen bilden Piraterie, Waffenhandel und Geldfälschung wichtige „Wirtschaftszweige" in Somalia.

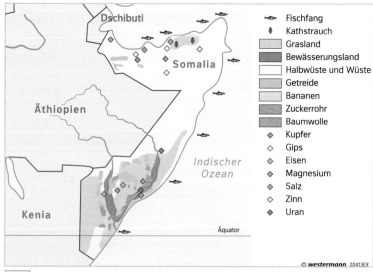

M2 *Landnutzung und Rohstoffe in Somalia*

100800-275-5   100800-149-5   100800-258
www.diercke.de   www.diercke.de   www.diercke.de

M3 Flüchtlingslager im Tschad für Flüchtlinge aus Darfur

Im Verlauf des 20. Jahrhunderts erlangten viele Staaten Afrikas ihre Unabhängigkeit. Viele der in Folge dieses Umbruchs gebildeten Regierungen sind dazu übergegangen, in ihre eigenen Taschen zu wirtschaften und die Bevölkerung zu vernachlässigen. Korruption und Misswirtschaft bestimmen oftmals die Politik.
Viele Regime unterdrücken die nach Freiheit strebende Bevölkerung. Oft eskalieren diese Konflikte und werden zu ausgewachsenen Bürgerkriegen, welche von den gesunden Männern und Jungen geführt werden, die so beim Bestellen der fruchtbaren Äcker fehlen.

M5 Bürgerkriege als Auslöser von Hunger

Wahrscheinlichkeit eines Konflikts in %

© westermann 17854EX_1

Bruttonationaleinkommen je Kopf in US-Dollar

M4 Zusammenhang zwischen Konfliktwahrscheinlichkeit und BNE/Kopf

① Nenne Folgen der politischen und gesellschaftlichen Situation sowie der Naturbedingungen Somalias (Atlas).

② Nenne Beispiele für konjunkturellen und strukturellen Hunger.

③ Schreibe aus Sicht eines somalischen Bauern einen Brief mit einem Hilferuf an die UNO.

④ **Partnerarbeit**
„In Industrieländern ist die Konfliktwahrscheinlichkeit gering." Diskutiert diese Aussage (M4).

System

Leben wir in einer Welt?

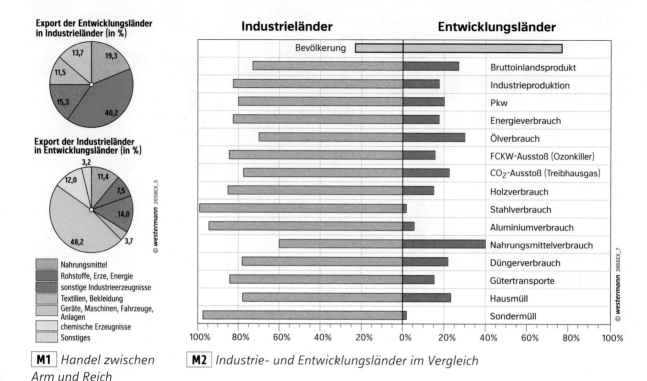

Export der Entwicklungsländer in Industrieländer (in %)

13,7 | 19,3 | 11,5 | 15,3 | 40,2

Export der Industrieländer in Entwicklungsländer (in %)

3,2 | 11,4 | 7,5 | 12,0 | 14,0 | 48,2 | 3,7

© westermann 2658EX_5

Legende:
- Nahrungsmittel
- Rohstoffe, Erze, Energie
- sonstige Industrieerzeugnisse
- Textilien, Bekleidung
- Geräte, Maschinen, Fahrzeuge, Anlagen
- chemische Erzeugnisse
- Sonstiges

Industrieländer — **Entwicklungsländer**

Bevölkerung
Bruttoinlandsprodukt
Industrieproduktion
Pkw
Energieverbrauch
Ölverbrauch
FCKW-Ausstoß (Ozonkiller)
CO_2-Ausstoß (Treibhausgas)
Holzverbrauch
Stahlverbrauch
Aluminiumverbrauch
Nahrungsmittelverbrauch
Düngerverbrauch
Gütertransporte
Hausmüll
Sondermüll

100% 80% 60% 40% 20% 0% 20% 40% 60% 80% 100%

© westermann 3866EX_7

M1 Handel zwischen Arm und Reich

M2 Industrie- und Entwicklungsländer im Vergleich

Entwicklungsstand der Länder

Die Lebensbedingungen der Menschen sind in den Staaten der Erde sehr verschieden. Die enormen Unterschiede sind vor allem auf den Stand der wirtschaftlichen Entwicklung jedes einzelnen Landes zurückzuführen. Das Bruttonationaleinkommen (BNE) ist ein wichtiger Hinweis (Indikator) für den Entwicklungsstand eines Landes.

In den hoch entwickelten Staaten, allgemein **Industrieländer** genannt, sind die **Grundbedürfnisse** erfüllt. Zu den Grundbedürfnissen gehören ausreichend Trinkwasser, Nahrung, Kleidung, Bildung, medizinische Versorgung und menschenwürdiges Wohnen.

Das durchschnittliche Einkommen der Menschen ermöglicht einen hohen Lebensstandard. Das heißt, über die Erfüllung der Grundbedürfnisse hinaus können sich die meisten Menschen auch Dinge wie zum Beispiel Autos, Heimelektronik, Fernreisen und Hobbys leisten.

In den weniger entwickelten Staaten, häufig **Entwicklungsländer** genannt, leidet der größte Teil der Bevölkerung darunter, dass die Grundbedürfnisse nur für einen kleinen Teil der Bevölkerung erfüllt sind. Trinkwasser- und Stromversorgung sind zumeist unzureichend. Auch der Zugang zu Bildung und medizinischer Versorgung bleibt vielen Menschen verwehrt. Es fehlen Schulen und Ausbildungsplätze. Die Menschen müssen Arbeit zu Niedriglöhnen annehmen. Viele Kinder sind gezwungen, Geld zu verdienen, um ihre Familien zu unterstützen.

Jedoch gibt es auch in den ärmeren Ländern eine kleine Oberschicht, die über extreme Reichtümer verfügt. Oft sind es die regierenden Eliten und Familienclans, die nicht an einer Verteilung der Staatseinkommen interessiert sind und so die Armut des Großteils der Bevölkerung erzeugen.

INFO

Räumliche Disparitäten
Räumliche Disparitäten sind Ungleichheiten hinsichtlich des wirtschaftlichen und gesellschaftlichen Entwicklungsstandes. Diese können weltweit (globale Disparitäten), innerhalb eines Kontinents, einer Region, eines Landes (regionale Disparitäten) oder innerhalb einer Stadt (lokale Disparitäten) auftreten.

100800-274-1
www.diercke.de
100800-275-4
www.diercke.de
100800-275-5
www.diercke.de

METHODE: Ländervergleich durch Auswertung thematischer Karten

Vergleicht die Länder Deutschland, Brasilien und Haiti hinsichtlich ihres Entwicklungsstandes.

Erfasst dazu mithilfe des Atlas Werte für folgende Indikatoren:

1. Entwicklungsstand
2. Wirtschaftskraft BNE pro Kopf der Bevölkerung
3. Analphabeten
4. Einwohner je Arzt
5. Pkw-Dichte
6. Telefondichte
7. Lebenserwartung
8. Säuglingssterblichkeit

Fertigt in der Gruppe eine übersichtliche Tabelle auf einem DIN A3-Blatt an. Markiert besonders hohe und niedrige Werte. Fasst darunter eure Erkenntnisse in Sätzen zusammen.

Eine Welt

Die Einteilung der Staaten in verschiedene „Welten" stammt aus den 1950er-Jahren. Als „Erste Welt" bezeichnete man die Industrieländer mit freier Marktwirtschaft. Sie liegen vor allem auf der Nordhalbkugel. Unter Ländern der „Zweiten Welt" verstand man Länder mit staatlich gelenkter Wirtschaftsordnung (Kommunismus), wie zum Beispiel die ehemalige Sowjetunion. Der Begriff „Dritte Welt" stand für die wirtschaftlich unterentwickelten und ärmeren Länder der Welt, vorwiegend auf der Südhalbkugel der Erde gelegen.

Diese Einteilung gilt als überholt. Um den unterschiedlichen Entwicklungsstand der Länder der Erde zu benennen, spricht man heute von Industrieland, Schwellenland und Entwicklungsland.

Der Begriff „Eine Welt" erinnert daran, dass es nur eine Erde gibt, die es durch gemeinsames Handeln zu bewahren gilt.

Seit einigen Jahren haben sich die Begriffe globaler Norden und globaler Süden durchgesetzt.

Menschen benötigen zum Leben:

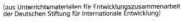

(aus Unterrichtsmaterialien für Entwicklungszusammenarbeit der Deutschen Stiftung für internationale Entwicklung)

© westermann 1989EX_8

M3 *Grundbedürfnisse*

BNE (Bruttonationaleinkommen)

Das Bruttonationaleinkommen ist die Summe der innerhalb eines Jahres von allen Bewohnern eines Staates (Inländer) erwirtschafteten Einkommen, unabhängig davon, ob diese im Inland oder im Ausland erzielt wurden.

BIP (Bruttoinlandsprodukt)

Im Unterschied dazu umfasst das Bruttoinlandsprodukt alle im Inland erzielten Einkommen, egal ob diese von Inländern oder Ausländern erwirtschaftet wurden.

Methode

① a) Vergleiche Industrie- und Entwicklungsländer. In welchen Bereichen sind die Unterschiede besonders groß (M2)?
b) Nenne mögliche Gründe dafür.

② a) Vergleiche den Handel zwischen Industrie- und Entwicklungsländern (M1).
b) Formuliere dein Ergebnis.
c) Nenne mögliche Gründe dafür.

③ Vergleiche zwei Länder der Kontinente Afrika und Nord-und Südamerika deiner Wahl miteinander (Atlas).

④ Beurteile die Aussagekraft von Ländervergleichen anhand ausgewählter Indikatoren.

"Reichtum ist immer ein Anzeiger von Armut anderswo."

"Die Armut vieler gipfelt im Reichtum weniger."

M1 *Hauptsitz der UNO in New York City*

Kampf gegen Armut und Ungerechtigkeit

Entwicklungsstand von Ländern

Die Vereinten Nationen (UN = United Nations) berechnen in jedem Jahr den Entwicklungsstand aller Länder mithilfe des Human Development Index (HDI). Diese Berechnungen sind wichtig, um Hilfsmaßnahmen für gering entwickelte Länder planen und begründen zu können.

So erstellt die UN eine Liste aller Länder der Erde vom höchsten bis zum niedrigsten HDI-Wert. Dabei werden die Länder nach drei Kategorien eingeteilt: Länder mit hoher, mittlerer und niedriger menschlicher Entwicklung. Es ist zu berücksichtigen, dass es sich jeweils um Durchschnittswerte handelt. Das bedeutet, innerhalb der Länder existieren Unterschiede im Lebensstandard zwischen einzelnen Bevölkerungsgruppen.

Wünschenswert wäre, dass alle Menschen in allen Ländern den gleichen Lebensstandard haben. Aber das ist für die nähere Zukunft unrealistisch.

Das Land ist gerade einmal so groß wie Griechenland, beherbergt aber mit 149 Mio. beinahe das Vierzehnfache an Einwohnern.

Investitionen in Bildung, ein ausgeklügeltes Familienplanungsprogramm und die Einbindung von Frauen auf dem Arbeitsmarkt haben dazu geführt, dass Mütter dort heute im Schnitt gerade einmal 2,4 Kinder bekommen – über vier weniger als noch 1970. Die Mehrheit der Einwohner ist im erwerbsfähigen Alter. Weil sie eine gute Grundausbildung haben, finden sie auf dem Arbeitsmarkt Jobs – häufig in der Textilindustrie. Die bietet ihnen zwar oft schlechte Arbeitsbedingungen, jedoch auch ein Gehalt, das es ihnen ermöglicht, ihren Lebensunterhalt zu bestreiten und die Wirtschaft anzukurbeln. Weil die Nachfolgegeneration klein ist, fällt es den Erwerbstätigen zudem relativ leicht, für die Ausbildung der Kinder zu sorgen. Eine gebildete Bevölkerung ist eine zentrale Voraussetzung dafür, dass Bangladesch bald schon neue Wirtschaftspfade beschreiten könnte – fort von der Textilindustrie hin zu einer wissensbasierten Ökonomie. Die Prognosen für einen langfristigen Entwicklungsschub in Bangladesch sind also gut. Die wachsende Mittelschicht ist ein Indiz für eine gesunde Entwicklung der Gesellschaft.

M2 *Bangladesch nutzt sein Potenzial*

100800-274-1
www.diercke.de

Armut und Reichtum

Die Millenniums-Entwicklungsziele der Vereinten Nationen wurden im Jahr 2000 ins Leben gerufen und sollten im Jahr 2015 erreicht werden. Die acht UN-Millenniumsziele waren:

- Bekämpfung von Armut und Hunger
- Schulbildung für alle
- Gleichstellung der Geschlechter
- Senkung der Kindersterblichkeit
- Verbesserung der Gesundheitsversorgung der Mütter
- Bekämpfung von HIV/Aids, Malaria und anderen schweren Krankheiten
- ökologische Nachhaltigkeit
- Aufbau einer globalen Partnerschaft für Entwicklung

M3 *Ziele der Vereinten Nationen 2000*

Millenniumsziele erreicht?

Ban Ki Moon, der Generalsekretär der UN, weiß im Bericht zu den Millenniumszielen 2012 Gutes zu berichten. Vor Ablauf der vereinbarten Frist 2015 wurde das Ziel, die extreme Armut um die Hälfte zu verringern, ebenso erreicht wie den Anteil der Menschen, die keinen zuverlässigen Zugang zu Trinkwasserquellen haben, zu halbieren. Für mehr als 200 Mio. Slumbewohner verbesserten sich die Lebensbedingungen. Die Bildungsbeteiligung der Mädchen im Grundschulbereich entsprach der der Jungen und die Kinder- und Müttersterblichkeit wurde zügiger gesenkt.

Die Regierungen der Staaten und die UN sowie viele Privatpersonen und Vereine haben etwas bewirkt. Aber in vielen Ländern ist noch ein weiter Weg zu gehen, bis sich Erfolge einstellen.

M4 *Bericht zu den Millenniumszielen*

INFO

HDI

Der HDI (Human Development Index) misst den Entwicklungsstand eines Staates. Neben dem Einkommen fließt der Bildungsstand und die Lebenserwartung seiner Bevölkerung in den Index ein. Daraus ergibt sich ein Wert, der zwischen 0 und 1 liegt, wobei 1 der Höchste ist. Der HDI berücksichtigt

- die Lebenserwartung der Menschen bei der Geburt
- die Bildungsindikatoren der Bevölkerung (erfolgte und erwartete Schulbildung in Jahren)
- das BIP pro Kopf

Beispiele: Norwegen (0,94), Sudan (0,47)

1 – Kampf gegen Armut: Spätestens im Jahr 2030 soll niemand auf der Welt mehr von weniger als 1,25 Dollar pro Tag leben müssen.

2 – Kampf gegen Hunger: Zehn Prozent aller Menschen auf der Welt sind unterernährt. Um dieses Problem zu bekämpfen, sieht die Agenda 2030 vor, die Produktivität und das Einkommen von Kleinbauern zu verdoppeln.

3 – Gesundheit: Aids, Tuberkulose, Malaria und anderen Krankheiten sagt die Agenda 2030 den Kampf an. Auch die Geburten- und Kindersterblichkeit soll radikal gesenkt werden.

4 – Bildung: Alle Jungen und Mädchen sollen eine Grundschule sowie eine weiterführende Schule besuchen.

5 – Geschlechtergleichstellung: Die Diskriminierung von Frauen und Mädchen soll, ebenso wie Gewalt gegen das weibliche Geschlecht, ein Ende haben.

6 – Zugang zu Trinkwasser und sanitären Anlagen: 663 Millionen Menschen haben derzeit keinen Zugang zu sauberem Trinkwasser. Bis 2030 soll sich das ändern. Außerdem soll die Qualität von Wasser weiter verbessert werden.

7 – Energie: Jeder soll Zugang zu verlässlicher, bezahlbarer und nachhaltiger Energie haben.

8 – Wirtschaftswachstum: In den ärmsten Ländern der Welt soll ein Wirtschaftswachstum von jährlich sieben Prozent erreicht werden. Außerdem will die Agenda 2030 einen Zustand der Vollbeschäftigung erreichen.

9 – Infrastruktur und Industrialisierung: Bei 2,6 Mrd. Menschen fällt regelmäßig der Strom aus. 2,5 Mrd. Menschen verfügen nicht über fließendes Wasser und sanitäre Einrichtungen. Die Agenda 2030 beabsichtigt diese Probleme mit einer besseren Infrastruktur und Industrialisierung zu bekämpfen.

10 – Ungleichheit: Das Einkommen der ärmsten 40 Prozent eines Landes soll schneller wachsen als das der übrigen Menschen.

M5 *Ziele der nachhaltigen Entwicklung (Agenda 2030)*

1 Nenne Bereiche, in denen Bangladesch Fortschritte gemacht hat (M2).

2 **Partnerarbeit**
a) Nenne Schlüsselwörter der Entwicklungsziele (M3, M5).
b) Vergleicht die Ergebnisse und erklärt die Begriffe eurem Partner.

c) Beurteile die Ziele der UN von 2015 (M5).

3 Erläutere die Messbarkeit von menschlicher Entwicklung anhand des HDI.

4 Bewerte die Zitate (M1). Vergleiche dazu die Verteilung des HDI (Atlas).

Wir werten eine Karikatur aus

Karikaturen begegnen dir in Zeitungen, Zeitschriften, Filmen, Büchern und im Internet. Um eine Karikatur auszuwerten, kannst du nach den unten genannten Schritten vorgehen.

METHODE

So wertest du eine Karikatur aus

1. Orientierung
- Betrachte die Karikatur gründlich.
- Verschaffe dir einen Überblick und ordne die Karikatur einem Thema zu.
- Achte nun auf alle Details und überlege, welche Zusammenhänge dargestellt oder gemeint sind.

2. Beschreibung
- Betrachte den dargestellen Sachverhalt, achte auf Personen, Gegenstände und Handlungen sowie auf Gestaltungsmittel (Zeichnung, Text, Bildunterschrift).

3. Erklärung
- Erkläre, wen oder was die Personen, Gegenstände oder Handlungen darstellen und/oder symbolisieren sollen.

4. Wertung
- Lege dar, welche Personen, Handlungen oder Zustände aufgegriffen werden und was der Karikaturist aussagen und bewirken will.
- Prüfe, ob die kritische Sicht berechtigt und aktuell ist oder ob sie Fehler wie unzulässige Verallgemeinerungen enthält.
- Stelle dar, wie die Karikatur auf dich wirkt und welche Gedanken sie bei dir hervorruft.

INFO

Karikatur

Die Karikatur ist eine Form der künstlerischen Darstellung, in der ein Merkmal eines Sachverhaltes besonders herausgestellt wird. Ziel ist es, in spöttischer oder komischer Absicht Ereignisse, Personen, politische und gesellschaftliche Zustände der Kritik auszusetzen. Als Stilmittel setzt der Karikaturist die bewusste Übertreibung ein. Er spitzt zu und verzerrt charakteristische Züge eines Ereignisses oder einer Person.

Beim Betrachten muss man die Übertreibung erkennen und die Darstellung in die Wirklichkeit übertragen. Der Kontrast zur Realität und die dargestellten Widersprüche sollen zum Nachdenken anregen. Dabei hilft die Karikatur, sich ein Urteil und eine eigene kritische Meinung zu bilden.

UNGERECHTE AUFTEILUNG

M1 *Karikatur 1*

Auf dem Bild wird der reiche Norden (Industrieländer) dem armen Süden (Entwicklungsländer) gegenüber gestellt. Auf einer kleinen Insel sitzt ein älterer Herr gemütlich im Liegestuhl und lässt es sich offensichtlich gut gehen. In einiger Entfernung steht eine Masse von Menschen, getrennt durch einige Meter Meer. Durch die kleine Insel mit der einen Person wird verdeulicht, dass es viel weniger reiche Menschen auf der Erde gibt als Arme. Der Mann auf der Insel staunt und fragt die zu ihm schauenden Menschen: „Ist was?" Das heißt, dass er sich nicht vorstellen kann, was diese von ihm wollen. Daran will der Karikaturist zeigen, dass sich die reichen Länder wenig um die Probleme der armen Länder kümmern und sich nicht in die armen Menschen hinein versetzen können. Für den Mann ist es so normal, wie es ist.

Karikatur 2

M2 *Catharina hat eine Auswertung zur Karikatur 2 geschrieben.*

Methode

M3 *„Sie verhandeln noch."*

❶ Gib den Karikaturen je einen Titel und werte sie aus (M1, M3).

❷ Wähle eine Karikatur aus einer Zeitschrift oder Tageszeitung. Erläutere sie in einem kurzen Vortrag oder Text.

Helfen ja – aber wie?

In der Bundesrepublik Deutschland ist das Bundesministerium für wirtschaftliche Zusammenarbeit und Entwicklung, das BMZ, für die Entwicklungspolitik zuständig. Im Rahmen der Entwicklungszusammenarbeit werden zahlreiche Entwicklungsprojekte weltweit durchgeführt.

So herrscht über die Ziele, auf die man hinarbeiten muss, weitgehend Einigkeit. Umstritten ist jedoch, was die sinnvollsten Wege, die sinnvollsten Projekte und Strategien sind, um die gesteckten Ziele zu erreichen.

INFO

Entwicklungszusammenarbeit
In Deutschland benutzt man oft den Begriff Entwicklungszusammenarbeit anstatt Entwicklungshilfe. Das soll ausdrücken, dass die Entwicklungsländer gleichberechtigte Partner sind, mit denen man zusammenarbeitet – und keine Almosenempfänger. Durch ständige Einbindung der Partner soll gewährleistet werden, dass die Entwicklungsprojekte die Bedürfnisse der Menschen nachhaltig befriedigen.

Die EU hat im Jahr 2013 insgesamt 56,2 Mrd. Euro an Entwicklungshilfe geleistet. Die Mittel stammten aus dem EU-Haushalt und den Haushalten der EU-Länder.
Dies entspricht 0,43 % des Bruttonationaleinkommens (BNE) der EU. Die EU-Länder hatten sich zum Ziel gesetzt, diesen Anteil bis 2015 auf 0,7% des BNE zu erhöhen.

M1 *Entwicklungsausgaben der EU*

Talkshow zum Thema:
Entwicklung – aber wie?
Auf dieser und den folgenden Seiten 119–123 sind drei Ansätze für die Entwicklung von Ländern dargestellt.
Die Stammgruppe hat die Aufgabe, eine Talkshow zum Thema zu entwickeln. Dafür benötigt ihr eine/n Moderator/in. Diese Rolle braucht einen Überblick über das gesamte Thema. In der Informationsphase bearbeiten die Expertengruppen je ein Thema. Im Anschluss entwickelt und filmt ihr eure Talkshow (max. 10 min) und präsentiert sie in der Klasse. Wichtig ist dann das Feedback der Zuschauer.

M2 *Ein Ziel (Entwicklungszusammenarbeit) – viele Möglichkeiten*

❶ Erkläre, wie Entwicklungsmaßnahmen die Entwicklungsländer unterstützen (M2).

❷ Interpretiere die Karikatur M2.

❸ Partnerarbeit
Partner A: „Aus Entwicklungshilfe wird Entwicklungszusammenarbeit." Erläutere deinem Partner die Notwendigkeit dieser Veränderung.
Partner B: „Der Bau von Straßen und Häusern ist eine wichtige Voraussetzung für die Entwicklung in Bolivien." Erläutere deinem Partner die Notwendigkeit dieser Maßnahme.

❹ Findet Argumente für und gegen folgende Thesen und nehmt Stellung.
These 1: Die Entwicklungsländer werden durch Entwicklungsgelder abhängig von den Hilfen.
These 2: Die Entwicklungshilfe ist eine wichtige Anschubfinanzierung.

M3 *Der Bau einer Allwetterstraße in den bolivianischen Anden ist eine Voraussetzung dafür, dass die Hochland-Bauern ihre Produkte auf dem Wochenmarkt verkaufen können.*

„De Casas a Hogares" und „From Houses to Homes"
De Casas a Hogares ist Spanisch und bedeutet auf Deutsch übersetzt „von Häusern zu Zuhausen". Ins Englische übersetzt klingt der Name schon etwas eingängiger: „From Houses to Homes". Unsere Namenswahl hat ihren Ursprung in der Non-Profit-Organisation „From Houses to Homes", welche von dem US-Amerikaner Joe Colins 2004 in New Jersey gegründet und im Jahre 2005 von ihm und

guatemaltekischen Partnern auch in dem mittelamerikanischen Land als gemeinnützige NGO (Nichtregierungsorganisation) namens „De Casas a Hogares" konstituiert wurde. Der Verein ist seit diesem Zeitpunkt in Guatemala wie in den USA registriert und verwendet alle ihm zugewandten Mittel, um den am stärksten unter Armut leidenden Teilen der Bevölkerung im Hochland zu helfen. Im Fokus der Bemühungen stehen dabei abgelegene, von der Politik vernachlässigte Ortschaften in der Gegend um Antigua, wo die Organisation Häuser baut und sich bemüht, die gesundheitliche Versorgung sowie Bildungschancen der Einwohner zu verbessern. (Quelle: www.hoffnungbauen.de)

Esmerelda Fuentes berichtet internationalen Journalisten anlässlich der Übergabe der ersten zehn Häuser über das neue Haus der Familie: „Wir wissen schon, dass ihr in anderen Häusern wohnt. Wir sind sehr glücklich über unser neues festes Haus. Denn vorher haben wir hier nur in aus Bäumen und Blättern gebauten Behausungen gewohnt. Das war insbesondere bei Regen und Sturm immer eine Gefahr. Jetzt haben wir ein festes Haus, in dem es trocken bleibt und wir uns geschützt fühlen. Wir danken den Leuten der Organisation unendlich, die immer bei uns herzlich willkommen sein werden."

M4 *Ein Hilfsprojekt einer NGO in Guatemala*

INTERNET

Zahlreiche Projekte deutscher Entwicklungszusammenarbeit findest du auf der Seite des BMZ.

www.bmz.de

Kommunikation

M1 *Hotelanlage am Strand*

M2 *Angestellte in einem Hotel*

Entwicklung durch Tourismus – mit Licht und Schatten

Tourismus – eine Grundlage der wirtschaftlichen Entwicklung

Viele Entwicklungsländer erhoffen sich vom wachsenden Tourismus einen Beitrag für ihre wirtschaftliche Entwicklung. Mit den Devisen, dem Geld der ausländischen Touristen, kann man Güter wie Maschinen oder Rohstoffe auf dem Weltmarkt einkaufen. Darüber hinaus schafft der Tourismus zahlreiche Arbeitsplätze, zum Beispiel im Hotel- und Gaststättengewerbe. Das steigert einerseits die Aus- und Weiterbildung einheimischer Arbeitskräfte. Andererseits gibt es ihnen die Möglichkeit, mit ihrem Einkommen Waren und Dienstleistungen nachzufragen sowie Steuern zu zahlen. Damit wird wiederum die wirtschaftliche Entwicklung des Landes insgesamt gefördert.

Ein Teil der Arbeitskräfte in der Tourismusbranche, wie zum Beispiel Kellnerinnen, Zimmermädchen, Frisöre, Fremdenführer oder Straßenverkäufer, haben direkt mit den Touristen zu tun, andere nur indirekt. Dazu zählen Schreiner und Bauleute, die Freizeiteinrichtungen und Hotels errichten, sowie Bauern und Fischer, die Hotels und Restaurants mit Nahrungsmitteln beliefern.

Die wirtschaftliche Entwicklung durch den Tourismus erreicht häufig sogar Regionen, die weit vom eigentlichen Tourismuszentrum entfernt liegen. Mit Steuereinnahmen wird die öffentliche Infrastruktur wie Wasserversorgung, Abwasser- und Abfallentsorgung sowie Verkehrswegebau gefördert. Der Tourismus in den Entwicklungsländern kann hinsichtlich seiner Zwecke und Ziele unterschieden werden:

- Strand- und Badetourismus (Baden, Schnorcheln, Tauchen, Fischen);
- Naturtourismus (Safari, Besuche von Natur- und Wildparks);
- Sporttourismus (Golfen, Bergsteigen);
- Kulturtourismus (Besichtigung von Bauwerken vergangener Epochen, Erleben von fremden Sitten und Gebräuchen).

Fläche:	1,96 Mio. km²
Einwohner:	123,6 Mio.
BIP pro Kopf (2015):	9980 US-$
HDI:	0,76

Die wichtigsten Bereiche für die Entstehung des Bruttoinlandproduktes (in %):

Bergbau/Industrie	28,3
Handel/Gaststätten/Hotels	17,8
Transport/Logistik/Kommunikation	8,6
Bau	8,1

M3 *Wirtschaftsdaten Mexiko (2015)*

Nachrichten über Drogenkriminalität und Gewalttaten schrecken viele Urlauber ab. Doch das soll sich jetzt ändern. Mexikos Präsident macht den Urlaub zur Chefsache. „Mexiko hat großes touristisches Potenzial – es ist ein Mosaik aus Landschaften und Aktivitäten", sagte der Staatschef.

In den kommenden drei Jahren werde die Reisebranche 8,6 Mrd. US-Dollar (6,4 Mrd. Euro) in den Ausbau der Infrastruktur investieren. Das Geld soll in den Bau von Hotels und Golfplätzen sowie in den Luftverkehr fließen. Unter anderem sind 33000 neue Hotelzimmer geplant. So sollen direkt 28000 und indirekt weitere 78000 Arbeitsplätze entstehen.

Die Reisebranche ist durchaus ein wichtiger Wirtschaftssektor für Mexiko. 2,5 Mio. Menschen arbeiten im Tourismus. Im vergangenen Jahr wurde in dem Bereich ein Gewinn von 12,6 Mrd. Dollar erwirtschaftet.

Während andere Reiseziele allerdings kräftige Wachstumsraten verzeichnen, stagnierten die Besucherzahlen in Mexiko zuletzt. So reisten 2012 rund 23,4 Mio. ausländische Touristen in das Land, ebenso viele wie im Vorjahr. Gegen die aufstrebenden Destinationen in Asien und dem Pazifikraum fiel das einst zehntbeliebteste Reiseziel der Welt damit zurück.

Die mexikanische Reisebranche hat vor allem mit einem massiven Imageproblem zu kämpfen. Meldungen über den blutigen Drogenkrieg und brutale Gewalt schrecken viele Touristen ab. Im Februar hatte ein bewaffnetes Kommando eine Ferienanlage in dem beliebten Badeort Acapulco überfallen und sechs spanische Touristinnen vergewaltigt. Der Vorfall war tagelang in den Nachrichten.

Große Teile von Mexiko sind durchaus gut zu bereisen. Gerade die touristisch bedeutende Halbinsel Yucatán gilt als sicher. Nachrichten über den Drogenkrieg sind aber immer schlecht für das Geschäft. Um den Tourismussektor zu stärken, muss die Regierung die Sicherheitslage im ganzen Land verbessern. Komfortable Hotelzimmer und moderne Golfplätze dürften auf Dauer nicht reichen, um wieder mehr Urlauber ins Land zu locken.
(www.welt.de 23.08.13)

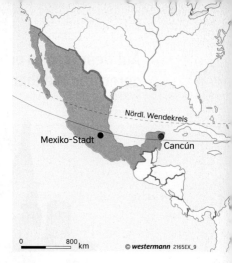

M4 *Tourismus in Mexiko (2013)*

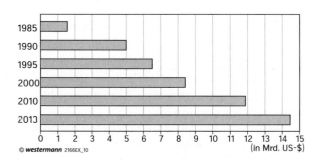

M5 *Deviseneinkünfte aus dem Tourismus in Mexiko*

❶ Stelle positive und negative Auswirkungen des Tourismus für Mexiko gegenüber.

❷ Beschreibe die beruflichen Möglichkeiten, die der Tourismus den Einheimischen bietet. Bewerte die Qualität der Erwerbsmöglichkeiten.

❸ Erstelle ein Wirkungsgefüge für den Einfluss des Tourismus auf die einheimische Bevölkerung (M4).

❹ Erstellt in einer Projektgruppe einen Plan für die Erschließung einer unterentwickelten aber touristisch reizvollen Region. Formuliert dabei die Merkmale der Ausgangssituation und den erwünschten Endzustand. Fügt dazwischenliegende Entwicklungsschritte ein.

System

121

Auf dem Weg zu einem gerechten Welthandel

M1 *Fairer Handel – Beispiele aus der Produktpalette*

Fairer Handel mit Entwicklungsländern

Veränderungen im Welthandel halten viele für die wichtigste Voraussetzung, um eine Verbesserung der Verhältnisse in den Entwicklungsländern zu bewirken.

Wichtig wäre vor allem, dass die Preise für Rohstoffe genauso schnell steigen wie die der Fertigwaren.

Außerdem müsste es den Entwicklungsländern problemlos möglich sein, ihre Fertigwaren in die Industrieländer zu exportieren.

Beispielhaft für eine faire Zusammenarbeit im Welthandel sind die Partnerschaftsabkommen der EU mit 79 Ländern Afrikas, der Karibik und des Pazifik, den **AKP-Staaten**. Schon 1979 einigten sich die beteiligten Länder darauf, gemeinsam eine „neue, faire und gerechtere Weltordnung" schaffen zu wollen. Die EU verlangt von den AKP-Ländern geringere Zölle bei der Einfuhr ihrer Waren, außerdem gewährt sie den Ländern finanzielle Unterstützung, um Preisschwankungen bei den exportierten Rohstoffen auszugleichen.

Die Zusammenarbeit ist jedoch an Bedingungen geknüpft. Zum Beispiel müssen sich die Staaten durch **Good Governance** auszeichnen, das heißt durch eine gute Regierungsführung, die die Grundbedürfnisse und Wünsche aller Menschen im Land berücksichtigt, auch die der Schwachen und der Minderheiten.

Fairer Handel mit den Bauern

Waren im Wert von vielen hundert Milliarden Euro werden täglich auf der Welt gehandelt. Da glaubt man schnell, dass man angesichts so gewaltiger Summen selbst als Einzelner nichts ausrichten kann. Doch das ist falsch!

Jeder von uns entscheidet beim Einkauf, ob er eine faire Entlohnung der Menschen in den Entwicklungsländern unterstützt oder nicht. **Fairer Handel** hat jedoch seinen Preis: Die Produkte sind teurer als solche, die nicht fair gehandelt sind.

Mehrere Organisationen haben es sich zur Aufgabe gemacht, Waren aus den Entwicklungsländern im Fairen Handel zu angemessenen Preisen auf dem Weltmarkt anzubieten. Sie schließen langfristige Lieferverträge mit den Produzenten in den Entwicklungsländern ab. Die Preise sind dabei so hoch, dass die Bauern- und Arbeiterfamilien ihr Auskommen haben und ihre Lebensbedingungen sogar verbessern können.

In den Fairen Handel werden jedoch nur solche Produkte aufgenommen, die nachhaltig produziert worden sind: zum Beispiel Kaffee und Bananen, die ökologisch angebaut wurden, oder Orangensaft und Fußbälle, die man ohne Kinderarbeit hergestellt hat.

Zu Beginn der 1990er-Jahre gab es fair gehandelte Produkte nur in wenigen Läden, heute kann man sie in über 30000 deutschen Geschäften kaufen.

100800-266-1
www.diercke.de

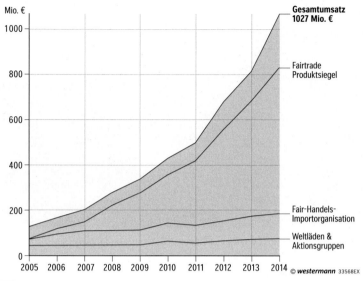

Mio. €

Gesamtumsatz
1027 Mio. €

Fairtrade
Produktsiegel

Fair-Handels-
Importorganisation

Weltläden &
Aktionsgruppen

© **westermann** 33568EX

M2 *Entwicklung des Fairen Handels in Deutschland*

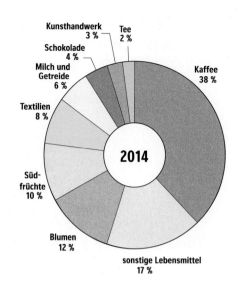

Kunsthandwerk 3 %

Tee 2 %

Schokolade 4 %

Milch und Getreide 6 %

Textilien 8 %

Süd-früchte 10 %

Blumen 12 %

sonstige Lebensmittel 17 %

Kaffee 38 %

2014

M4 *Anteil einzelner Produkte am Fairen Handel (Deutschland)*

Luis Torres ist Mitglied einer landwirtschaftlichen Genossenschaft. Etwa 160 Bauernfamilien mit Orangenplantagen sind in der Genossenschaft vereinigt. In den vergangenen zwei Jahren wurden 110 t Orangensaftkonzentrat nach Europa verschifft. Sie wurden zu Orangensaft weiterverarbeitet und in Österreich sowie Deutschland verkauft.

Der internationale Marktpreis liegt bei 900 US-Dollar pro Tonne. Die Organisation TransFair, die sich für faire Handelsbedingungen einsetzt, bezahlt einen garantierten Minimalpreis von 1 200 US-Dollar. Hinzu kommt eine Fairhandelsprämie von 100 US-Dollar. Dieser Bonus wird ausschließlich in Gemeinschaftsprojekte investiert.

Die Arbeit auf einer Orangenplantage ist hart, aber seit die Orangen in den Fairen Handel gelangen, lohnt sie sich für die Arbeitskräfte und die Besitzer. Früher lebten die Bauern „von der Hand in den Mund". Bei Ernteausfälle mussten viele ihre Plantagen aufgeben. Einige von ihnen zogen in die Favelas, die Elendssiedlungen der Städte. Ihre Lebenssituation verbesserte sich dort jedoch nicht. Der Faire Handel bietet den Bauern auch in Notfällen Sicherheit; sie müssen ihre Dörfer nicht mehr verlassen.

M3 *In der Genossenschaft im Süden Brasiliens*

❶ Vergleiche den Fairen Handel mit dem konventionellen Handel (Text, Atlas).

❷ Erkläre die Bedeutung von „Good Governance" für die Förderung im Rahmen der Entwicklungszusammenarbeit.

❸ Erläutere die Bedeutung des fairen Handels für die Erzeuger, die Händler und die Konsumenten (M3).

❹ „Fairer Handel verlangt von uns eine Veränderung der Einkaufsgewohnheiten." Begründe die Aussage.

❺ „An Schulen sollten faire Produkte verkauft werden, auch wenn diese teurer sind als andere." Finde Pro- und Kontra-Argumente und nimm Stellung zu dieser These.

M1 *Rio de Janeiro – Blick auf den Zuckerhut, das Wahrzeichen der Stadt*

Amerika – Überblick über den Doppelkontinent

Nord- und Südamerika

Mit mehr als 42 Mio. km² ist der Doppelkontinent Amerika der zweitgrößte Erdteil. Seine Fläche erstreckt sich vom Äquator über beide Halbkugeln polwärts und erreicht eine Nord-Süd-Ausdehnung von etwa 15 000 km. Damit ist Amerika der einzige Kontinent, dessen Fläche fast bis in beide Polarregionen reicht. Eine schmale Festlandsbrücke verbindet Nord- und Südamerika miteinander. Am Isthmus von Darién in Panamá sind die Küsten des Pazifischen Ozeans und des Karibischen Meeres weniger als 90 km voneinander entfernt. Diese Landenge bildet die Grenze zu Südamerika.

Das Landschaftsbild des Doppelkontinents ist sehr vielfältig. Im Westen erstrecken sich von Nord nach Süd die Kordilleren, ein Hochgebirge, das teilweise bis an die Küste des Pazifischen Ozeans reicht.

Riesige Ströme, die zu den längsten der Welt gehören, durchfließen ausgedehnte Tiefländer. Die Küstenlinie Nordamerikas ist im Vergleich zu jener Südamerikas wesentlich stärker gegliedert, was sich in einer Vielzahl an Buchten, Inseln und Halbinseln widerspiegelt.

Latein- und Angloamerika

Da die Mehrzahl der Einwohner der USA und Kanadas angelsächsische Wurzeln hat, bilden beide Staaten zusammen den Kulturerdteil Angloamerika. Hier wird mehrheitlich Englisch gesprochen.

Im übrigen Teil des Doppelkontinents dominieren Spanisch und Portugiesisch, die Sprachen der ehemaligen Kolonialmächte. Auf den Inseln des Karibischen Meeres, die zu Lateinamerika zählen, herrscht eine große Sprachenvielfalt. Es wird Englisch, Französisch, Niederländisch und Spanisch gesprochen.

M2 *Nationalpark Torres del Paine/Chile*

Land	HDI (2014)	BNE pro Einwohner (2014)
USA	0,91	55 860 US-$
Kanada	0,90	43 400 US-$
Kuba	0,81	16 710 US-$
Mexiko	0,76	18 710 US-$
Peru	0,74	11 510 US-$
Brasilien	0,74	15 900 US-$
Bolivien	0,67	6 130 US-$
Haiti	0,47	1 750 US-$

M3 *Arme und reiche Länder Amerikas*

Legend (M4)

- ● 1-16 Städte
- **1-14** Staaten
- ①-⑩ Gebirge, Hochländer/Schwellen
- a-n Flüsse, Seen
- A-G Ozeane/ Meeresteile
- ⬛1-⬛8 Inseln, Halbinseln, Inselgruppen
- —— Staatsgrenze

0   1000   2000 km

M4 *Übungskarte*

M5 *Gliederung Amerikas*

Kulturerdteile
- Angloamerika
- Lateinamerika

0   2000 km

© **westermann** 8388EX_10

Grönland zu Dänemark

Nordamerika

Atlantischer Ozean

Mittelamerika

Panamá-kanal

Pazifischer Ozean

Südamerika

① Benenne die topografischen Objekte in der Übungskarte (M4, Internet).

② Ordne die Staaten in M3 den Kontinenten zu (Atlas).

③ Belege die landschaftliche Vielfalt (Gebirge, Tiefland, Inseln, Halbinseln und Flüsse) Amerikas mit Raumbeispielen. Fertige dazu eine Tabelle an (M4, Atlas).

④ a) Finde die äußersten Punkte Amerikas:
Kap Hoorn,
Kap Barrow,
Kap Branco und
Kap Prince of Wales
(Atlas, Internet).
b) Bestimme deren Lage im Gradnetz.
c) Nenne die Länder, in denen diese Orte liegen.

INFO

Mittelamerika
Mittelamerika wird der Bereich Amerikas genannt, der geografisch zu Nordamerika, kulturell aber zu Lateinamerika gehört.

M6 *Wüste in Utah/USA*

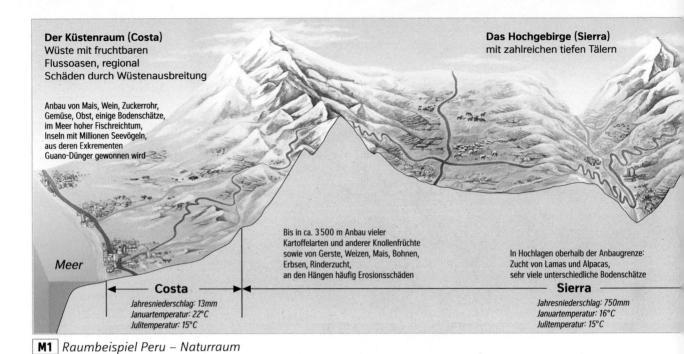

Der Küstenraum (Costa)
Wüste mit fruchtbaren
Flussoasen, regional
Schäden durch Wüstenausbreitung

Anbau von Mais, Wein, Zuckerrohr,
Gemüse, Obst, einige Bodenschätze,
im Meer hoher Fischreichtum,
Inseln mit Millionen Seevögeln,
aus deren Exkrementen
Guano-Dünger gewonnen wird

Das Hochgebirge (Sierra)
mit zahlreichen tiefen Tälern

Bis in ca. 3500 m Anbau vieler
Kartoffelarten und anderer Knollenfrüchte
sowie von Gerste, Weizen, Mais, Bohnen,
Erbsen, Rinderzucht,
an den Hängen häufig Erosionsschäden

In Hochlagen oberhalb der Anbaugrenze:
Zucht von Lamas und Alpacas,
sehr viele unterschiedliche Bodenschätze

Meer

Costa
Jahresniederschlag: 13mm
Januartemperatur: 22°C
Julitemperatur: 15°C

Sierra
Jahresniederschlag: 750mm
Januartemperatur: 16°C
Julitemperatur: 15°C

M1 *Raumbeispiel Peru – Naturraum*

Peru – gute natürliche Voraussetzungen für eine schnelle Entwicklung?

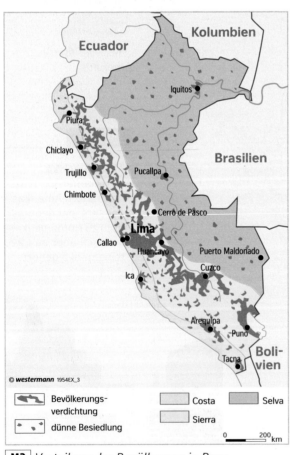

M2 *Verteilung der Bevölkerung in Peru*

Bevölkerungs-
verdichtung

dünne Besiedlung

Costa

Sierra

Selva

© *westermann* 1954EX_3

0   200 km

Gründe der Armut

Warum sind Entwicklungsländer arm? Was ist nötig, damit ein Land sich entwickeln und die Lebensbedingungen für die Menschen verbessern kann? Diese Fragen werden unter Politikern und Wissenschaftlern intensiv diskutiert. Einige Voraussetzungen und Hemmnisse für die Entwicklung eines Landes sind unumstritten, wie zum Beispiel:
- der Naturraum und seine Nutzungsmöglichkeiten,
- die ungleiche Verteilung von Armut, Reichtum und politischer Macht,
- die Einbindung des Landes in die Weltwirtschaft.

Der Naturraum und seine Nutzungsmöglichkeiten

Der Naturraum ist eine entscheidende Ressource für die Entwicklung eines Landes. Neben den klimatischen Verhältnissen, die entscheidend für die Möglichkeit des Anbaus von Nutzpflanzen sind, spielen auch das Relief, die hydrologischen und geologischen Verhältnisse sowie die Böden eine entscheidende Rolle. Nicht zuletzt hängt das Entwicklungspotenzial auch maßgeblich vom Vorhandensein von Bodenschätzen ab. Diese werden oft auf dem Weltmarkt verkauft, um entsprechende Einnahmen zu erzielen. Nicht selten sind Entwicklungsländer aber selbst nicht in der Lage, diese im eigenen Land zu verarbeiten.

100800-230
www.diercke.de

100800-232
www.diercke.de

100800-235-5
www.diercke.de

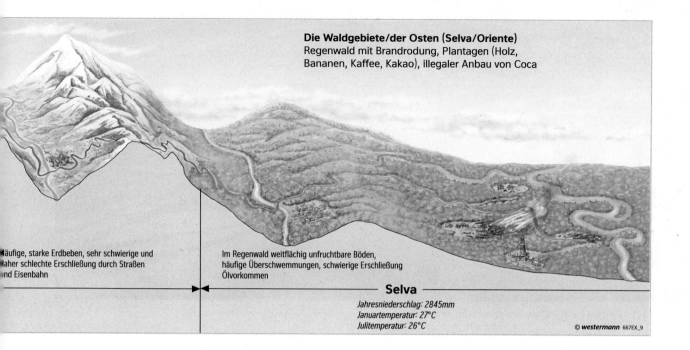

Die Waldgebiete/der Osten (Selva/Oriente)
Regenwald mit Brandrodung, Plantagen (Holz, Bananen, Kaffee, Kakao), illegaler Anbau von Coca

äufige, starke Erdbeben, sehr schwierige und aher schlechte Erschließung durch Straßen und Eisenbahn

Im Regenwald weitflächig unfruchtbare Böden, häufige Überschwemmungen, schwierige Erschließung Ölvorkommen

Selva

Jahresniederschlag: 2845mm
Januartemperatur: 27°C
Julitemperatur: 26°C

© **westermann** 667EX_9

Der Andenstaat Peru ist faszinierend: Im tropischen Regenwald locken Inkastädte, in den Anden befinden sich der höchste See und die höchste Eisenbahn der Welt. An der Küste verläuft die Panamericana, die „Traumstraße der Welt", an der sich in dicht besiedelten Oasen die Küstenstädte reihen.

Im Hochgebirge, an den steilen Berghängen und in den fruchtbaren Tälern, lebt der größte Teil der Bevölkerung. Dies sind überwiegend Indios, die Spanisch und oft auch ihre eigene Sprache Quechua sprechen.

Im Osten erstrecken sich an den Zuflüssen des Amazonas Regenwälder. Hier leben einige Indianerstämme, die Ureinwohner Amazoniens. Es kommen aber auch immer mehr Bewohner der Küste und des Hochlandes hierher: Siedler in der Hoffnung auf Land oder Arbeitskräfte, die in der Holzindustrie oder der Erdölförderung arbeiten.

M3 *Reiseinformationen zu Peru*

Redaktionssitzung
Auftrag: Schreibt einen Zeitungsartikel über die Entwicklungsmöglichkeiten des Landes Peru. Bildet dafür eine Redaktion (vier Personen, die für den Inhalt des gesamten Artikels verantwortlich sind). Jedes Redaktionsmitglied recherchiert auf jeweils einer Doppelseite (126/127 bis 132/133) dazu Informationen und bringt sie anschließend in der Redaktionssitzung ein.

Wirtschaftliche Nutzung	Wichtige natürliche Voraussetzungen für eine Nutzung
Landwirtschaft	fruchtbarer Boden, günstige Temperaturen, ausreichend lange Wachstumszeit, (ganzjährig) genügend Niederschlag, Bewässerungsmöglichkeiten, genügend flache beackerbare Fläche
Fischerei	fischreiche Gewässer
Bergbau/ Industrie	Bodenschätze wie Erdöl; Möglichkeiten für den Ausbau einer guten Infrastruktur, z. B. schiffbare Flüsse; Zugang zum Meer (kein Binnenland)
Tourismus	„tourismusfreundliche" Temperatur- und Niederschlagsverteilung, Seen und Küsten mit Stränden und angenehme Wassertemperaturen

M4 *Natürliche Nutzungsvoraussetzungen*

① Stelle in Tabellenform Informationen zum Naturraum Perus und dessen Nutzung zusammen (M1, M3, M4).

② Vergleiche den Naturraum Perus mit dem der Schweiz. Bewerte die Bedeutung des Naturraums für die Entwicklung eines Landes.

M1 Felder in den peruanischen Anden

Zu wenig Land für zu viele Menschen?

„Herr Dominguez, Sie sind lange als landwirtschaftlicher Berater tätig gewesen. Wo liegt das Kernproblem in den ländlichen Gebieten?"

„Es ist nicht nur ein Problem, es ist ein Netz von Problemen. Da ist zum einen die ungleiche Besitzverteilung: In Peru, wie in anderen Entwicklungsländern, wird der größte Teil des Nutzlandes oft von großen Farmen oder Plantagen bewirtschaftet. Sie gehören internationalen Firmen oder Großgrundbesitzern, die mit modernen Anbaumethoden arbeiten und für den Export und den **Weltmarkt** produzieren. Die Millionen von Kleinbauern besitzen meist nur wenig Land, das sie mit einfachsten Mitteln wie Hacke oder Grabstock bearbeiten. Da die Ernteerträge oft sehr gering sind, leben viele Bauern in großer Armut."

„Können die Leute nicht mehr Land bekommen?"

„Die Bevölkerung wächst und die Nutzfläche ist nicht mehr erweiterbar. So wird der **Bevölkerungsdruck** immer größer. Jedes verfügbare Fleckchen wird genutzt, selbst in ungünstigen Lagen. Arbeitsplätze in der Industrie fehlen außerdem komplett, da sich die Betriebe aufgrund der schlechten Standortfaktoren nicht auf dem Land ansiedeln."

„Aber viele Menschen wandern doch ab?"

„Ja, vor allem junge Menschen, die lesen und schreiben können, werden geradezu gezwungen, ihre Heimat in Richtung der großen Städte zu verlassen, wenn sie die Chance auf einen Beruf nutzen wollen. Die negativen Faktoren, die zur **Landflucht** führen, nennen wir **Pushfaktoren** (abstoßende Faktoren). Durch die Abwanderung der gebildeten Jugend werden die Unterschiede zwischen Stadt und Land immer größer."

„Führt das nicht zu Unzufriedenheit in der Bevölkerung?"

„In einigen Gebieten gab es schon Aufstände und Demonstrationen. Viele Menschen wünschen sich eine **Landreform**, bei der das Land der Großbetriebe an die landlose Bevölkerung verteilt wird. Zwar hätten die Menschen dann kleine Ländereien, aber diese könnten sie nicht so ertragreich bewirtschaften wie vorher die großen Firmen. Daher raten wir den Kleinbauern, Genossenschaften zu gründen."

INFO

Landwirtschaftliche Genossenschaft

Eine landwirtschaftliche Genossenschaft ist ein Zusammenschluss mehrerer Bauern. Sie kaufen gemeinsam die Produktionsmittel ein (z. B. Dünger, Saatgut, Maschinen), leihen untereinander Maschinen aus, helfen sich gegenseitig bei der Feldarbeit und verkaufen ihre Produkte manchmal auch gemeinsam. Auch Kredite lassen sich unter dem Dach einer Genossenschaft leichter besorgen.

In Deutschland wurde 1847 die erste landwirtschaftliche Genossenschaft von Friedrich Wilhelm Raiffeisen gegründet.

Familie Lucero lebt in dem kleinen Dorf in der Nähe der Andenstadt Cuzco. Die Eltern und ihre drei Kinder (10, 6, 2 Jahre) besitzen vier Schafe und zwei Lamas sowie drei Hektar karges Land an den Berghängen. Hier bauen sie Mais, Weizen, Kartoffeln und etwas Gemüse an. Frau Lucero hofft, dass sie zunächst einmal ihre Kinder satt bekommt. Nur selten bleibt etwas übrig, was sie auf dem Markt verkaufen oder eintauschen kann: manchmal einige Maiskolben oder etwas Gemüse. Immer wieder kommt es zu Ernteausfällen, entweder weil ein Starkregen das Feld ins Rutschen gebracht hat oder wegen eines Dürrejahres. Frau Lucero hat seit einem Jahr eine Stelle in einem Hotel im zweieinhalb Gehstunden entfernten Cuzco. Dort arbeitet sie dreimal in der Woche in der Küche und im Haus. Seitdem können die beiden älteren Kinder nicht täglich zur Schule gehen, weil sie auf dem Hof helfen und die Zweijährige beaufsichtigen müssen. Das Ehepaar hofft, dass es der Familie gelingt, nicht weiter zu verarmen wie viele der benachbarten Familien. Dazu müsste die zehnjährige Maria allerdings spätestens mit 14 Jahren eine Stelle als Hausmädchen in Cuzco annehmen. Mit dem Geld, das sie nach Hause schicken würde, könnten die beiden anderen Kinder vielleicht eine bessere Ausbildung erhalten.

Maria

M2 *Im peruanischen Andenhochland: Familie Lucero*

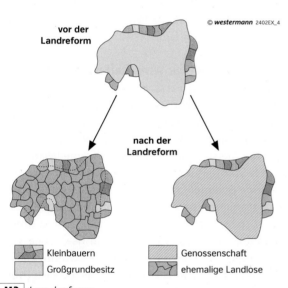

© **westermann** 2402EX_4

vor der Landreform

nach der Landreform

- ▨ Kleinbauern
- ▥ Großgrundbesitz
- ▤ Genossenschaft
- ▧ ehemalige Landlose

M3 *Landreform*

M4 *Kleinbauern beim Anbau von Gemüse*

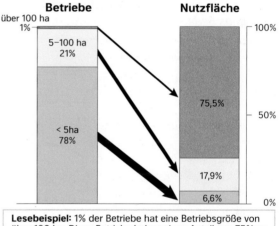

Betriebe

über 100 ha 1%

5–100 ha 21%

< 5ha 78%

Nutzfläche

100%

75,5%

50%

17,9%

6,6%

0%

Lesebeispiel: 1% der Betriebe hat eine Betriebsgröße von über 100 ha. Diese Betriebe haben einen Anteil von 75% an der landwirtschaftlichen Nutzfläche des ganzen Landes.

© **westermann** 649EX_2

M5 *Besitzverteilung in der Landwirtschaft*

① Nenne Vor- und Nachteile von Genossenschaften.

② „Die Besitzverhältnisse in der Landwirtschaft sind in Peru ein Entwicklungshindernis." Finde Argumente für und gegen diese Aussage.

③ Maria soll mit 14 Jahren als Hausmädchen arbeiten. Beurteile den Plan aus deiner Perspektive und aus der Perspektive ihrer Familie (M2).

④ Ist Arbeit von Jugendlichen in Deutschland mit der Situation von Maria vergleichbar? Begründe.

Urteil

Bevölkerung

Arbeitsplätze in der Industrie

Internetnutzer

Ausgaben für Elektrizität und Telefon

Autos

öffentliche Ausgaben

Import / Export

BNE

0 20 40 60 80 100

Lima   übriges Land   Anteile in %

© westermann 788EX_6

M1 *Limas Bedeutung innerhalb Perus; Barriada (Slum) am Stadtrand von Lima*

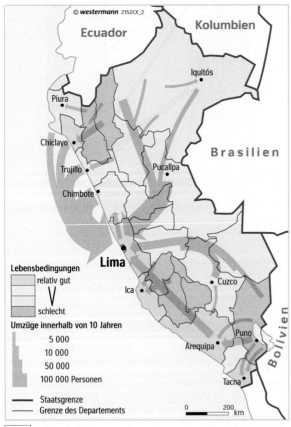

Ecuador

Kolumbien

Iquitós

Piura

Chiclayo

Brasilien

Trujillo

Pucallpa

Chimbote

Lima

Lebensbedingungen

relativ gut

schlecht

Ica

Cuzco

Umzüge innerhalb von 10 Jahren

5 000

10 000

50 000

100 000 Personen

Puno

Arequipa

Bolivien

Staatsgrenze

Grenze des Departements

Tacna

0   200 km

© westermann 2152EX_2

M2 *Die wichtigsten Wanderungsströme innerhalb Perus im Zusammenhang mit den Lebensbedingungen*

Städte – Magnete für Wirtschaft und Bevölkerung?

In Peru spielt sich das wirtschaftliche, politische und kulturelle Leben, wie auch bei uns, hauptsächlich in den Städten ab. Dort befinden sich die Behörden, die einflussreichen Medien, die Banken und die meisten Unternehmen. Für die Wirtschaft bieten Städte günstige **Standortfaktoren**. So gibt es zum Beispiel bessere Verkehrsanbindungen, eine stabilere Energieversorgung, mehr ausgebildete Arbeitskräfte und die Nähe zu anderen Unternehmen. Die Arbeitsplatz-, Bildungs- sowie Versorgungs- und Freizeitangebote der Städte ziehen Arbeitskräfte an, was wiederum für die Unternehmen vor Ort vorteilhaft ist.

Lima ist der größte Absatzmarkt für Produkte innerhalb Perus. Daher konzentrieren sich dort auch die Niederlassungen internationaler Unternehmen. Die meisten Menschen, die vom Land in die Stadt ziehen, finden dort meistens keine Arbeit. Ihnen bietet der **informelle Sektor** Einkommens- und Versorgungsmöglichkeiten, die es auf dem Land nicht gibt. Viele Menschen kommen mit großen Hoffnungen in die Städte. Auch wenn sie sich nicht alle erfüllen, sind die Menschen hier doch stärker an der Entwicklung beteiligt als in den Dörfern, aus denen sie kommen. Durch starken Zuzug überragt Lima in der Bevölkerungszahl sowie der politischen und wirtschaftlichen Macht alle anderen Städte, Lima ist eine **Primatstadt** innerhalb Perus.

100800-230
www.diercke.de

100800-229-6
www.diercke.de

M3 *Miraflores („wunderbare Blumen") heißt eines der Stadtviertel in Lima für die wohlhabende Bevölkerung. Hier wohnen Regierungsbeamte und leitende Mitarbeiter nationaler und internationaler Firmen.*

Soziale Unterschiede prägen die Stadt

In vielen Großstädten der Entwicklungsländer lässt sich durchaus ein angenehmes Leben führen: In Miraflores, einem Stadtviertel in Lima, gibt es Fußgängerzonen, Parks, klimatisierte Apartments mit Swimmingpools, Kinos und Einkaufszentren. Hier lebt ein relativ kleine, wohlhabene Oberschicht.

José, dessen Eltern vor zwölf Jahren mit ihm nach Lima gekommen sind, lebt nicht hier. Die Wohnungen, aber auch die Sport- und Kulturangebote könnte sich seine Familie nicht leisten. Josés Vater hat hier aber Arbeit gefunden. Er ist Hausmeister in einem der abgeschlossenen Apartmentblocks. Josés Mutter arbeitet in der Verwaltung einer solchen Anlage. Sie hat sich neben der Arbeit immer weiter qualifiziert und ist jetzt froh über eine feste Stelle. José hilft beiden Eltern am Nachmittag aus. Nach Abschluss der Schule möchte er Elektriker

werden und ebenfalls eine Arbeit in einer dieser Wohnanlagen bekommen. Die feste Anstellung seiner Eltern hat die Lebensbedingungen der Familie entscheidend verbessert. Vorher versuchten beide, mit Gelegenheitsjobs im informellen Sektor Geld zu verdienen. Sie lebten, wie zwei Millionen andere Menschen, in einer engen Hütte in einer Barriada (Slum) am Stadtrand Limas. Dort gab es kein fließendes Wasser und Strom nur unregelmäßig, aber die Nachbarn hatten einen alten Fernseher, durch den die Glitzerwelt von Miraflores und die Stars und Sternchen der Telenovelas in ihre Hüttensiedlung kamen. Jetzt lebt die Familie in einer kleinen Wohnung in der Nähe eines Gewerbegebiets. Sie haben zwei Zimmer, ein Bad und eine Küche. Die neuesten Errungenschaften sind ein eigener Fernseher und ein Kühlschrank in der Küche. Der Umzug in die Stadt hat sich gelohnt.

① Erläutere die Bedeutung Limas innerhalb des Landes (M1).

② Setze die Bevölkerungsentwicklung Limas in ein Säulendiagramm um: 1975: 3,7 Mio., 1990: 6,4 Mio., 2015: 10,5 Mio.

③ Erkläre die Bevölkerungsentwicklung in Lima. Berücksichtige dabei die Push- und Pullfaktoren (M2).

④ Der Onkel von José lebt noch auf dem Land. Er betreibt Landwirtschaft, die ihm und seiner Familie das Überleben gerade so sichert. Vor dem Leben in einer Stadt fürchtet er sich. Stelle Argumente für und gegen einen Umzug nach Lima zusammen.

M1 | *Kathedrale in Cuzco*

Folgen der Kolonialzeit

Die weitaus meisten Entwicklungsländer waren bis ins 20. Jahrhundert hinein Kolonien europäischer Staaten. Während der Kolonialzeit wurde ihre Entwicklung von Europa aus bestimmt. In einigen Fällen hatte das positive Auswirkungen. So wurde zum Beispiel eine Infrastruktur aufgebaut.

Meistens sahen die Kolonialmächte ihre Kolonien jedoch nur als günstige Rohstofflieferanten: Die Briten richteten zum Beispiel in Asien Plantagen ein, auf denen Tee, Kaffee oder Baumwolle für Europa angebaut wurden. Spanier und Portugiesen errichteten zahllose Bergwerke in Lateinamerika, um die Bodenschätze, vor allem Gold und Silber, auszubeuten. Arbeitskräfte holte man sich aus Afrika, von wo aus Millionen Menschen als Sklaven nach Amerika verschleppt wurden. Aus den Rohstoffen der Kolonien wurden in den Mutterländern Fertigwaren hergestellt, die zum Teil wieder an die Kolonien verkauft wurden. Damit dieser Handel Bestand hatte, behinderten oder verboten die Kolonialmächte den Aufbau von Industrien in den Kolonien.

So blieben den Kolonien nach ihrer Unabhängigkeit eine Wirtschaft und eine Infrastruktur, die vor allem auf den Export von Rohstoffen und den Import von Fertigwaren ausgerichtet waren.

Bis heute versuchen viele Industrieländer, sich vor dem Import von Fertigwaren aus den Entwicklungsländern zu schützen. Fertigwaren werden mit höheren Zöllen belegt als Rohstoffe. So müssen an der EU-Grenze für Rohkakao 0,5 Prozent vom Warenwert an Zoll bezahlt werden, für Schokolade aber 30,6 Prozent.

Zu wenig Geld für wertvolle Rohstoffe

Peru verfügt nur über wenige eigene Industrien. Das Land liefert vorwiegend Rohstoffe für den Weltmarkt, vor allem Zink und Kupfer. Fast alle Industriewaren müssen aus Industrieländern importiert werden. Die **Terms of Trade** (Tauschverhältnis von Ein- und Ausfuhr) sind für Peru sehr ungünstig. Die Preise für Rohstoffe sind in den letzten Jahrzehnten weniger schnell gestiegen als die Preise für Industriewaren wie Maschinen, Autos und Elektrogeräte. Peru erhält also für seine Ausfuhrgüter immer weniger Einfuhrgüter. Um seine Entwicklung voranzutreiben, braucht Peru diese Industriegüter aber. Deshalb musste Peru bei den Industrieländern Schulden machen. Dadurch hat die **Auslandsverschuldung** über Jahre immer weiter zugenommen. Nicht nur Peru, auch andere Entwicklungsländer, die auf diese Weise Schulden gemacht haben, halten dies für ungerecht. Sie sagen: „Die Industrieländer leben auf unsere Kosten." Mittlerweile sind jedoch die Preise für Zink- und Kupfererze aufgrund großer Nachfrage gestiegen. Die Abhängigkeit aber bleibt.

100800-232
www.diercke.de

M2 *Minenstadt La Oroya*

in Milliarden US-$

© **westermann** 6902EX_5

M5 *Peru – die Last der Schulden drückt.*

Peru – Wirtschaftsaufschwung geht weiter

Trotz der globalen Wirtschafts- und Finanzkrise konnte Peru (...) ein positives Wirtschaftswachstum verzeichnen. Bau- und Finanzsektor gehörten zu den Wachstumsmotoren. Nach Informationen des Ministeriums für Bergbau und Energie stiegen die Investitionen der großen Bergbaukonzerne um etwa 62 Prozent. Trotz der seit sieben Jahren andauernden Wachstumsphase und des Bergbaubooms ist es der Regierung nicht gelungen, die Armut spürbar zu reduzieren. Anlass zur Kritik bieten vor allem die niedrigen Förderabgaben und die ungenügende Beteiligung der Bergbauregionen an den Gewinnen. Dadurch sind die Armutsraten gerade in den Regionen extrem hoch, die den Exporterfolg Perus generieren.

(Quelle: Fischer Weltalmanach 2011)

M3 *Armut trotz Wirtschaftswachstum*

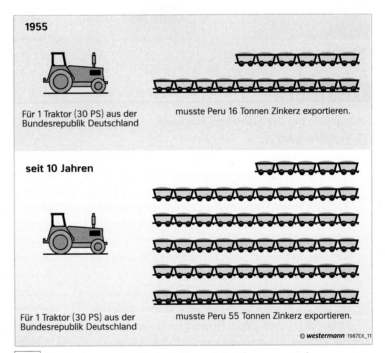

1955

Für 1 Traktor (30 PS) aus der Bundesrepublik Deutschland

musste Peru 16 Tonnen Zinkerz exportieren.

seit 10 Jahren

Für 1 Traktor (30 PS) aus der Bundesrepublik Deutschland

musste Peru 55 Tonnen Zinkerz exportieren.

© **westermann** 1987EX_11

M4 *Veränderung der Rohstoff- und Fertigwarenpreise*

Kommunikation

① Fertige eine Faustskizze zu Peru mit den wichtigsten Lagerstätten der Rohstoffe und den bedeutendsten Verkehrsverbindungen des Landes an (Atlas).

② Recherchiere aktuelle Daten zur Wirtschaft Perus (Atlas, Internet).

③ Erkläre die Probleme der wirtschaftlichen Entwicklung Perus (Partner A: Terms of Trade Partner B: die koloniale Vergangenheit, Schulden).

④ Erstelle einen Beitrag für eine Schülerzeitung über diese Probleme sowie zu Maßnahmen, mit denen die wirtschaftliche Entwicklung Perus von Europa aus unterstützt werden kann.

133

Eine Fishbowl-Diskussion durchführen

Durch die Arbeit in der Redaktionskonferenz (Thema: Entwicklungsmöglichkeiten Perus, siehe S. 127) seid ihr sehr gut vorbereitet für die folgende Fishbowl-Diskussion (Fishbowl = Aquarium). Der Begriff Fishbowl verdeutlicht, dass die Diskutierenden – vergleichbar mit Fischen in einem Aquarium – von den nicht teilnehmenden Schülern intensiv beobachtet werden. Allerdings kann jeder Beobachter auch „in die Fishbowl" gehen und damit Teilnehmer der Diskussion werden (siehe Schritt 2). Wenn jeder Beobachter eine Redekarte erhält, die er, wenn er in die Fishbowl geht, abgibt, ist gewährleistet, dass alle Schüler im Verlauf mindestens einmal aktiv an der Diskussion teilgenommen haben.

M1 *Sitzordnung Fishbowl*

① Der Staatspräsident Perus hat zu einer Konferenz in die Hauptstadt Lima eingeladen, um die weitere Entwicklung des Landes zu besprechen. Er hat Teilnehmer aus allen Bevölkerungsgruppen und verschiedenen Institutionen versammelt. Einige Meinungen zum Thema findest du auf S. 135. Führt die Diskussion mithilfe der Fishbowl-Methode durch.

METHODE

Vorgehen bei der Fishbowl-Methode

1. Vorbereitung
→ Bestimmt einen Diskussionsleiter.
→ Bildet anschließend sieben Gruppen und wählt jeweils eine der auf S. 135 dargestellten Personen aus, mit deren Meinung zur Entwicklung Perus ihr euch auseinandersetzen wollt. Bei Bedarf zieht weitere Informationsquellen wie Zeitungen oder das Internet hinzu. Stellt wichtige Argumente in Stichworten zusammen.
→ Abschließend bestimmt jede Gruppe einen Schüler, der sie in der Diskussion vertritt und dabei die Rolle der ausgewählten Person übernimmt.
→ Die übrigen Schüler benötigen für die Diskussion Notizpapier.
→ Dem Diskussionsleiter sollten die Meinungen aller Diskussionsteilnehmer vertraut sein.
→ Ordnet abschließend die Stühle im Klassenraum wie in M1 an.

2. Durchführung
→ Die Diskussionsleitung führt in das Thema ein und ist für den geregelten Verlauf der Diskussion verantwortlich.
→ Die Diskussionsteilnehmer achten darauf, sich aufeinander zu beziehen.
→ Die Schüler, die nicht Vertreter ihrer Gruppe sind, machen sich Notizen zu den aufgeführten Aspekten.
→ Diese Schüler können sich auch an der Diskussion beteiligen. Dazu setzt sich ein Schüler aus dem Außenkreis auf den freien Stuhl im Innenkreis. Die Person, die gerade spricht, darf ihre Ausführungen noch beenden. Anschließend kann der hinzugekommene Schüler seinen Diskussionsbeitrag leisten. Danach macht er den Stuhl wieder frei.
→ Wer den Innenkreis verlässt, kann zurückkehren, sobald der Stuhl wieder frei ist.

3. Auswertung
Bewertet folgende Aspekte der Diskussion
→ Einhaltung der Diskussionsregeln
→ Moderation der Diskussion durch den Diskussionsleiter
→ Nutzung des freien Stuhls zum Mitdiskutieren
→ Aufeinandereingehen der Diskussionsteilnehmer
→ Sachlichkeit der Diskussionsbeiträge

Staatspräsident

Peru muss den begonnenen, erfolgreichen Weg weiter beschreiten. Das heißt, dass wir weiter auf den Export unserer Schätze Gold, Kupfer und Gas setzen und mit den Einnahmen den Wohlstand des gesamten Volkes verbessern. Wir werden auch weiter die Produkte unserer Fischereiwirtschaft weltweit verkaufen. Ganz besonders stolz sind wir auf unsere Freihandelsabkommen mit den größten Wirtschaftsmächten der Welt, den USA und China.

Herr Gonzales, Minenbesitzer:

Der Staat sollte uns Minenbesitzer mehr unterstützen, denn wir bringen ja einen Großteil der Einnahmen des Landes. Dazu gehört, dass wir weniger oder keine Steuern bezahlen müssen. Außerdem sind die ökologischen Auflagen viel zu streng und teuer. Der Staat muss entscheiden, ob er mehr Dollar möchte, um das Land voranzubringen oder lieber zufriedene Pumas und Skorpione.

Anna Romero, Transparency International (NGO, die sich gegen Korruption einsetzt):

Peru hat immer noch große Probleme mit der Korruption. Beamte in den Ministerien werden bestochen, die dann großzügig gegenüber den Konzernen der Bergbauwirtschaft sind. Steuern werden für Dinge verwendet, die vor allem den regierenden Personen, Parteien und Lobbygruppen zugute kommen wie beim Neubau von Ministerien. Das Steuersystem muss vereinfacht und transparent gemacht werden. Erst wenn die Bestechlichkeit bekämpft wird, können die Entwicklungspotenziale Perus wirklich ausgeschöpft werden.

Frau Orchoa, Bürgermeisterin von La Oroya:

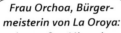

Trotz der großen Minen in unserer Umgebung, die vielen Menschen Arbeit bringen, hat sich unsere Stadt in den letzten 30 Jahren kaum entwickelt. In unserem alten Krankenhaus werden mehr Menschen mit Asthma, Nierenkrankheiten und Krebs behandelt. Der Chefarzt meint, die Umweltbedingungen seien Schuld: schlechte Luft, verseuchtes Wasser, Chemikalien und Gifte, die in den Minen verwendet werden. Wir brauchen eine bessere Verteilung der Einnahmen aus den Minen.

Frau Rosas, Tourismusministerin:

Die vielseitige Schönheit unseres Landes sollten wir noch verstärkt nutzen, um Touristen und damit ihr Geld in unser Land zu holen. Ich werde eine Initiative starten, deren Ziel es ist, in den besonders attraktiven Küstenorten rund 20000 neue Hotelbetten zu schaffen. In den Gebirgen gilt es vor allem, die Verkehrsmöglichkeiten auszubauen, um eine bessere Erreichbarkeit zu gewährleisten. Das bedeutet den Bau von Autobahnen, den Ausbau und die Modernisierung des Schienennetzes und die Installation weiterer Bergbahnen.

Maria, 12 Jahre:

Ich wünsche mir, dass meine Geschwister und ich immer in die Schule gehen können. Leider müssen wir oft unseren Eltern helfen. Aber ich will später mal Krankenschwester werden. Nur haben meine Eltern kein Geld für die Schule. Vielleicht kann uns der Staat ja helfen. Jedes Kind müsste das werden dürfen, was es möchte.

Herr Sirato, Kleinbauer:

Die Preise für unsere Produkte schwanken stark. Viele von uns Kleinbauern können aber oft gar keinen Überschuss zum Verkauf erwirtschaften. Das heißt, dass nur die Großunternehmen und Großgrundbesitzer wirklich von den Marktpreisen profitieren, während die meisten von uns ums Überleben kämpfen. Hier muss die Regierung Gesetze schaffen, dass die zum Teil verschuldeten Kleinbauern nicht noch ihr Land für wenig Geld an die Großunternehmen verscherbeln müssen. Ich wünsche mir, dass die Regierung uns mit günstigen Krediten aushilft. Dann können auch wir in technische Geräte investieren.

M2 Konferenzteilnehmer

M1 *Lage der Great Plains; Ernte*

Ackerbau in den Great Plains

Die Kornkammer der USA ist gefährdet

Ursprünglich waren die Great Plains eine Steppenlandschaft, in der überwiegend Gras wuchs. Farmer pflügten es und legten auf dem fruchtbaren Boden Felder an. Heute gelten die Great Plains als die „Kornkammer der USA". Hier werden überwiegend Weizen und Mais angebaut.

In den Great Plains fallen nur geringe Niederschläge. Deshalb gibt es oft Dürren. Weil die natürliche Grasdecke zerstört ist, trocknet der Boden während der Dürreperioden aus. Der Wind hat freie Bahn und trägt den fruchtbaren Ackerboden fort. Es kommt zur Bodenerosion.

Besonders schlimm war es im Mai 1934, als Millionen Tonnen Ackerboden bis in den Atlantik geweht wurden. Dichter Staub verdunkelte auf einer Strecke von 3000 km den Himmel. In den Dürrejahren 1930 bis 1935 verloren etwa 650000 Farmer auf rund 400000 km² Land ihre Existenzgrundlage.

Das Gebiet ist auch heute noch die „Staubschüssel Amerikas" („Dust Bowl"), ein durch Bodenerosion besonders gefährdetes Gebiet. Zehn Prozent der landwirtschaftlichen Nutzfläche sind hier bereits verloren gegangen.

Der Ackerbau in den USA bringt hohe Erträge. Es werden moderne Bewässerungs- und Bodenbearbeitungstechniken sowie spezielles Saatgut, Dünger und Pflanzenschutzmittel eingesetzt.

Weil viele Farmer diese modernen Anbautechniken nutzen, können hohe Ernteerträge erzielt werden. Es kommt zur Überschussproduktion. Dadurch sinken die Preise für die landwirtschaftlichen Erzeugnisse. Weil in der Folge auch die Verdienste zurückgehen, sind viele Besitzer von kleinen Farmen gezwungen, ihre Betriebe aufzugeben.

INFO

Great Plains

Die Great Plains (Große Ebenen) sind trockene Graslandschaften in Nordamerika. Sie reichen von Kanada im Norden bis nach Südtexas und von den Rocky Mountains im Westen bis ungefähr zum 100. Längengrad in der Mitte der USA. Die Great Plains sind etwa 1,3 Mio. km² groß.

M2 *Staubsturm nahe Phoenix, Arizona*

Armut und Reichtum

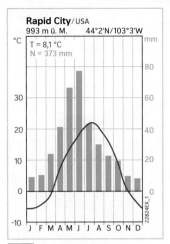

M6 *Klimadiagramm Rapid City, South Dakota*

M3 *Karussellbewässerung*

Konturpflügen: Durch Pflügen parallel zum Hang wird der Wasserabfluss gestoppt. Das Wasser versickert im Boden.
Strip Cropping: Zeitlich unterschiedlich reifende Früchte werden auf streifenförmigen Feldern angebaut. Der Wind hat somit weniger Angriffsfläche.
Cover Crops: Bodendeckende Zwischenfrüchte wachsen auf freien Ackerflächen. Die Wurzeln halten den Boden.
Windschutzstreifen: Büsche und Bäume werden quer zur Windrichtung gepflanzt.

M4 *Maßnahmen zum Schutz des Bodens*

gutes Farmland + viel Geld + Einsatz moderner Errungenschaften + Bewässerung = ertragreiche und intensive Landwirtschaft

Voraussetzung für den Anbau sind gute Böden, die durch Düngen noch verbessert werden.	Verbilligte Kredite und andere Vergünstigungen werden den Farmern von den Banken und dem Staat gewährt.	Leistungsfähiges Saatgut, Pflanzenschutzmittel, Dünger und Technik werden eingesetzt.	Zusätzliches Bewässerungswasser zum Niederschlagswasser ist eine Voraussetzung für hohe Erträge.	Das Land ist die Kornkammer der USA und ein weltweites Zentrum der Weizenproduktion.

© **westermann** 33562EX

M5 *Voraussetzungen einer produktiven Landwirtschaft in den Great Plains*

① Beschreibe die Lage (M1, Atlas)
a) der Great Plains,
b) von Rapid City.

② a) Werte M6 aus.
b) Vergleiche M6 mit M7 auf S. 83 (Klimadiagramm Potsdam).

c) Bewerte jeweils das Klima für die landwirtschaftliche Eignung.

③ Erkläre, warum die Great Plains als „Kornkammer der USA" bezeichnet werden (M5).

④ Wähle aus:
• Beschreibe Probleme des Ackerbaus in den Great Plains (M2, M6).
• Erstelle eine Mindmap zu den Problemen des Ackerbaus in den Great Plains (M2, M6).
• Erläutere die Aussage von Farmern in den Great Plains: „No rain, no gain, much pain."

⑤ Begründe, warum die in M3 – M5 dargestellten Maßnahmen zu Überschussproduktion führen können.

⑥ Beurteile die Veränderungen in der Landwirtschaft in den Great Plains (M3 – M5).

System

USA	17 419
China	10 380
Japan	4 616
Deutschland	3 860
Großbritannien	2 945
Frankreich	2 846
Brasilien	2 353
Italien	2 147
Indien	2 050
Russland	1 857

M1 *Boeing-Werk in Everett, Washington; rechts: Länder mit dem höchsten BIP 2014 (in Mrd. US-Dollar)*

Wirtschaftsmacht USA – eine Erfolgsstory für alle?

Entwicklung der Wirtschaft

Nach dem Zweiten Weltkrieg setzte in den USA ein wirtschaftlicher Aufschwung ein. Staatsaufträge bewirkten einen Boom der Rüstungs- und Flugzeugindustrie. In den 1970er-Jahren verloren die USA ihre Vormachtstellung in einigen Wirtschaftszweigen. Gestiegene Rohstoffpreise und die japanische Konkurrenz leiteten eine Krise in der Stahl-, Auto- und Elektroindustrie ein. Betriebsstilllegungen führten zur Deindustrialisierung traditioneller Produktionsstandorte. In den 1980er-Jahren begann der Prozess der **Tertiärisierung**. Im Dienstleistungssektor entstanden neue Arbeitsplätze. Die Krise der Industrie konnte nicht behoben werden. Außenhandelsdefizit und Staatsverschuldung nahmen zu.

Anfang der 1990er-Jahre begann mit dem Übergang zur Informationsgesellschaft eine erneute wirtschaftliche Boomphase. Bedeutende Erfindungen und staatliche Förderprogramme trugen zur Gründung von Unternehmen bei. Im Frühjahr 2000 sank die Arbeitslosenrate auf ihren historischen Tiefstand. Die Losung lautete: „Amerika is back." In den 2000er-Jahren wurden Fertigungsprozesse verstärkt in Schwellen- und Entwicklungsländer verlagert. Der sekundäre Sektor verlor weiter an Bedeutung. Trotz vieler Probleme und zunehmender Konkurrenz ostasiatischer Länder sind die USA auch heute noch die bedeutendste Wirtschaftsmacht der Welt.

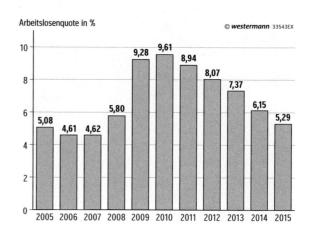

M2 *Entwicklung der Arbeitslosigkeit in den USA*

- große Flächen fruchtbaren Bodens, Bodenschatzreichtum
- Einwanderer bilden ein großes Potenzial an qualifizierten, leistungsbereiten und mobilen Arbeitskräften
- Kreativität der Erfinder und Einfallsreichtum der Techniker
- freie Entwicklung der Wissenschaften
- günstige Gesetzgebung für Wirtschaft und Forschung
- Risikobereitschaft von Kapitalgebern und Unternehmern
- hohe Investitionen in Forschung und Entwicklung

M3 *Gründe für die wirtschaftliche Entwicklung*

Armut und Reichtum

1	Apple (USA)	IT	560
2	Exxon (USA)	Öl	432
3	Google (USA)	Internetservices	390
4	Microsoft (USA)	Software / IT	344
5	Berkshire H. (USA)	Investmentbranche	312
6	Johnson & Johnson (USA)	Kosmetik	295
7	Walmart (USA)	Einzelhandel	272
8	Dutch Shell (NL)	Öl	269
9	General Electric (USA)	Elektrotechnik	263
10	Roche (SUI)	Chemieindustrie	256

M4 *Brennpunktviertel in Milwaukee*

M6 *Wertvollste Unternehmen (Börsenwert 2014; in Mrd. US-Dollar)*

Glänzende Aussichten für die amerikanische Wirtschaft. Das Wachstum – bei satten 3%. Die Börse – auf Rekordjagd. Die Arbeitslosenquote – so niedrig wie seit Jahren nicht mehr. Die nackten Zahlen klingen toll – doch die Realität sieht für die Mehrheit der Bevölkerung [...] gar nicht so rosig aus. Wie jeden Morgen steht Leah Lipska um 5 Uhr auf. Ihr Mann und die drei Kinder schlafen noch, wenn sie sich auf den Weg zur Arbeit macht. Eine Stunde Fahrt liegt vor ihr. Die 33-Jährige ist im öffentlichen Dienst des US-Bundesstaates Wisconsin beschäftigt, sie vermarktet die Produkte, die Häftlinge im Knast herstellen. Ein Vollzeit-Job – der hier nicht ausreicht, um eine fünfköpfige Familie zu ernähren. Leah parkt ein paar Straßen vom Büro-Parkplatz entfernt. Denn Parkgebühren gehören zu den vielen Dingen, die sich die Alleinverdienerin nicht leisten kann: „Das sind zwölf Dollar, die ich lieber in Milch und Brot investiere, als fürs Parken auszugeben."

Die Zeiten, in denen eine Stelle reichte, um über die Runden zu kommen, sind vorbei. Achteinhalb Stunden später – der erste Job ist geschafft. Ein Zweitjob beim Schulamt füllt die Familienkasse etwas auf. Überall in den USA haben Familien dasselbe Problem wie die Lipskas: Seit Jahren dümpeln Löhne und Gehälter vor sich hin. Während gleichzeitig Lebenshaltungskosten enorm gestiegen sind. Deshalb ist Leah auf Essensmarken angewiesen. „Die mehr als 50 Dollar im Monat extra für Brot und Milch helfen sehr. Aber die Leute schauen dich an, als wärst du abartig, wenn du mit den Marken einkaufst. Ich fühle mich furchtbar dabei, weil ich mir vorstellen kann, was die Kassierer jedes Mal denken. Wobei mir das noch egal ist. Schrecklicher ist, was die Freunde meiner Kinder denken. Was meine Kinder durchmachen müssen." Weil sie ihre Situation nicht tatenlos ertragen will, engagiert sich Leah in einer Gewerkschaft. In vielen US-Bundesstaaten, wie hier in Wisconsin, haben konservative Regierungen Tarif-Verhandlungen gesetzlich ausgehebelt. Ein Hauptgrund, warum in den USA Gehälter so stagnieren. Ich will wissen, wer alles im Bekanntenkreis Leute mit mehreren Jobs kennt.

„Und das ist mittlerweile normal?" Ja, dieser Tage ist das so. Normal ist auch, dass Leah Lipska ihre drei Kinder unter der Woche oft nur kurz vorm Zubettgehen sieht. Ehemann Mickey ist Hausmann – würden beide arbeiten, die Kinderbetreuung würde das zusätzliche Gehalt nur auffressen. Trotz aller Schwierigkeiten halten sie die Familie zusammen – aber viele Wünsche ihrer Kinder können sie nicht erfüllen. Vielleicht wäre alles anders gekommen, vielleicht hätte sie einen besser bezahlten Job, fragt sich Leah manchmal, wenn sie studiert hätte.

(Quelle: I. Zamperoni: USA: Drei Jobs zum Überleben. www.daserste.de, 19.01.2015)

M5 *Realität einer US-amerikanischen Familie in Milwaukee, Wisconsin*

❶ Beschreibe die Wirtschaftsentwicklung der USA seit dem Ende des Zweiten Weltkrieges.

❷ Begründe die Stärke der US-Wirtschaft (M3, M6, Atlas).

❸ „Wirtschaftsmacht USA – eine Erfolgsstory für alle?" Erstelle Argumentationsketten (Fakt-Argument-Schlussfolgerung) zu der Aussage (M5).

Hightechland USA

M1 *Unternehmen im Silicon Valley*

USA	26
Japan	18
Deutschland	11
Südkorea	6
Frankreich	5
China	9
Großbritannien	2
Niederlande	3
Schweiz	3

M3 *Patentanmeldungen (2014, in %)*

Konzentration von Hightech-Unternehmen

Im kalifornischen Silicon Valley haben sich inzwischen etwa 7000 Hightech-Unternehmen angesiedelt. Unter den weltweit 100 erfolgreichsten Unternehmen stammen 20 aus dem Gebiet südöstlich von San Francisco. Dazu gehören Unternehmen wie Hewlett Packard, Intel und Google.

Der entscheidende Anstoß zur Ansiedlung ging während des Zweiten Weltkrieges vom Luftwaffenstützpunkt in Palo Alto aus. Von Anfang an wurde die Stanford University in die Entwicklung neuer Militärtechnik einbezogen. In den 1950er-Jahren siedelten sich deshalb erste Unternehmen der Flugzeugindustrie und Elektrotechnik an. Während des Kalten Krieges entbrannte ein Technologie-Wettlauf zwischen den USA und der Sowjetunion. Silicon Valley wurde zum Zentrum der Rüstungs- und Raumfahrtindustrie, die auf neue Forschungsergebnisse angewiesen war.

Ein späterer Entwicklungsschub für die Region ging von der Computerindustrie und der Telekommunikation aus. Viele Firmen wurden von hoch qualifizierten Spezialisten und Universitätsabsolventen als **Start-ups** gegründet.

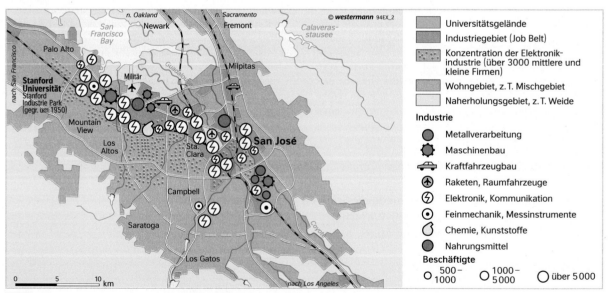

M2 *Wirtschaftsstruktur im Silicon Valley*

100800-214-2 100800-214-3
www.diercke.de www.diercke.de

Der Begriff Silicon Valley ist zu einem Synonym für die Elektronik- und Computerindustrie geworden, dennoch lässt sich die Region nicht auf wenige Innovationsfelder reduzieren. Vielmehr umfasst die thematische Bandbreite der Industrie- und Wissenschaftsfelder heute folgende Schwerpunkte:

- Semiconductor
- Computer & Kommunikation (Hardware)
- Elektronik
- Software
- Biomedizin
- Innovation und Creative Services
- Nano-Bio-Info Technologie Konvergenz
- Umwelttechnologien (Cleantech)

M4 *Das Bundesministerium für Bildung und Forschung informiert auf seiner Homepage.*

M6 *Stanford University – in einer Physikvorlesung von Nobelpreisträger Prof. Douglas Osheroff*

INFO

Stanford University

Die private Stanford University in der Nähe von Palo Alto wurde 1891 gegründet. Heute sind etwa 15 700 Studenten eingeschrieben. Zum Lehrkörper gehören Gewinner des Pulitzerpreises und Nobelpreisträger. Immer mehr Unternehmen suchen die Nähe zur Universität. Der Chiphersteller Intel eröffnete 2011 direkt an der Universität ein Technologiezentrum. Bis 2016 stellt das Unternehmen insgesamt 100 Mio. US-Dollar bereit, um den Technologietransfer in die Unternehmen zu beschleunigen.

Seit 2008 kann ein Drittel der Studenten gebührenfrei studieren, wenn die Eltern über ein Jahreseinkommen von weniger als 100 000 US-Dollar verfügen. Die anderen müssen mit durchschnittlich 40 000 US-Dollar Studiengebühren pro Jahr rechnen. Berühmte Absolventen sind unter anderem die Firmengründer von Google, Yahoo, YouTube, Hewlett Packard und Intel.

M5 *Stanford University*

① Beschreibe die Lage des Silicon Valleys (Atlas).

② Benenne Industriezweige, die besonders häufig im Silicon Valley vertreten sind (M2, M4, Atlas).

③ Erkläre, wie sich das Silicon Valley zum Zentrum der Hightech-Industrie entwickelte.

④ Erkläre, warum für Hightech-Firmen die räumliche Nähe zu den Universitäten und Forschungseinrichtungen ein großer Vorteil ist.

⑤ Bewerte die Bedeutung der Forschung in den USA (M3).

M1 *Blick auf Manhattan mit dem One World Trade Center (fertiggestellt 2014)*

New York City – Stadt der Träume?

Die Stadt, die niemals schläft

In den fünf Stadtteilen New Yorks leben über 8,5 Mio. Einwohner. Zahlreiche nationale und internationale Firmen haben ihren Hauptsitz in einem der vielen Wolkenkratzer Manhattans. Hier werden weitreichende wirtschaftliche Entscheidungen mit globalen Auswirkungen getroffen. Die New Yorker Börse an der Wall Street ist einer der weltweit wichtigsten Finanzplätze. An der New York Stock Exchange werden Aktien weltweit tätiger Firmen wie auch Rohstoffe und Währungen gehandelt. Die meisten in Manhattan arbeitenden Menschen wohnen aufgrund der hohen Wohnungs- und Mietpreise in anderen Stadtteilen oder in New Jersey außerhalb der Stadtgrenzen. Zur Rushhour in den frühen Morgenstunden pendeln die New Yorker zumeist mit der Subway (U-Bahn) zu ihrem Arbeitsplatz nach Manhattan. Da auf den Straßen fast ständig Stau herrscht, ist die Subway das schnellste und eines der wichtigsten Verkehrsmittel der **Global City**.

New York ist nicht nur eine wirtschaftliche, sondern auch eine touristische Metropole. Über 25 Mio. Besucher kommen jährlich, um sich die Freiheitsstatue und andere Sehenswürdigkeiten anzusehen. Die vielen Museen, die bekannten Musicals wie „Cats" oder „The Lion King" am Broadway und die vielfältigen Angebote in den zahlreichen Geschäften bewegen viele Menschen zu einem Besuch der Stadt. Besonderer Anziehungspunkt ist der Times Square mit Theatern, Restaurants und Geschäften.

New York – ein melting pot?

In New York City leben Menschen aus mehr als 170 verschiedenen Nationen. Deshalb wird häufig auch von „der Stadt der Einwanderer" gesprochen. Die Einwanderer kommen meistens in der Hoffnung auf eine Verbesserung ihrer Lebensverhältnisse und siedeln sich nach Nationalitäten getrennt in verschiedenen Stadtvierteln an. Eine der bekanntesten **Ethnic Neighbourhoods** ist Chinatown im Süden von Manhattan. Hier leben etwa 100 000 Chinesen auf engstem Raum. In den Geschäften werden viele verschiedene chinesische Waren angeboten. Die Preisschilder und die Leuchtreklame sind häufig nur mit chinesischen Schriftzeichen versehen. Sogar mehrere Tageszeitungen in chinesischer Sprache sind in Chinatown zu erwerben. Auch die anderen Ethnic Neighbourhoods sind durch die Lebensweise der jeweiligen Einwanderergruppen geprägt. Im Café Moskau, den Restaurants Huang He, Puebla, Kiew oder Java lassen sich beispielsweise Getränke und Speisen aus vielen Teilen der Welt genießen. Häufig sind aber auch große Bereiche der Ethnic Neighbourhoods zu Elendsvierteln verkommen. Ohne Ausbildung können viele Einwanderer nur sehr schlecht bezahlte Jobs annehmen oder sie finden gar keine Arbeitsstelle. Die Armut führt zu einer hohen Kriminalitätsrate.

Der amerikanische Traum von Reichtum oder auch Wohlstand erfüllt sich nur für einen geringen Teil der Immigranten.

Armut und Reichtum

M2 *Parade zum Hispanic Pride Day. Etwa 27 Prozent der New Yorker haben lateinamerikanische Wurzeln.*

Little Senegal

Spanish Harlem

Little Odessa

Little Italy

Korea Town

Chinatown

South Jamaica

M4 *Ethnic Neighbourhoods in New York*

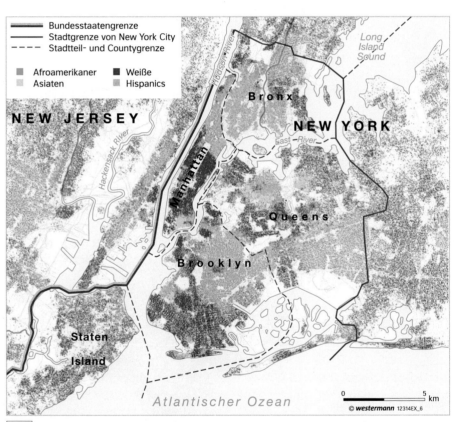

Zeichenerklärung:
Bundesstaatengrenze
Stadtgrenze von New York City
Stadtteil- und Countygrenze

Afroamerikaner — Weiße
Asiaten — Hispanics

M3 *Bevölkerungsverteilung (jeder Punkt entspricht 1000 Einw.)*

M5 *In Chinatown*

① Beschreibe die Verteilung der Ethnien in New York (M3, Atlas).

② Begründe, warum der Begriff „salad bowl" treffender für New York ist als „melting pot" (M2, M4, M5).

③ Erkläre am Beispiel New York City den Begriff Global City (Atlas).

④ Formuliere drei Gesetze, welche die weitere Entstehung und Ausweitung von Ethnic Neighbourhoods in New York bis zum Jahr 2050 verhindern sollen.

Alles klar?

1. Ungleiche Welt

Sogenannte Worldmapper-Karten sind verzerrte Karten. Die Größe der Länder entspricht nicht ihrer Fläche, sondern einem statistischen Wert, beispielsweise: Anteil der Menschen, die von weniger als zwei US-Dollar am Tag leben (bezogen auf die Weltbevölkerung, siehe Karte).

a) Beschreibe die Worldmapper-Karte. Unterscheide dabei nach Großräumen der Erde (Atlas).

b) Bestimme drei Großräume/Länder (Atlas).

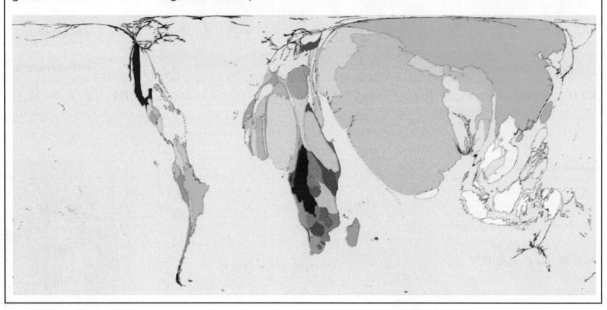

2. Selbst karikieren

a) Formuliere zu der Sprechblase einen passenden Text.

b) Zeichne zu den Sprechblasen eine passende Karikatur.

> Was wollt ihr? Eine schöne Natur oder ein paar Hotels?

> Etwas zu essen!

c) Entwirf zum Thema Tourismus in Entwicklungsstaaten selbst eine Karikatur.

3. Danke Atlas

a) Suche jeweils fünf Länder mit folgenden Merkmalen aus dem Atlas heraus:

I HDI < als 0,4

II Bevölkerungsanteil mit einem Einkommen von unter zwei US-Dollar am Tag (≥ 60 %)

III Lebenserwartung über 80 Jahre

IV über 33 % der über 14-jährigen Bevölkerung Analphabeten

V unter 30 Einwohner pro Arzt

b) Vergleiche die folgenden Staaten hinsichtlich ihres Entwicklungsstandes miteinander:

Ecuador

Kuba

Kanada

Frankreich

4. Kreuzworträtsel falsch herum

Notiere für das Kreuzworträtsel die notwendigen Fragen.

Beispiel:

1. Kriegerische Auseinandersetzung innerhalb eines Staates

1	B	Ü	R	G	**E**	R	K	R	I	G
2			E	I	**N**	K	O	M	M	N
3	R	O	H	S	**T**	O	F	F		
4	T	R	I	N	K	**W**	A	S	S	E	R
5			K	R	E	**I**	S	L	A	U	F
6	S	I	L	I	**C**	O	N			
7	B	R	O	O	**K**	L	Y	N		
8			B	O	**L**	I	V	I	E	N
9		A	R	M	**U**	T				
10					**N**	G	O			
11		H	U	N	**G**	E	R			
12			F	I	**S**	H	B	O	W	L
13			B	I	**L**	D	U	N	G	
14			A	L	**A**	S	K	A		
15				B	**N**	E				
16				H	**D**	I				

Kompetenzcheck

Systemkompetenz
Ich kann ...

... die Begriffe Hunger, Mangel- und Unterernährung erklären.

... den Begriff Entwicklungsland definieren.

... erklären, was unter dem Begriff Fairer Handel zu verstehen ist.

... Entwicklungszusammenarbeit definieren.

Orientierungskompetenz
Ich kann ...

... Länder mit großem Entwicklungsbedarf nennen.

... Regionen benennen, in denen vor allem Entwicklungsländer oder Industrieländer liegen.

... mithilfe von Karten die naturräumliche Ausstattung eines Landes beschreiben.

... aus Karten Daten zum Entwicklungsstand eines Landes bestimmen.

... aus Karten Informationen zu verschiedenen Indikatoren für den Entwicklungsstand eines Landes entnehmen.

Methodenkompetenz
Ich kann ...

... Karikaturen analysieren.

... thematische Karten auswerten.

... Wirkungsgefüge benutzen, um Zusammenhänge darzustellen.

... Argumentationsketten verwenden.

Urteils- und Kommunikationskompetenz
Ich kann ...

... innerhalb einer Fishbowl-Diskussion Argumente für eine bestimmte Meinung vertreten.

CHECK

Die Erde im Weltall

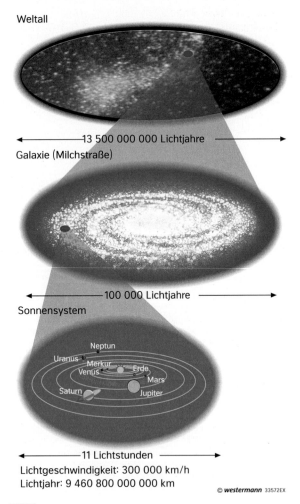

Weltall

◄—————— 13 500 000 000 Lichtjahre ——————►

Galaxie (Milchstraße)

◄—————— 100 000 Lichtjahre ——————►

Sonnensystem

Neptun
Uranus
Merkur   Erde
Venus   Mars
Saturn   Jupiter

◄—————— 11 Lichtstunden ——————►

Lichtgeschwindigkeit: 300 000 km/h
Lichtjahr: 9 460 800 000 000 km

© *westermann* 33572EX

M2 *Unser Sonnensystem im Weltall*

Ein Blick ins Weltall

In klaren Nächten sehen wir den Sternenhimmel. Mit dem bloßem Auge lassen sich 2 000 bis 3 000 Sterne erkennen. Wir überblicken jedoch nur einen winzigen Teil des **Weltalls**, denn es ist riesig groß. Entfernungen in ihm messen Forscher (Astronomen) in Lichtjahren. Das ist der Weg, den das Licht in einem Jahr zurücklegt.

Die Sterne sind im Weltall nicht gleichmäßig verteilt, sondern oft in Haufen angeordnet. Solche Sternenhaufen heißen **Galaxien**. Im Weltall gibt es Milliarden von Galaxien. Eine Galaxie wiederum besteht aus Milliarden von Sternen. Am Rande unserer Galaxis, der Milchstraße, liegt unser Sonnensystem mit der Sonne im Zentrum.

Sonne, Planeten und Monde

Die Sonne ist eine glühende Gaskugel, die Licht und Wärme in das Weltall strahlt. Um die Sonne bewegen sich in elliptischen Umlaufbahnen **Planeten**. Sie leuchten nicht selbst, sondern werden von der Sonne angestrahlt. Die meisten Planeten haben natürliche Begleiter, die **Monde**. Sie sind kleiner und bewegen sich um die Planeten. Zusammen mit den Planeten bewegen sie sich wiederum um die Sonne. Im Sonnensystem gibt es weitere unzählige kleinere Körper, zum Beispiel den Zwergplaneten Pluto.

Geobasics

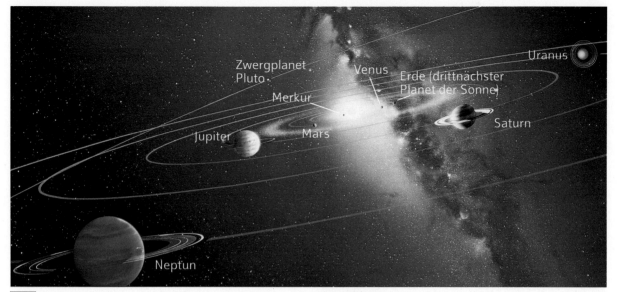

M3 *Unser Sonnensystem – die Planeten und ihre Umlaufbahnen um die Sonne*

Erde und Mond

Erde und Mond bilden ein System, das sich um einen gemeinsamen Schwerpunkt bewegt. Dabei sehen wir von der Erde aus immer nur dieselbe Hälfte des Mondes. Seine Rückseite ist von der Erde aus nicht sichtbar.

Der Mond ist ein wichtiger Himmelskörper für die Erde, denn er stabilisiert die Erdachse, sodass es keine zu großen Klimaschwankungen auf unserem Planeten gibt.

	Durchmesser am Äquator (in km)	Entfernung von der Sonne	Umlaufzeit um die Sonne
Merkur	4880	58 Mio. km	88 Tage
Venus	12100	108 Mio. km	225 Tage
Erde	12756	150 Mio. km	1 Jahr 0 Tage
Mars	6800	228 Mio. km	1 Jahr 322 Tage
Jupiter	142800	778 Mio. km	11 Jahre 315 Tage
Saturn	120500	1427 Mio. km	29 Jahre 167 Tage
Uranus	52400	2873 Mio. km	84 Jahre 8 Tage
Neptun	48600	4496 Mio. km	164 Jahre 282 Tage

M4 *Die Planeten des Sonnensystems im Vergleich*

INFO

Lichtgeschwindigkeit

Geschwindigkeit des Lichts	299 792,458 km/s
Strecke eines Lichtjahres	9 460 895 339 246 km
Licht braucht zur Zimmerdecke (ca. 3m)	0,00000001 Sekunden
Licht braucht von München nach Hamburg (ca. 800 km)	0,002 Sekunden
Licht braucht von der Erde zum Mond (ca. 384 000 km)	1,3 Sekunden
Licht braucht von der Sonne zur Erde (ca. 150 Mio. km)	8 Minuten 23 Sekunden
Licht braucht vom Zentrum der Milchstraße zur Erde	30 000 Lichtjahre
Licht durchquert die Milchstraße in	100 000 Lichtjahren

Mit dem Auto (130 km/h) durchs All

Erdumrundung 40 000 km	308 Stunden
Fahrt zum Mond 384 000 km	123 Tage
Fahrt zum Mars 55 000 000 km	48 Jahre
Fahrt zum Jupiter 1 425 000 000 km	1 251 Jahre

Kosmische und irdische Ereignisse

auf ein Jahr geschrumpft

Entstehung des Universums	1. Januar
Bildung der Erde	14. September
Entstehung des Lebens	25. September
Erste Pflanzen auf der Erde	12. November
Erste Bäume auf der Erde	23. Dezember
Auftreten der Dinosaurier	24. Dezember
Erste Säugetiere	26. Dezember
Aussterben der Dinosaurier	28. Dezember
Erste Menschen	31. Dezember, 22:30:00 Uhr
Geburt Christi	31. Dezember, 23:59:56 Uhr
Jetzt	31. Dezember, 24:00:00 Uhr

Das Gradnetz der Erde

M1 *Der Nullmeridian in Greenwich*

Um sich auf der Erde besser orientieren zu können, wurde das Gradnetz eingeführt. Es besteht aus Längenkreisen und Breitenkreisen.

Die Breitenkreise werden vom Äquator (0°) aus nach Norden und Süden hin zu den Polen (90°) gezählt. Insgesamt gibt es 180 Breitenkreise. Der Abstand zwischen zwei benachbarten Breitenkreisen beträgt 111 km. So kann man relativ einfach Nord-Süd-Entfernungen berechnen.

Längenkreise verlaufen über den Nord- und Südpol. Ihre Abstände zueinander verändern sich mit der Breitenlage. Halbe Längenkreise werden als Meridiane bezeichnet.

Im 19. Jahrhundert hat man festgelegt, dass der Nullmeridian durch die Sternwarte Greenwich, damals ein Vorort von London und heute im Londoner Stadtgebiet gelegen, verlaufen soll. Die Meridiane 180° Ost und 180° West fallen zusammen und verlaufen durch den Pazifischen Ozean.

Breitenkreise

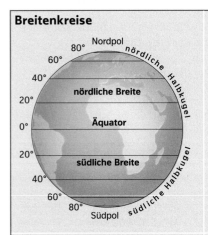

Die Breitenkreise verlaufen parallel zueinander. Sie sind unterschiedlich lang und werden zu den Polen hin immer kleiner. Der längste Breitenkreis ist mit etwa 40000 km Länge der Äquator. Er teilt unsere Erde in eine südliche und eine nördliche Halbkugel. Man zählt vom Äquator (0°) bis zum Nordpol (90° Nord) bzw. zum Südpol (90° Süd).

Längenkreise

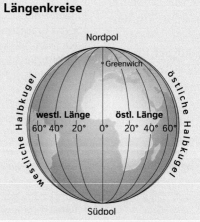

Längenkreise verlaufen durch Nord- und Südpol. Halbe Längenkreise heißen Meridiane. Man zählt 180 Längenkreise oder 360 Meridiane. Vom Nullmeridian werden je 180 Meridiane in östliche und westliche Richtung gezählt (0° – 180°). Der 180. Meridian in östlicher und der 180. in westlicher Richtung fallen zusammen. Der Abstand zwischen zwei benachbarten Meridianen verringert sich vom Äquator zu den Polen.

Lagebestimmung

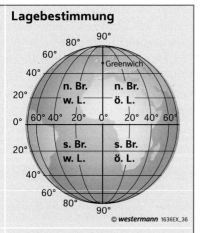

© **westermann** 1636EX_36

Breitenkreise und Meridiane stehen senkrecht zueinander. Der Schnittpunkt eines Breitenkreises mit einem Meridian gibt die Lage eines Ortes genau an. Diesen Punkt beschreibt man mithilfe der geografischen Koordinaten. Bei der geografischen Breite unterscheidet man nördliche und südliche Breite, bei Längenkreisen westliche und östliche Länge.

M2 *Breiten- und Längenkreise im Gradnetz*

Arbeit mit dem Gradnetz

Bestimmen der Koordinaten: Beispiel Rostock

1. Schritt: Ort im Atlas suchen
Finde die Stadt (Rostock) auf einer Atlaskarte.

2. Schritt: Nord oder Süd / Ost oder West?
Entscheide, ob der Ort auf der Nord- oder Südhalbkugel bzw. auf der Ost- oder Westhalbkugel liegt. Rostock liegt auf der nördlichen und östlichen Halbkugel.

3. Schritt: Breitenkreis bestimmen
Ermittle den Breitenkreis, auf dem Rostock liegt. Da hier kein Breitenkreis eingezeichnet ist, musst du die Gradzahl mithilfe der benachbarten Breitenkreise schätzen.

Rostock liegt zwischen dem 54. und 55. nördlichen Breitenkreis, etwa bei 54,1° Nord.

4. Schritt: Längenkreis bestimmen
Bestimme die Gradzahl des Meridians. Da Rostock zwischen dem 12. und 13. östlichen Meridian liegt, musst du die Gradzahl wieder schätzen. Rostock liegt bei 12,1° O.

Die Koordinaten ergeben: Rostock bei 54,1° N / 12,1° O.

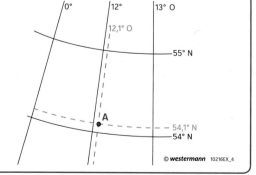

$\boxed{\text{M3}}$ *Navigationsgeräte früher und heute*

Lokalisieren eines Ortes mithilfe von Koordinaten
Großstadt bei 35° S / 56° W

1. Schritt: Lage lokalisieren
Lokalisiere die ungefähre Lage der gegebenen Koordinaten auf der Weltkarte und wähle eine entsprechende Regionalkarte (Südamerika).

2. Schritt: Breitenkreis suchen
Suche den angegebenen Breitenkreis. Ist er nicht eingezeichnet, musst du die Lage mithilfe benachbarter Breitenkreise abschätzen. 35° S liegt zwischen dem 30. und 40. Breitenkreis auf der Südhalbkugel.

3. Schritt: Längenkreis suchen
Suche den angegebenen Längenkreis auf. Ist er nicht eingezeichnet, musst du auch hier seine Lage schätzen. 56° W liegt zwischen dem 50. und dem 60. westlichen Längenkreis.

4. Schritt: Schnittpunkt
Im Schnittpunkt von Breitenkreis und Meridian liegt der gesuchte Ort.
Es handelt sich um Montevideo, die Hauptstadt Uruguays.

INFO

Gradmaß
Für genauere Angaben zur Ortsbestimmung musst du kleinere Winkeleinheiten verwenden. 1 Grad wird in 60 Bogenminuten (') unterteilt. 46' bedeuten ungefähr drei Viertel eines ganzen Grades. Man kann auch Dezimalbrüche verwenden. So hat die Sternwarte in Rostock folgende Koordinaten: 54,1° N / 12,1° O.

1° = 60' (Bogenminuten) 1' = 60'' (Bogensekunden)

0,5° = 30'	0,1° = 6'	
54,1° = 54°04'	12,1° = 12°06'	
23,5° = 23°30'		

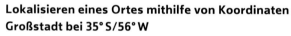

© **westermann** 10216EX_4

Rotation und Zeitzonen

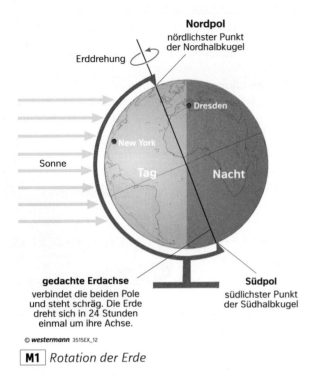

Nordpol
nördlichster Punkt
der Nordhalbkugel

Erddrehung

Dresden

New York

Sonne

Tag

Nacht

gedachte Erdachse
verbindet die beiden Pole
und steht schräg. Die Erde
dreht sich in 24 Stunden
einmal um ihre Achse.

Südpol
südlichster Punkt
der Südhalbkugel

© *westermann* 3515EX_12

M1 | *Rotation der Erde*

M2 | *Tag und Nacht auf der Erde*

Die Rotation der Erde

Die Erde bewegt sich in 23 Stunden 56 Minuten und 4 Sekunden einmal um ihre eigene gedachte Achse. So dauert ein Tag auf der Erde nahezu 24 Stunden. Diese Bewegung wird als Erdrotation bezeichnet. Sie verläuft von Westen nach Osten. Deshalb geht die Sonne im Osten auf, hat zur Mittagszeit ihren höchsten Stand über dem Horizont eines Ortes und geht abends im Westen unter.

Auf der von der Sonne angestrahlten Erdseite ist Tag, auf der von der Sonne abgewandten Seite Nacht.

Der Erdrotation ist zuzuschreiben, dass die Erde aufgrund der Abplattung keine ideale Kugelform, sondern eine Äquatorwulst von mehr als 20 Kilometer Mächtigkeit hat. Ebenso werden durch die Erdrotation alle Bewegungen der Erde auf der Nordhalbkugel nach rechts, auf der Südhalbkugel nach links abgelenkt. Das betrifft in erster Linie Winde und Meeresströmungen. Dieses Phänomen wird als Corioliseffekt bezeichnet.

Zeit und Zeitzonen

Die Rotation der Erde bestimmt auf unserem Planeten im Wesentlichen die Zeit und ihre ständige Veränderung. Mittags steht die Sonne am höchsten über dem Horizont eines Ortes. Sie geht dabei durch den Südmeridian. Zu diesem Zeitpunkt ist es 12 Uhr wahre Ortszeit. So hat jeder Ort auf der Erde seine eigene Zeit. Orte, die auf demselben Meridian liegen, haben die gleiche wahre Ortszeit. Bis ins 19. Jahrhundert mussten deshalb Reisende in jedem Ort nach ihrer Ankunft immer wieder ihre Uhren verstellen. Man einigte sich deshalb bald, Zeitzonen auf der Erde einzuführen, in denen die gleiche Zeit galt. So gibt es seit mehr als 150 Jahren 24 Zeitzonen. Zu einer Zeitzone gehören jeweils 15 Meridiane. Große Staaten haben Anteil an mehreren Zeitzonen. In der Zone mit dem Nullmeridian herrscht die Universal Time Coordinated (UTC). Deutschland hat die Mitteleuropäische Zeit (MEZ), im Sommer die Mitteleuropäische Sommerzeit (MESZ).

Entlang des 180. Meridians verläuft die Datumsgrenze. Überquert man diese Linie von West nach Ost, muss das bisherige Datum einen weiteren Tag beibehalten werden. Reist man von Ost nach West, wird ein Tag im Kalender übersprungen.

100800-010-3
www.diercke.de

Geobasics

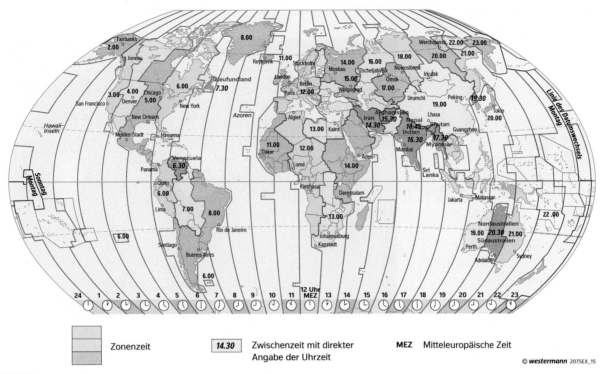

| | | | | | | | | | | | | | | | | | | | | | | | |
| 24 | 1 | 2 | 3 | 4 | 5 | 6 | 7 | 8 | 9 | 10 | 11 | 12 Uhr MEZ | 13 | 14 | 15 | 16 | 17 | 18 | 19 | 20 | 21 | 22 | 23 |

Zonenzeit

14.30 Zwischenzeit mit direkter Angabe der Uhrzeit

MEZ Mitteleuropäische Zeit

© **westermann** 2075EX_15

M3 *Zeitzonen der Erde*

M4 *Weltzeituhr in Berlin*

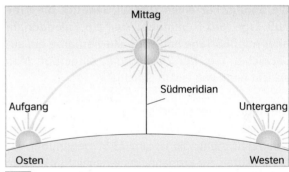

M5 *Tägliche Bahn der Sonne über den Horizont*

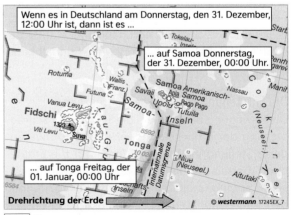

Wenn es in Deutschland am Donnerstag, den 31. Dezember, 12:00 Uhr ist, dann ist es ...

... auf Samoa Donnerstag, der 31. Dezember, 00:00 Uhr.

... auf Tonga Freitag, der 01. Januar, 00:00 Uhr

Drehrichtung der Erde

© **westermann** 17245EX_7

M6 *Datumsgrenze*

153

Revolution, Jahreszeiten und Beleuchtungszonen

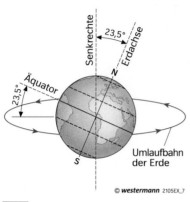

© westermann 2105EX_7

M1 *Die Erde steht „schief".*

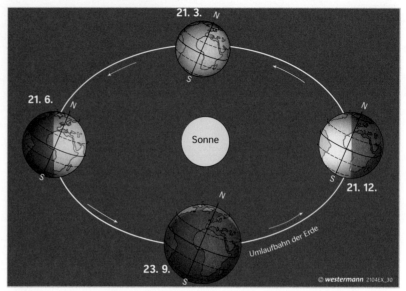

© westermann 2104EX_30

M2 *Entstehung der Jahreszeiten*

Die Revolution der Erde

Unsere Erde bewegt sich mit durchschnittlich etwa 30 km/pro Sekunde auf einer elliptischen Bahn um die Sonne. Für einen Umlauf benötigt die Erde 365 Tage und 6 Stunden. Weil ein Kalenderjahr aber nur 365 Tage hat, wird alle vier Jahre ein zusätzlicher Tag, der 29. Februar, eingefügt. Man spricht dann von einem Schaltjahr.

Die Neigung der Erdachse

Der Globus verdeutlicht, dass die Erdachse nicht senkrecht steht. Sie ist um 23,5° gegenüber der Senkrechten zur Erdbahnebene geneigt (M1). Beim Umlauf der Erde um die Sonne bleibt ihre Neigungsrichtung gleich. Das hat Folgen für das Klima der Erde. Im Laufe eines Jahres verändern sich die Sonneneinstrahlung und die Tageslängen. Zwischen 21.3. und 23.9. wird die Nordhalbkugel stärker bestrahlt, zwischen 23.9. und 21.3. die Südhalbkugel (M2).

Die Entstehung thermischer Jahreszeiten

Die Bewegung der Erde um die Sonne, die Schrägstellung der Erdachse und ihre nahezu unveränderte Stellung im All sind Gründe für die Entstehung thermischer Jahreszeiten. Dabei wird in unseren Sommermonaten die Nordhalbkugel und in den Wintermonaten die Südhalbkugel intensiver bestrahlt (M2).

Die Entstehung von Polartag und Polarnacht

Dieselben Ursachen für die Jahreszeitenentstehung bewirken in den Polargebieten das Phänomen Polartag und Polarnacht. Hierbei geht während des Polartages die Sonne nahezu ein halbes Jahr hinter dem Horizont nicht unter, bei Polarnacht geht sie ein halbes Jahr nicht auf. Daran müssen sich viele Forscher gewöhnen, wenn sie mehrere Monate in den Polargebieten arbeiten.

M3 *Polartag in Tromsø (Norwegen) am 23.06. um 23.30 Uhr*

Anteil an der Erdoberfläche in Prozent	Die Sonnenstrahlen treffen die Erde ...	Tageslänge
5	nicht oder nur im flachen Winkel.	am Pol ein halbes Jahr Tag und ein halbes Jahr Nacht
25	in einem flachen bis steilen Winkel.	lange Tage im Sommer, kurze Tage im Winter
40	in einem steilen bis rechten Winkel.	fast immer 12 Stunden Tag und 12 Stunden Nacht
25	in einem flachen bis steilen Winkel.	lange Tage im Sommer, kurze Tage im Winter
5	nicht oder nur im flachen Winkel.	am Pol ein halbes Jahr Tag und ein halbes Jahr Nacht

Nacht — Nordpol — 23,5° — Tag

66,5° N
23,5° N
0°
23,5° S
66,5° S

nördliche polare Beleuchtungszone
nördliche gemäßigte Beleuchtungszone
tropische Beleuchtungszone
südliche gemäßigte Beleuchtungszone
südliche polare Beleuchtungszone

α
α < β
β

S o n n e

Südpol

21. Juni

© *westermann* 1418EX_18

M4 *Beleuchtungszonen der Erde*

Die Entstehung hygrischer Jahreszeiten

Durch dieselben drei Bedingungen wie bei der Entstehung thermischer Jahreszeiten kommt es im Bereich der Tropen, dem Raum zwischen den beiden Wendekreisen, zu Regen- und Trockenzeiten, den hygrischen Jahreszeiten.

Im Verlaufe eines Jahres wandert der Zenitalstand der Sonne scheinbar zwischen den Wendekreisen (M5). Immer dort, wo die Sonne im Zenit steht, befinden sich auch die Regengebiete – es ist Regenzeit. Auf der entgegengesetzten Seite zum Äquator ist zum selben Zeitpunkt in den Tropen Trockenzeit.

Steht die Sonne im Zenit, ist der Einfallswinkel der Sonnenstrahlen auf die Erdoberfläche groß (M4). Das bewirkt eine intensive Erwärmung der Erdoberfläche, sodass Luft nach oben steigt. Diese kühlt mit zunehmender Höhe ab und sättigt sich mit Wasserdampf, sodass es zur Kondensation und Wolkenbildung kommt. So entstehen fast täglich in den inneren Tropen hochaufragende Haufenwolken, die kräftigen Regen bringen.

Die Beleuchtungszonen der Erde

Von der Sonne empfängt die Erde die sogenannte Globalstrahlung. Die Sonnenstrahlen treffen aufgrund der Kugelgestalt der Erde mit unterschiedlichen Einfallswinkeln auf die Erdoberfläche (M4). So ist der Einfallswinkel in den Tropen groß, in den Polargebieten dagegen gering. Das bewirkt eine unterschiedlich intensive Erwärmung der Erde. Während äquatornahe Gebiete einen Energieüberschuss haben, herrscht in den hohen Breiten Energiemangel.

So werden auf der Erde folgende Beleuchtungszonen ausgegliedert:
- polare Beleuchtungszone
- gemäßigte Beleuchtungszone
- tropische Beleuchtungszone

In der Fachliteratur findet man dafür häufig auch folgende Bezeichnungen:
- polare Breiten
- Mittelbreiten
- Tropenzone

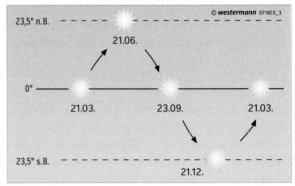

M5 *Veränderung des Sonnenstandes*

Klimaelemente und Klimafaktoren

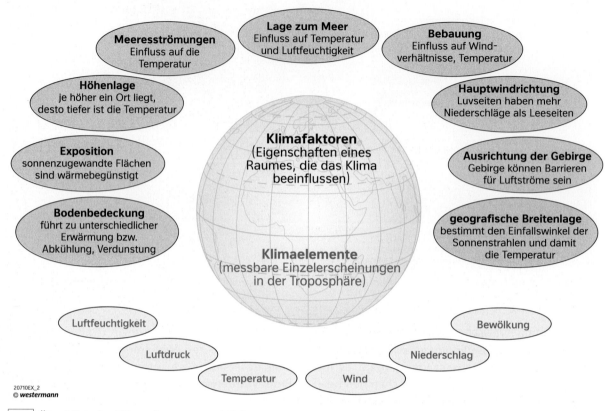

Meeresströmungen
Einfluss auf die Temperatur

Lage zum Meer
Einfluss auf Temperatur und Luftfeuchtigkeit

Bebauung
Einfluss auf Windverhältnisse, Temperatur

Höhenlage
je höher ein Ort liegt, desto tiefer ist die Temperatur

Hauptwindrichtung
Luvseiten haben mehr Niederschläge als Leeseiten

Exposition
sonnenzugewandte Flächen sind wärmebegünstigt

Klimafaktoren
(Eigenschaften eines Raumes, die das Klima beeinflussen)

Ausrichtung der Gebirge
Gebirge können Barrieren für Luftströme sein

Bodenbedeckung
führt zu unterschiedlicher Erwärmung bzw. Abkühlung, Verdunstung

geografische Breitenlage
bestimmt den Einfallswinkel der Sonnenstrahlen und damit die Temperatur

Klimaelemente
(messbare Einzelerscheinungen in der Troposphäre)

Luftfeuchtigkeit

Bewölkung

Luftdruck

Niederschlag

Temperatur

Wind

20710EX_2
© *westermann*

M1 *Überblick der Klimaelemente und -faktoren*

Klimaelemente

Klima ist der durchschnittliche Zustand der Troposphäre über einen Zeitraum von Jahrzehnten in einem Gebiet, während das Wetter nur einen realen Augenblickszustand der Troposphäre an einem Ort beschreibt. Wetter wie Klima spiegeln Messwerte von Zustandsgrößen der Troposphäre wider, die auch als Klimaelemente bezeichnet werden.

Klimaelemente sind also messbare Einzelerscheinungen der Troposphäre, die in ihrem Zusammenwirken das Wetter und Klima ausmachen. Dazu zählen die Lufttemperatur, Luftfeuchtigkeit, der Luftdruck sowie Strahlungswerte, Wind, Verdunstung, Bewölkung und Niederschläge.

All diese Elemente hängen eng miteinander zusammen. Besonders wichtig sind die Strahlungswerte und die Lufttemperatur. Sie bestimmen oder beeinflussen andere Klimaelemente. So entstehen zum Beispiel Luftdruckgebilde und Winde aufgrund von Lufttemperaturunterschieden auf der Erdoberfläche und auch die Wolkenbildung ist von der Lufttemperatur abhängig. Ausgewertet werden Klimaelemente als Langzeitmessreihen (mindestens 30 Jahre) unter anderem auch zur Erstellung von Klimadiagrammen.

M2 *Luftflimmern in der Wüste*

M3 *Zugspitze im Sommer*

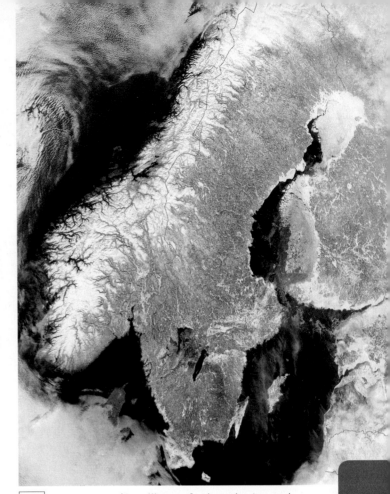

M4 *Nordeuropa (Satellitenaufnahme im Januar)*

Klimafaktoren

Klimafaktoren dagegen sind Eigenschaften eines Raumes, die das Klima beeinflussen. Hierzu zählen beispielsweise die Breiten- und Höhenlage eines Ortes, seine Lage zum Meer und zu Meeresströmungen, die Bodenbedeckung, der Verlauf von Tälern und die Hangexposition, aber auch die Siedlungsdichte.

M3 verdeutlicht die Veränderung der Vegetation mit zunehmender Höhe, bestimmt von den Klimaelementen Lufttemperatur und Niederschlagsmenge.

In M4 sieht man deutlich die Wirkung des warmen Golfstromes in Nordeuropa. Während die norwegische Küste im Winter eisfrei bleibt, gefriert die Ostsee, die südlicher liegt, teilweise zu.

In M5 sind die nordexponierten Hänge des Gebirges schneebedeckt, während die südexponierten Hange aufgrund der intensiveren Sonneneinstrahlung schneefrei sind.

M5 *Einfluss der Hangexposition auf das Klima*

M1 *Windflüchter auf der Insel Hiddensee*

Luftdruck und Luftdruckgebiete

Der Luftdruck ist das Gewicht der Luft, das auf eine Bezugsfläche, zum Beispiel die Erdoberfläche, wirkt.

Er wird in Hektopascal (hPa), früher in Millibar (mb) oder Torr angegeben und mit einem Barometer gemessen. Ein Pascal entspricht dem Druck, den eine Kraft von einem Newton (N) auf einen Quadratmeter Fläche ausübt.

Auf Meeresspiegelniveau beträgt der Luftdruck in der Regel 1013 hPa (früher 1013 mb). Orte gleichen Luftdrucks sind auf der Wetterkarte mit Isobaren, Linien gleichen Luftdrucks, verbunden. Auf der Erde herrschen Druckunterschiede.

So gibt es Gebiete mit einem höheren Luftdruck gegenüber Gebieten mit niedrigerem Luftdruck. Man spricht dann vereinfacht von Hoch- und Tiefdruckgebieten. Unterschiedliche Druckgebiete entstehen vor allem durch Temperaturunterschiede (thermische Druckgebiete). Über einem erwärmten Gebiet dehnt sich die Luft aus und steigt nach oben, sodass der Druck auf die Erdoberfläche gering ist. Es entsteht ein Tiefdruckgebiet. In Gebieten mit kalter Luft ist der Druck groß und es entsteht ein Hochdruckgebiet.

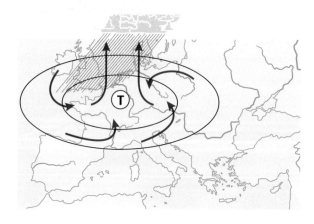

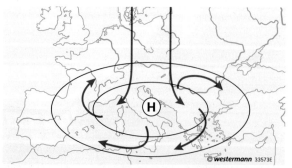

M2 *Entstehung von Hoch- und Tiefdruckgebieten auf der Nordhalbkugel der Erde*

Wind

Wind ist die Ausgleichsströmung von einem Gebiet höheren Luftdrucks zu einem Gebiet niedrigeren Luftdrucks. Je größer die Druckunterschiede sind, desto höher sind die Windgeschwindigkeiten. Druckunterschiede und Windgeschwindigkeiten sind am Isobarenbild in einer Wetterkarte gut zu erkennen. Bei großen Druckunterschieden und hohen Windgeschwindigkeiten liegen die Isobaren sehr eng beieinander. In der Beaufort-Skala werden zwölf Klassen von Windstärken unterschieden.

Winde werden immer mit der Himmelsrichtung bezeichnet, aus der sie wehen. So kommt beispielsweise ein Nordwind aus Norden und weht in südliche Richtung. Alle Winde werden aufgrund der Erdrotation auf der Nordhalbkugel nach rechts und auf der Südhalbkugel nach links abgelenkt. Diese Ablenkung beruht auf dem Corioliseffekt. So herrschen in den gemäßigten Breiten vorwiegend West- und Nordwestwinde, in den Tropen der Nordost- und Südostpassat vor. Neben einem globalen Hauptwindsystem entstehen je nach Lage, Reliefbeschaffenheit und Luftdruckverhältnissen unzählige regionale Winde.

An Küsten kommt es zwischen Tag und Nacht zu die Richtung wechselnden Winden. In den Alpen sorgt vor allem in den Wintermonaten der Föhn häufig für außergewöhnliche Wettererscheinungen.

M5 *Föhnwolken*

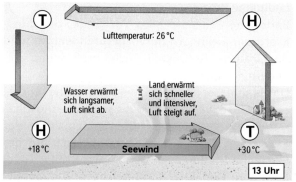

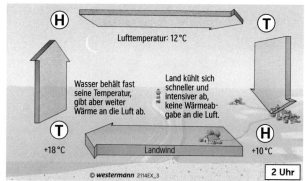

M3 *links: Seewind (Tag), rechts: Landwind (Nacht)*

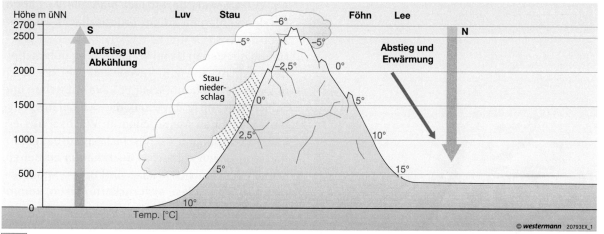

M4 *Föhn*

Geobasics

159

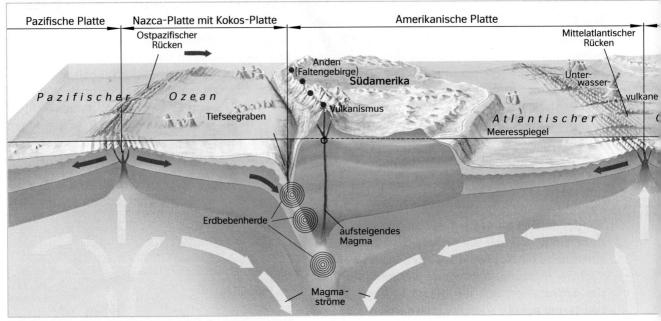

Ostpazifischer
Rücken

Mittelatlantischer
Rücken

Anden
(Faltengebirge)
Südamerika

Unter-
wasser-
vulkane

Pazifischer Ozean

Tiefseegraben

Vulkanismus

Atlantischer

Meeresspiegel

Erdbebenherde

aufsteigendes
Magma

Magma-
ströme

M1 *Formen der Plattentektonik*

Endogene Kräfte

© westermann 1193EX_2

Oakland

San
Francisco

San
Jose

Monterey

San-Andreas-Spalte

Pazifischer

Ozean

0   100 km

M2 *Verlauf der San-Andreas-Spalte in Kalifornien*

M3 *Luftbild San-Andreas-Spalte*

Endogene Prozesse

Endogene Prozesse sind Vorgänge, die durch Kräfte im Erdinnern hervorgerufen werden und die Lithosphäre (Gesteinshülle) großräumig verändern.

Das Magma ist in erster Linie die Ursache für diese Prozesse. Es bewirkt, dass sich die Lithosphärenplatten verschieben. Die Gesteinshülle der Erde ist in Platten gegliedert, die sich auf der Fließzone (Asthenosphäre in etwa 100 km Tiefe) bewegen. Die aktivsten Bereiche sind dabei die Plattengrenzen. Hier kommt es zu Vulkanismus, Erd- und Seebeben.

Als Vulkanismus bezeichnet man alle Vorgänge, bei denen Magma an der Erdoberfläche als Lava austritt.

Häufig entstehen dabei Vulkane. Man unterscheidet Schildvulkane (z.B. Hawaii-Vulkane), die durch das Ausfließen dünnflüssiger Lava entstehen und Schichtvulkane (z.B. Vesuv), die sich bei meist explosionsartigen Ausbrüchen im Wechsel aus erkalteten Lava- und Ascheschichten aufbauen. An Plattengrenzen kommt es auch häufig zu Beben. Dabei verhaken sich Platten und bauen Spannungen auf. Wenn diese sich ruckartig lösen, kommt es zu einem Beben. In Kalifornien an der San-Andreas-Spalte kommt es häufig zu Erdbeben, da sich hier Platten aneinander vorbeischieben. Bei

100800-242-2
www.diercke.de

Geobasics

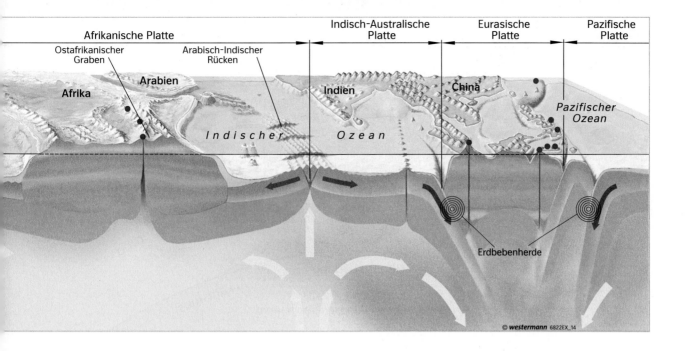

Seebeben können die gefährlichen Tsunamis (Flutwellen) entstehen, die verheerende Wirkungen an den Küsten zur Folge haben.

Auch Gebirge entstehen durch plattentektonische, also endogene, Kräfte. Kollidieren Platten, so werden Gesteinspakete meist an den Ozeanrändern zusammengeschoben, gefaltet und dann als Gebirge aus dem Meer herausgehoben (beispielsweise das Himalaya-Gebirge).

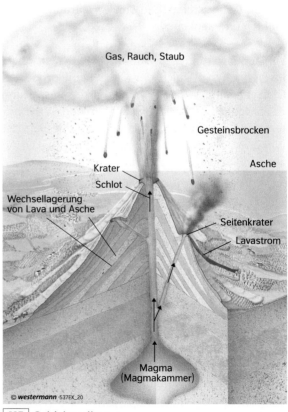

M4 *Mauna Kea (Hawaii) – Schildvulkan*

M5 *Schichtvulkan*

161

Exogene Vorgänge

Exogene Kräfte der Erde sind:

fließendes Wasser

Sonne

Wind

Gletscher

Sie bewirken:
Verwitterung
+
Abtragung

Transport

Transport

Ablagerung

Ablagerung

Gebirgsbildung

Erdbeben

Vulkanismus

Endogene Kräfte
(Bewegung von Lithosphärenplatten)

© *westermann*

9932EX_13

M1 *Exogene und endogene Kräfte sowie Vorgänge*

Exogene Prozesse

Veränderungen der Lithosphäre (Gesteinshülle) werden durch verschiedene Kräfte geprägt. Aus dem Erdinneren heraus bewirken endogene Kräfte Plattenbewegungen, Vulkanismus, Erd- und Seebeben, Gebirgsbildungen sowie weiträumige Hebungen und Senkungen.

Von außen verändern exogene Kräfte den erdoberflächennahen Bereich der Gesteinshülle. Flüsse, Gletscher und Winde dominieren die Gestaltung der Erdoberfläche. Fließgewässer schaffen mit unterschiedlicher Transportkraft (W_{Kin}), die von der Wassermasse (m) und der Fließgeschwindigkeit (v) abhängt, verschiedene Talformen.

$$W_{Kin} = 0{,}5 \cdot m \cdot v^2$$

Fließgeschwindigkeit und Transportkraft sind in Gebirgen wegen des starken Gefälles besonders groß, sodass Flüsse dort vorwiegend abtragen (erodieren). Im Tiefland überwiegt wegen ihrer geringeren Transportkraft die Ablagerung (Akkumulation, Sedimentation). Oft kommt es hier bei geringer Fließgeschwindigkeit zur Ausbildung von Flussschleifen, sogenannten Mäandern.

> Auf der Erdoberfläche findet ein Prozess der Materialumlagerung statt. Dabei kommt es zur Abtragung, zum Transport und zur Ablagerung von Gesteinsmaterial. Voraussetzung für diese Prozesse ist die Zerkleinerung des Gesteins durch die Verwitterung.

M2 *Prozesse der Materialumlagerung auf der Erde*

Im Eiszeitalter, dem Pleistozän, schufen bis zu 2000 m hohe Gletscher im Abtragungsgebiet der skandinavischen Gebirge U-förmige Täler (spätere Fjorde), abgeschliffene Hochflächen (Fjelds), Rundhöcker (Felsbuckel) und Schären (Felseninseln). Findlinge wurden über Tausende von Kilometern von Skandinavien nach Süden bewegt. Im Ablagerungsgebiet hinterließ der Abschmelzprozess der Inlandeisgletscher die Formen der glazialen Serie (Grund- und Endmoränen, Sander und Urstromtäler).

In den vegetationslosen eisfreien Gebieten konnten Winde, die von den Gletschern kamen, feines Material aufnehmen und am Nordrand der europäischen Mittelgebirge ablagern. Durch Verfestigung entstand Lössgestein, aus dem sich später fruchtbare Böden bildeten.

Auch heute wirken exogene Kräfte und verändern die Erdoberfläche. So entstehen z. B. Dünen durch Wind und Aufschüttungsebenen durch Flüsse.

Verwitterungsart	Verwitterungsprozess	Ergebnis	Hauptverbreitungsräume
Frostverwitterung	Frostsprengung durch wechselndes Gefrieren und Auftauen von Wasser in Gesteinsspalten	grobe bis feine Gesteinsstücke, scharfkantig und spitz	subpolare und gemäßigte Klimazonen, Hochgebirge
Wurzelsprengung	Gesteinssprengung durch Dickenwachstum von Baumwurzeln	Verbreiterung von Gesteinsspalten und Absprengung von Gesteinen	Räume mit Baum- und Strauchvegetation
Salzsprengung	Gesteinssprengung durch auskristallisierendes Salz, das sich ausdehnt	große bis feine Gesteinsstücke	Trockenräume
Temperaturverwitterung	Gesteinsabschuppung bzw. -sprengung durch extreme Temperaturschwankungen	feine bis grobe Gesteinsstücke	Trockenräume
Lösungsverwitterung	Auflösung löslicher Gesteine	in Wasser aufgelöstes Gestein	Räume der feuchten Tropen, Subtropen und gemäßigten Zone mit löslichem Gestein
hydrolytische Verwitterung	Zerstörung des Kristallgitters von Gesteinen	aufgelöstes Gestein	Räume in den feuchten Tropen

M3 *Verwitterungsprozesse*

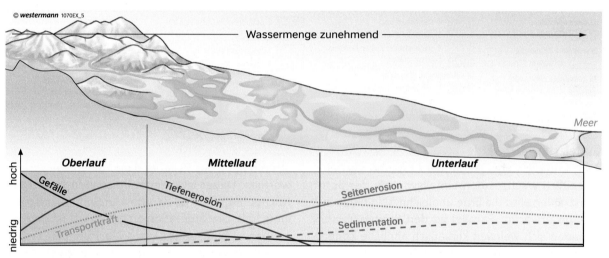

M4 *Tätigkeit eines Flusses*

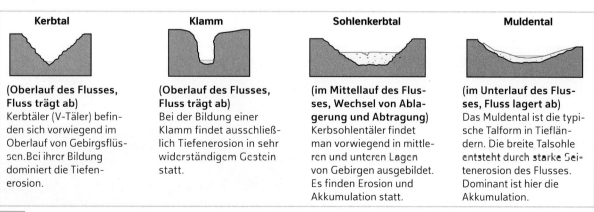

M5 *Talformen*

Klima- und Vegetationszonen der Erde

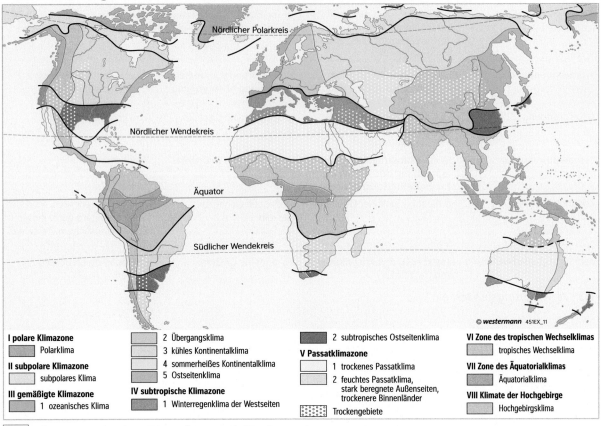

Nördlicher Polarkreis

Nördlicher Wendekreis

Äquator

Südlicher Wendekreis

© *westermann* 451EX_11

I polare Klimazone
- Polarklima

II subpolare Klimazone
- subpolares Klima

III gemäßigte Klimazone
- 1 ozeanisches Klima

- 2 Übergangsklima
- 3 kühles Kontinentalklima
- 4 sommerheißes Kontinentalklima
- 5 Ostseitenklima

IV subtropische Klimazone
- 1 Winterregenklima der Westseiten

- 2 subtropisches Ostseitenklima

V Passatklimazone
- 1 trockenes Passatklima
- 2 feuchtes Passatklima, stark beregnete Außenseiten, trockenere Binnenländer
- Trockengebiete

VI Zone des tropischen Wechselklimas
- tropisches Wechselklima

VII Zone des Äquatorialklimas
- Äquatorialklima

VIII Klimate der Hochgebirge
- Hochgebirgsklima

M1 | *Klimazonen in einer Darstellung nach Neef*

Gürtelartig um die Erde

Aufgrund der Kugelgestalt der Erde und des jahreszeitlich wechselnden Einfallswinkels der Sonnenstrahlen wird die Erde ungleichmäßig beleuchtet und erwärmt. Parallel zu den Breitenkreisen befinden sich weltweit klimatisch ähnliche Zonen, die Klimazonen. An der Ausprägung des Klimas sind weitere Klimafaktoren beteiligt.

Für Abweichungen innerhalb einer Klimazone sind zum Beispiel die Lage zum Meer sowie Meeresströmungen, das Relief und die Höhenlage verantwortlich. Daher ist es zum Beispiel in tropischen Hochgebirgen, trotz der starken Sonneneinstrahlung, kalt. Die Vegetation an einem Ort ist dem jeweiligen Klima angepasst. Die Pflanzen unterscheiden sich so in Bestand und in Wuchsform. Analog zu den Klimazonen haben sich dadurch verschiedene Vegetationszonen auf der Erde gebildet.

polare Kältewüste

Tundra

M2 | *Auswahl Vegetationszonen I*

100800-244-4
www.diercke.de

Geobasics

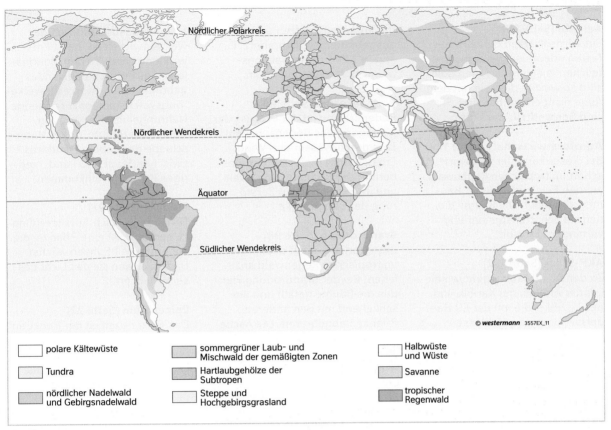

polare Kältewüste

Tundra

nördlicher Nadelwald und Gebirgsnadelwald

sommergrüner Laub- und Mischwald der gemäßigten Zonen

Hartlaubgehölze der Subtropen

Steppe und Hochgebirgsgrasland

Halbwüste und Wüste

Savanne

tropischer Regenwald

© *westermann* 3557EX_11

M3 *Vegetationszonen (potenzielle natürliche Vegetation)*

Steppe

Hochgebirgszone

sommergrüner Laub- und Mischwald

Hartlaubgehölze der Subtropen

M4 *Auswahl Vegetationszonen II*

Minilexikon

Aerosol (Seite 80)
Ein Aerosol ist ein Gemisch aus festen oder flüssigen Schwebeteilchen in einem Gas. Aerosole sind so winzig, dass sie mit dem Auge nicht erkennbar sind. Sie sind Bestandteile der Luft.

Agroforstwirtschaft (Seite 100)
Bei dieser Form der Landwirtschaft im tropischen Regenwald werden Feldfrüchte unter Bäumen angebaut. Die Bäume dienen als Schattenspender und verhindern Erosion.

AKP-Staat (Seite 122)
Zu den AKP-Staaten gehören die Länder Afrikas, der Karibik und des Pazifiks, die mit der EU Handelsabkommen geschlossen haben und Waren in bestimmten Mengen zollfrei innerhalb der EU verkaufen können.

Armut (Seite 106)
Armut bedeutet ein Mangel an lebenswichtigen Gütern. Lebensnotwendige Grundbedürfnisse, wie Kleidung, Nahrung, Wohnung und Gesundheit, sind kaum oder nicht ausreichend befriedigt.

Auslandsverschuldung (Seite 132)
Die Verschuldung eines gesamten Landes gegenüber anderen Ländern ist eine Auslandsverschuldung.

Bad Governance
Als Bad Governance wird eine nicht effektive Regierungsführung eines Staates oder einer Gemeinde bezeichnet. Eine Bad Governance beinhaltet unter anderem wenig Transparenz, geringe Mitwirkung des Volkes und viel Korruption.

Ballungsraum (Seite 68)
Ein Ballungsraum ist ein Gebiet mit hoher Einwohnerdichte, hoher Dichte von Wirtschaftsunternehmen, einem großen Angebot an Arbeitsplätzen und gut ausgebautem Verkehrsnetz. Ein anderer Begriff für Ballungsraum ist Verdichtungsraum.

Bodenerosion (Seite 98)
Bodenerosion ist der Prozess der Abtragung des Bodens, besonders durch Wasser und Wind. Erosion führt meist zur Verminderung der Bodenfruchtbarkeit und im Extremfall zur Zerstörung der Bodendecke.

Brandrodung (Seite 98)
Brandrodung dient dazu, Felder im tropischen Regenwald anzulegen. Bei der Brandrodung werden die Bäume gefällt und anschließend mit den anderen Pflanzen abgebrannt. Die Asche dient zur Düngung der Felder.

Brettwurzel (Seite 96)
Eine bis zu zehn Meter hohe, sternförmig angeordnete Wurzel heißt Brettwurzel. Brettwurzeln verleihen den Bäumen im tropischen Regenwald besondere Standfestigkeit.

Bürgerkrieg (Seite 110)
Kriegerische Handlungen zwischen Gruppen innerhalb eines Staates werden unter dem Begriff Bürgerkrieg zusammengefasst.

Cash Crop (Seite 93)
Ein Cash Crop ist ein ausschließlich für den Markt erzeugtes Agrarprodukt (Gegensatz zu Agrarprodukten, die für die Selbstversorgung hergestellt werden).

Deich (Seite 32)
Ein Deich ist ein künstlich aufgeschütteter Damm an einer Küste oder einem Flussufer. Er soll das dahinterliegende Land vor Überschwemmungen schützen.

Entwicklungsland (Seiten 44, 112)
Ein Land, das im Vergleich zu einem Industrieland weniger weit entwickelt ist, heißt Entwicklungsland. Zu den Merkmalen eines Entwicklungslandes gehören: relativ starkes Bevölkerungswachstum, unzureichende Nahrungsmittelversorgung, Analphabetentum, große Unterschiede des Lebensstandards zwischen Stadt und Land, niedriges Pro-Kopf-Einkommen.

Epiphyt (Seite 97)
Ein Epiphyt, auch Aufsitzerpflanze genannt, ist eine Pflanze, die auf anderen Pflanzen wächst. Dadurch kann sie das Licht besser erreichen.

Epizentrum (Seite 22)
Das Epizentrum ist der Punkt auf der Erdoberfläche, der genau über dem Herd eines Erdbebens liegt. An diesem Ort treten die größten Erschütterungen auf.

Erdkern (Seite 12)
Der innere Teil des Erdkörpers, der ab 2900 km Tiefe beginnt, wird als Erdkern bezeichnet. Es gibt einen äußeren und einen inneren Kern. Der Erdkern besteht hauptsächlich aus den schweren Metallen Eisen und Nickel.

Erdkruste (Seite 12)
Die Erkruste bildet die äußere, feste Schale der Erde.

Erdmantel (Seite 12)
Der Erdmantel ist die mittlere Hauptschale der Erde und befindet sich zwischen der Erdkruste und dem Erdkern. Es gibt einen oberen und einen unteren Erdmantel. Der Erdmantel ist fest, zum Teil verformbar und besteht aus Eisen und Magnesium.

Eruption (Seite 16)
Eine Eruption ist eine Erscheinungsform des Vulkanismus, die durch das Aufdringen und den Ausbruch von Magma und Gasen an die Erdoberfläche gekennzeichnet ist.

**Ethnic Neighbourhoods
(Seite 142)**
Stadtviertel, in denen sich Einwanderer nach Nationalitäten getrennt ansiedeln, werden Ethnic Neighbourhoods genannt.

**Fairer Handel (Fairtrade)
(Seite 122)**
Gemeint ist damit ein Handel ohne benachteiligende Handelsbeschränkungen (Quoten, Zölle, Einfuhrbestimmungen) oder übervorteilende Preise. Die Preise decken sowohl die Produktionskosten als auch die alltäglichen Lebenshaltungskosten ab. Die Kleinbauern in den Erzeugerländern arbeiten unter besseren Bedingungen und erhalten durch den fairen Handel bessere Preise als über den normalen Markt.

Faltengebirge (Seite 14)
Faltengebirge wie die Alpen, Anden oder der Himalaya entstehen durch Auffaltung von ursprünglich waagerecht liegenden Gesteinsschichten.

Fauna (Seite 92)
Die Fauna umfasst alle Tierarten eines bestimmten Gebietes.

Fließzone (Seite 12)
Im Bereich von etwa 100 bis 300 km Tiefe liegt eine verformbare Gesteinsschicht des oberen Erdmantels. Auf dieser Fließzone gleiten die Platten der Lithosphäre.

Flora (Seite 92)
Als Flora wird die gesamte Pflanzenwelt einer Region bezeichnet.

Forstwirtschaft (Seite 100)
Die Forstwirtschaft beschäftigt sich mit der Pflege und Bewirtschaftung des Waldes. Die nachhaltige Forstwirtschaft bewirtschaftet den Wald so, dass seine Eigenschaften und Stabilität erhalten bleiben und dass sich der Wald regenerieren kann.

Galaxie (Seite 148)
Eine Galaxie ist eine Ansammlung von Sternen und Planeten im Weltall, die durch die Schwerkraft zusammengehalten werden. Unsere Galaxie wird Milchstraße genannt.

Gemäßigte Zone (Seite 78)
Die gemäßigte Zone ist eine Klimazone der mittleren Breiten. Kennzeichen sind Jahreszeiten, also thermische Temperaturunterschiede zwischen Sommer und Winter, und Niederschläge, die verteilt über das ganze Jahr fallen.

Global City (Seite 142)
Global Citys sind Schaltzentralen der globalen Wirtschaft und Standorte wichtiger weltweit tätiger Unternehmen und Institutionen sowie Knotenpunkt weltweiter Verkehrswege wie Flug- und Seehäfen. In der heutigen Zeit gelten New York, London, und Tokio als Global Citys.

Good Governance (Seite 122)
Als Good Governance wird eine effektive Regierungsführung eines Staates oder einer Gemeinde bezeichnet. Eine Good Governance beinhaltet u.a. viel Transparenz, Mitwirkung des Volkes und wenig Korruption.

Grabenbruch (Seite 14)
Ein Grabenbruch ist eine Absenkung eines Streifens der Erdkruste zwischen Bruchlinien, die durch auseinanderdriftende Kontinentalplatten ausgelöst wurde.

Grundbedürfnis (Seite 112)
Das, was ein Mensch mindestens zum Leben braucht, sind seine Grundbedürfnisse. Die wichtigsten Grundbedürfnisse sind Nahrung, Trinkwasser, Kleidung, Unterkunft, Bildung, Arbeit und ärztliche Versorgung.

Hochdruckgebiet (Seite 86)
Eine Luftmasse, in der hoher Luftdruck herrscht (meist über 1000 mbar), wird als Hochdruckgebiet bezeichnet. Im Inneren eines Hochs herrschen schwache Winde, die Luft sinkt ab und Wolken lösen sich auf. Von außen fließt die Luft zum tieferen Druck hin ab, es kommt zum Druckausgleich.

Hunger (Seite 106)
Hunger ist eine chronische Unterernährung, die durch Mangel an Grundnahrungsmitteln hervorgerufen wird.

hygrische Jahreszeit (Seite 90)
Eine hygrische Jahreszeit ist nicht durch die verschiedenen thermischen Jahreszeiten, sondern durch den Wechsel von Regen- und Trockenzeit geprägt.

Hypozentrum (Seite 22)
Das Hypozentrum ist die Quelle oder das Zentrum eines Erdbebens. Von diesem Punkt aus breiten sich die Erdbebenwellen aus.

Industrialisierung (Seite 46)
Das Aufkommen und die Ausbreitung der Industrie, besonders durch technische Neuerungen und Erfindungen, heißt Industrialisierung.

Industrieland (Seiten 44, 112)
Im Vergleich zu einem Entwicklungsland ist ein Industrieland ein weit entwickeltes Land mit einem hohen Pro-Kopf-Einkommen. Ein hoher Anteil an Beschäftigten in der Industrie und im Dienstleistungssektor sowie eine gut ausgebaute Infrastruktur sind typische Merkmale eines Industrielandes.

Informeller Sektor (Seite 130)
Der informelle Sektor ist ein für Entwicklungsländer typischer, offiziell nicht erfasster Bereich des Klein- und Dienstleistungsgewerbes (z.B. Straßenhandel, Schuhputzer). Obwohl keine Steuern an den Staat gezahlt werden, wird der informelle Sektor geduldet, da ein großer Teil der Bevölkerung dadurch überleben kann.

Innertropische Konvergenzzone (ITC) (Seite 86)
In dieser Tiefdruckrinne strömen die Passate zusammen. Die ITC wandert mit dem Sonnenhöchststand zwischen nördlichem und südlichem Wendekreis. Kennzeichen sind starke Wolkenbildung und kräftige Niederschläge.

Kondensation (Seite 86)
Wenn Wasserdampf abkühlt, bilden sich kleine Wassertröpfchen. Der vorher unsichtbare Wasserdampf wird sichtbar. Es bilden sich Dunst, Nebel in Bodennähe oder Wolken in Höhen von zwei bis zehn Kilometern. Diesen Vorgang nennt man Kondensation.

Konvektionsstrom (Seite 14)
Ein Konvektionsstrom ist eine auf- und absteigende Magmaströmung im oberen Erdmantel, die zu Bewegungen der Platten der Erdkruste führt.

Korruption
Der Begriff Korruption wird v.a. in der Politik verwendet. Er sagt aus, dass durch Bestechung oder Erpressung etwas erzwungen wird, das Vorteile bringt.

Landflucht (Seite 128)
Landflucht ist die Abwanderung der ländlichen Bevölkerung in Städte aufgrund unzureichender Arbeits- und Verdienstmöglichkeiten und ungesicherter Besitzverhältnisse auf dem Land.

Landreform (Seite 128)
Eine neue Verteilung des Grundbesitzes heißt Landreform. Dabei wird der Großgrundbesitz auf einzelne Kleinbauern oder Genossenschaften aufgeteilt.

Landwechselwirtschaft (Seiten 93, 98)
Bei der Landwechselwirtschaft haben die Landwirte einen festen Wohnsitz und wechseln die Art der Nutzung der Felder. Sie bauen verschiedene Früchte an und geben später ihre Felder auf, damit sich der Boden wieder erholen kann.

Lava (Seite 16)
Als Lava bezeichnet man eruptiertes, das heißt flüssig an der Erdoberfläche ausgetretenes Magma.

Lithosphäre (Seite 12)
Die Gesteinshülle der Erde wird Lithosphäre genannt. Zu ihr gehören die Erdkruste und die obere feste Schicht des Erdmantels. Die Lithosphäre besteht aus Platten, die sich auf einer verformbaren Schicht (Fließzone) bewegen.

Magma (Seite 12)
Magma ist gashaltiges, verformbares Gestein im Erdinneren. Sobald es an die Erdoberfläche tritt, wird es als Lava bezeichnet.

Mond (Seite 148)
Allgemein ist ein Mond ein Himmelskörper, der sich um einen Planeten bewegt. „Unser" Mond begleitet die Erde auf ihrem Weg um die Sonne.

Monokultur (Seite 98)
So wird die langjährige Nutzung einer bestimmten Fläche durch immer die gleiche Kulturpflanze bezeichnet. Monokulturen bestimmen den Anbau auf Plantagen.

Monsun (Seite 28)
Als Monsun werden beständige Winde der Tropen und Subtropen mit halbjährlichem Richtungswechsel bezeichnet.

Naturgefahr (Seite 8)
Wenn ein Naturereignis in der Lage ist, dem Menschen potenziellen Schaden zuzufügen, stellt es eine Naturgefahr dar.

Naturrisiko (Seite 8)
Von Naturrisiken spricht man, wenn natürliche Prozesse (z.B. Hochwasser, Lawinen, Klimawandel) den Menschen schaden könnte. Die Eintrittswahrscheinlichkeit kennzeichnet das Naturrisikos.

Naturkatastrophe (Seite 8)
Eine Naturkatastrophe ist ein Naturereignis, das vielen Menschen Schaden zufügt, wie z.B. eine Überschwemmung oder Dürre, ein Erdbeben, Vulkanausbruch, Seebeben oder Wirbelsturm. Wenn große Zerstörungen und Menschenleben zu beklagen sind, wird das Naturereignis zur Naturkatastrophe.

Passat (Seite 86)
Der Passat ist eine großräumige Windströmung in den Tropen, die durch das Luftdruckgefälle von den subtropischen Hochdruckgürteln zum Äquator hin entsteht. Für die Tropenzone nördlich des Äquators ist der Nordost-Passat typisch, für die Tropenzone südlich des Äquators der Südost-Passat.

periodischer Fluss (Seite 90)
Ein periodischer Fluss oder See führt nur zu bestimmten Jahreszeiten (Regenzeit) Wasser. In der restlichen Zeit fällt das Gewässer trocken.

Planet (Seite 148)
Ein Planet ist ein Himmelskörper, der sich auf einer Umlaufbahn um die Sonne bewegt. Er leuchtet nicht selbst, sondern nur im Licht der Sonne. Das Sonnensystem hat acht Planeten.

Plantage (Seite 98)
Eine Plantage ist ein landwirtschaftlicher Großbetrieb, v.a. in den tropischen Gebieten der Erde. Kennzeichen einer Plantage sind der Anbau meist mehrjähriger Nutzpflanzen (Kaffee, Tee, Bananen) sowie Anlagen für Ernte, Aufbereitung, Verarbeitung und Verpackung der Früchte.

Polarzone (Seite 78)
Die Zone zwischen dem Polar-

kreis und dem Pol (Arktis, Antarktis) heißt Polarzone. Hier herrschen Polartag und Polarnacht.

Polder (Seite 34)
Der Begriff bezeichnet Flächen an der Küste oder am Ufer eines Flusses, die mit einem Deich umgeben sind. Polder dienen als Überschwemmungsschutz. Schwillt ein Fluss bei Hochwasser an, lässt man die Polder mit Wasser voll laufen. Das Wasser kann dort versickern.

Primatstadt (Seite 130)
Eine Primatstadt hat innerhalb des Landes eine herausragende Bedeutung. Einwohnerzahl und Wirtschaftskraft sind häufig höher als in anderen Städten des Landes.

Push- und Pullfaktoren (Seite 63, 128)
Pull- und Pushfaktoren sind auslösende Ursachen für die Wanderung von Menschen (Landflucht) zwischen Räumen mit unterschiedlicher Attraktivität. Pushfaktoren bewegen die Menschen zum Verlassen einer Region (schlechte Bildungsmöglichkeiten, hohe Arbeitslosigkeit, mangelndes Kulturangebot). Pullfaktoren sind Anziehungskräfte des Zuwanderungsgebietes.

Richterskala (Seite 22)
Die Richterskala ist eine Messskala, die bei einem Erdbeben die Stärke der Erschütterungen misst. Sie ist nach ihrem Erfinder benannt, dem Amerikaner Charles Francis Richter. Die Richterskala ist „nach oben hin offen", da man keine Höchstgrenze für die Stärke eines Erdbebens voraussagen kann.

Savannentyp (Seite 92)
Der Savannentyp ist abhängig von der Menge des Niederschlages. So gibt es die Feuchtsavanne mit hohen Gräsern und Bäumen, die Trockensavanne mit kurzen Gräsern und Sträuchern

und die Dornstrauchsavanne mit Pflanzen, die an Trockenheit angepasst sind.

Schichtvulkan (Seite 16)
Ein meist kegelförmiger Vulkan mit steilen Flanken ist ein Schichtvulkan. Er besteht aus abwechselnden Lava- und Ascheschichten (z.B. Ätna).

Schildvulkan (Seite 16)
So heißt ein Vulkan mit flachgewölbten weitauslaufenden Flanken. Er entsteht durch Ausströmen dünnflüssiger Lava (z.B. Mauna Loa, Hawaii).

Schwellenland (Seite 66)
Ein Schwellenland befindet sich im Übergang (auf der „Schwelle") vom Entwicklungsland zum Industrieland.

Seafloor Spreading (Seite 14)
Seafloor-Spreading ist ein Vorgang innerhalb der Plattentektonik. Infolge des Auseinanderrückens von ozeanischen Platten spreizt sich der Tiefseeboden und es entsteht ein tektonischer Graben. Dieser Prozess ist mit der Aufwölbung der Grabenränder und der Bildung eines Mittelozeanischen Rückens verbunden.

Seismograf (Seite 22)
Ein hochempfindliches Aufzeichnungsgerät, das Erschütterungen als sogenanntes Seismogramm aufnimmt, wird Seismograf genannt. Der Vergleich und die Auswertung der Aufzeichnungen geben u.a. Aufschluss über die Stärke des Erdbebens. Seismografen sind über die ganze Welt verteilt.

Sommermonsun (Seite 28)
Monsune sind beständig wehende, halbjährlich die Richtung wechselnde Winde in den Tropen heißen Monsune. Der Sommermonsun setzt im Juni/Juli ein und dauert bis September/Oktober an. Zu dieser Zeit fallen in der Regel sehr hohe Niederschläge.

Standortfaktor (Seite 130)
Wenn ein Betrieb sich an einem bestimmten Standort ansiedelt, so sind dafür bestimmte Gründe ausschlaggebend, z.B. vorhandene Arbeitskräfte und gute Verkehrsanbindung. Die Gründe, die für oder gegen den Standort sprechen, werden Standortfaktoren genannt.

Start-up (Seite 140)
Ein Start-up-Unternehmen ist ein kürzlich gegründetes Unternehmen, das zum Ziel hat, einen Markt aufzubauen und schnellstmöglich zu wachsen.

Subduktion (Seite 14)
Das Abtauchen von Lithosphärenplatten heißt Subduktion. Die Subduktion findet im Bereich der Tiefseegräben statt, die auch als Subduktionszonen bezeichnet werden.

Subpolare Zone (Seite 78)
Die subpolare Zone ist die Übergangszone zwischen Polarzone und gemäßigter Zone.

Subtropische Zone (Seite 78)
Die subtropische Zone ist eine Übergangszone zwischen Tropenzone und gemäßigter Zone mit Jahreszeitenklima. In dieser Zone liegt zum Beispiel das Mittelmeergebiet mit seinen feuchten Wintern und trockenen heißen Sommern.

Tageszeitenklima (Seite 94)
Das Tageszeitenklima kennzeichnet sich dadurch, dass die Temperaturunterschiede an einem Tag größer sind als im Verlauf eines Jahres.

Terms of Trade (Seite 132)
Das Verhältnis zwischen Exportpreisen und Importpreisen wird als Terms of Trade bezeichnet. Das Verhältnis verschlechtert sich für ein Land, wenn die Exportpreise fallen und die Importpreise steigen oder die Exportpreise langsamer steigen als die Importpreise.

Tertiärisierung (Seite 138)
Tertiärisierung ist die zunehmende Tendenz der Verlagerung von Arbeitsplätzen in den tertiären Sektor (Dienstleistungssektor).

Tiefdruckgebiet (Seite 86)
In einem Tiefdruckgebiet herrscht, verglichen zur Luftmassenumgebung, tieferer Luftdruck. Die Luftströmungen führen demzufolge von außen nach innen, wobei sie durch die Drehung der Erde abgelenkt werden, also nicht auf kürzestem Weg in das Zentrum des Tiefdruckgebiets gelangen. Tiefdruckgebiete können dynamisch (Zyklonen) oder thermisch (Hitzetiefs) entstehen.

Tiefseerinne (Seite 14)
Eine lang gestreckte, rinnenförmige Einsenkung im Meeresboden mit Tiefen bis zu 11 034 m (Witjas-Tief) ist eine Tiefseerinne.

Tropische Zone (Tropen) (Seite 78, 86)
Die tropische Zone liegt beiderseits des Äquators zwischen den beiden Wendekreisen. Innerhalb

der tropischen Zone „wandert" der Zenitstand der Sonne.

Urwald (Seite 100)
Der tropische Regenwald in seinem ursprünglichen Zustand heißt Urwald. Ein Urwald erfuhr noch keine menschlichen Eingriffe.

Verwerfung (Seite 14)
Eine Verwerfung ist eine Spalte, an der Gesteinsschollen gegeneinander verschoben worden sind.

Wanderfeldbau (Seite 98)
Wanderfeldbau ist eine verbreitete Form des Anbaus im tropischen Regenwald, wobei nach einigen Jahren des Anbaus die Felder und zum Teil auch die Siedlungen verlegt werden, da der Boden erschöpft ist und die Erträge stark zurückgehen.

Weltall (Seite 148)
Der gesamte Raum, in dem sich alle für uns fassbaren räumlichen und zeitlichen Vorgänge abspielen, wird als Weltall bezeichnet.

Weltmarkt (Seite 128)
Der Weltmarkt ist ein Absatzmarkt für Waren, die nicht im eigenen Land verkauft, sondern in andere Länder der Welt exportiert werden.

Wintermonsun (Seite 28)
Beständig wehende, halbjährlich die Richtung wechselnde Winde in den Tropen heißen Monsune. Der Wintermonsun setzt im September/Oktober ein und dauert bis Juni/Juli an. Zu dieser Zeit ist es in der Regel sehr trocken.

Zenit (Seite 28)
Der Zenit ist ein gedachter Himmelspunkt, der sich senkrecht über einem Punkt auf der Erde befindet. Am Äquator steht die Sonne zweimal im Jahr im Zenit, d.h. ihre Strahlen treffen senkrecht auf die Erdoberfläche.

Operatoren

Die Arbeitsaufträge in den Aufgaben werden durch sogenannte Operatoren bzw. Handlungsanweisungen bestimmt, die zudem verschiedenen Anforderungsbereichen für die Leistungsfeststellung im Geografieunterricht zugeordnet wurden.

Anforderungsbereich I	
Beim Anforderungsbereich I geht es vor allem um das Wiedergeben und die Neuordnung von Inhalten. Nachfolgende Operatoren gehören dazu.	
(be-)nennen	Informationen ohne Kommentierung angeben
beschreiben	Materialien und/oder Sachverhalte strukturiert und fachsprachlich angemessen darlegen
darstellen	Sachverhalte detailliert und fachsprachlich angemessen aufzeigen
gliedern	einen Sachverhalt, einen Raum bzw. eine Karte, einen Zeitraum nach selbst gewählten oder vorgegebenen Kriterien systematisierend ordnen
wiedergeben	Sachverhalte, Fachbegriffe, Daten, Fakten oder Modelle und/oder (Teil-)Aussagen mit eigenen Worten strukturiert und unkommentiert zum Ausdruck bringen
zusammenfassen	Sachverhalte auf wesentliche Aspekte reduzieren und wiedergeben (s. oben)

Anforderungsbereich II	
Der Anforderungsbereich II umfasst das selbstständige Erklären, Bearbeiten und Ordnen bekannter Inhalte sowie das Anwenden von gelernten Inhalten, Methoden und Verfahren auf andere Sachverhalte (Transfer). Der Anforderungsbereich II schließt Anforderungen aus dem Anforderungsbereich I ein. Nachfolgende Operatoren gehören dazu.	
analysieren	Materialien, Sachverhalte oder Räume bzw. Karten kriterienorientiert oder fragegeleitet erschließen und strukturiert darstellen
charakterisieren	Sachverhalte in ihren Eigenarten beschreiben, typische Merkmale kennzeichnen und diese gegebenenfalls unter einem oder mehreren bestimmten Gesichtspunkten zusammenführen
einordnen, zuordnen	Materialien, Sachverhalte oder Räume bzw. Karten oder eine Position/einen Sachverhalt begründet in einen Zusammenhang stellen
erklären	Sachverhalte, Strukturen oder Prozesse – gegebenenfalls unter Zuhilfenahme von Theorien bzw. Modellen – so darstellen, dass Bedingungen, Ursachen, Folgen, Gesetzmäßigkeiten und/oder Funktionszusammenhänge verständlich werden
erläutern	Sachverhalte in ihren komplexen Beziehungen auf Grundlage von Kenntnissen bzw. einer Materialanalyse an Beispielen und/oder Theorien bzw. Modellen verdeutlichen
vergleichen	Ähnlichkeiten, Gemeinsamkeiten und Unterschiede von Sachverhalten, Theorien bzw. Modellen oder Räumen kriterienorientiert darlegen

Anforderungsbereich III	
Der Anforderungsbereich III betrifft die Argumentations- und die Urteilsfähigkeit. Hierbei geht es vor allem um problemerkennendes, problemlösendes und reflektierendes Denken. Der Anforderungsbereich III setzt Leistungen in den beiden anderen Anforderungsbereichen voraus. Nachfolgende Operatoren gehören dazu.	
begründen	komplexe Grundgedanken durch Argumente stützen und nachvollziehbare Zusammenhänge herstellen
entwickeln	inhaltlich weiterführend und/oder zukunftsorientiert zu einem Sachverhalt oder zu einer Problemstellung eine Einschätzung, ein konkretes Lösungsmodell, eine Gegenposition oder ein Lösungskonzept begründet darlegen
beurteilen	Den Stellenwert von Sachverhalten, Strukturen, Prozessen oder Theorien bzw. Modellen kriterienorientiert überprüfen, um zu einem begründeten *Sachurteil* zu gelangen
Stellung nehmen	Beurteilung mit zusätzlicher Reflexion individueller, sachbezogener und/oder politischer Wertmaßstäbe, die Pluralität gewährleistet und zu einem begründeten eigenen *Werturteil* führt
erörtern	zu einer vorgegebenen Problemstellung eine reflektierte, abwägende Auseinandersetzung führen und zu einem begründeten *Sach- und/oder Werturteil* kommen

Länderdaten

Land	Fläche (in km²)	Einwohner (in Mio.) 2014	Geburtenrate (in ‰) 2013	Sterberate (in ‰) 2013	Bevölkerung (in %) 2014	
					unter 15 Jahren	über 65 Jahren
Europa (EU-Staaten)						
Belgien	32 280	11,2	11	10	22	18
Bulgarien	108 560	7,3	9	14	14	20
Dänemark	42 430	5,6	10	11	17	19
Deutschland	357 093	80,9	8	11	13	21
Estland	45 227	1,3	10	12	16	18
Finnland	338 144	5,5	11	10	16	20
Frankreich	543 965	66,2	12	9	19	19
Griechenland	131 957	10,9	9	10	15	21
Großbritannien	242 910	64,5	12	9	18	18
Irland	70 273	4,6	15	7	22	13
Italien	301 336	61,3	9	10	14	22
Kroatien	56 542	4,2	9	12	15	19
Lettland	64 589	2,0	10	14	15	19
Niederlande	41 526	16,8	10	8	17	18
Österreich	83 871	8,5	9	9	14	19
Polen	312 685	37,9	10	10	15	15
Portugal	92 345	10,4	8	10	14	20
Rumänien	238 391	19,9	9	12	16	17
Schweden	449 964	9,7	12	9	17	20
Spanien	504 645	46,4	9	8	15	18
Tschechien	78 866	10,5	10	10	15	17
Vatikanstadt	0,44	0,0008	–	–	–	–
Afrika						
Ägypten	1 002 000	80,7	28	7	33	6
Äthiopien	1 133 380	91,7	33	9	42	3
Kenia	582 646	43,2	35	9	42	3
Libyen	1 775 500	6,2	21	6	35	5
Nigeria	923 768	168,9	40	13	44	3
Tschad	1 284 000	12,4	45	14	48	2
Südafrika	1 219 090	51,2	21	13	37	5
Nord- und Mittelamerika						
Kanada	9 984 670	34,8	11	7	19	15
Mexiko	1 953 162	120,1	19	6	28	6
USA	9 809 155	313,9	13	8	19	14
Südamerika						
Argentinien	2 780 403	41,1	18	8	25	11
Bolivien	1 098 581	10,5	24	7	33	5
Brasilien	8 547 404	198,6	15	7	28	7
Peru	1 285 216	30,0	20	7	28	6
Asien						
China, Volksrepublik	9 572 419	1350,7	12	7	23	9
Indien	3 287 263	1236,7	20	7	29	5
Israel	20 991	7,9	21	6	28	11
Japan	377 837	127,6	8	10	14	24
Malediven	298	0,3	17	5	28	5
Mongolei	1 564 100	2,8	24	6	28	4
Pakistan	796 095	179,1	30	7	35	4
Russland	17 075 400	143,5	13	13	16	13
Saudi-Arabien	2 240 000	28,3	21	5	29	3
Singapur	683	5,3	9	5	19	10
Südkorea (Rep. Korea)	99 313	50,0	14	5	21	12
Thailand	513 115	66,8	11	8	18	9
Türkei	779 452	74,0	17	7	26	7
Vietnam	331 114	88,8	16	6	23	7
Ozeanien						
Australien	7 692 030	22,7	13	6	20	14
Nauru	21	0,01	–	–	–	–
Neuseeland	270 534	4,4	13	7	21	14

(Quelle: Fischer Weltalmanach 2014, Knoema Datenatlas 2016)

ANHANG

Lebens-erwartung (in Jahren) 2015	Städtische Bevölkerung (in %) 2014	Zugang zu Trinkwasser (in %) 2014	BNE pro Kopf (in US-$) 2014
81	98	100	47 419
74	74	100	7 534
80	87	100	61 856
81	75	100	47 496
77	68	98	18 738
81	84	100	49 539
82	79	100	43 372
81	78	100	21 631
81	82	100	41 998
81	63	100	42 270
82	69	100	34 700
77	58	99	20 500
74	68	99	22 690
81	84	100	48 260
81	68	100	43 220
77	61	–	23 930
81	62	99	28 010
75	53	89	19 020
82	85	100	46 730
82	78	100	33 080
78	73	100	28 020
–	–	–	–
73	43	99	10 260
59	19	44	1 500
61	25	59	2 940
72	78	–	16 000
52	47	58	5 710
51	22	51	2 070
56	64	91	12 700
81	82	100	43 360
77	79	96	16 640
79	85	99	55 860
76	92	–	17 250
88	68	88	6 290
74	85	98	15 590
74	78	85	11 440
75	54	91	13 170
67	32	92	5 630
82	92	100	32 830
83	93	100	37 920
77	44	98	10 920
69	71	82	11 120
66	38	92	5 090
71	74	97	24 710
74	83	–	25 010
82	100	100	80 270
81	84	98	34 620
74	39	96	14 870
75	73	100	18 980
76	33	95	5 350
82	89	100	42 760
–	–	–	–
81	86	100	34 970

Klimadaten weltweit

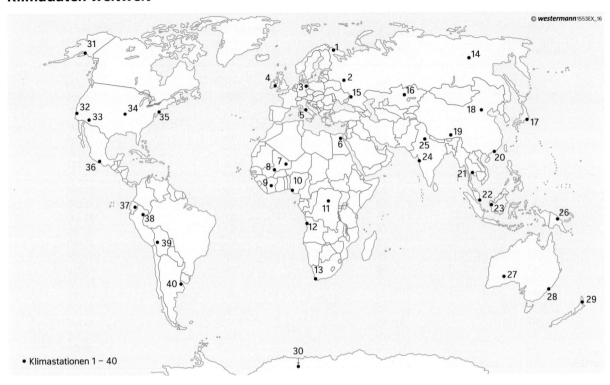

© *westermann* 1553EX_16

• Klimastationen 1 – 40

Lage der Klimastationen

				J	F	M	A	M	J	J	A	S	O	N	D	Jahr
Europa																
1	Murmansk	46 m ü. M.	°C	-10,9	-11,4	-8,1	-1,4	3,9	10,0	13,4	11,1	6,9	0,9	-3,8	-7,9	0,2
	(Russland)	68° 58' N / 33° 03' O	mm	19	16	18	19	25	40	54	60	44	30	28	33	386
2	Moskau	156 m ü. M.	°C	-10,3	-9,7	-5,0	3,7	11,7	15,4	17,8	15,8	10,4	4,1	-2,3	-8,0	3,6
	(Russland)	55° 45' N / 37° 34' O	mm	31	28	33	35	52	67	74	74	58	51	36	36	575
3	Berlin	51 m ü. M.	°C	-0,6	-0,3	3,6	8,7	13,8	17,0	18,5	17,7	13,9	8,9	4,5	1,1	8,9
	(Deutschland)	52° 28' N / 13° 18' O	mm	43	40	31	41	46	62	70	68	46	47	46	41	581
4	Dublin	68 m ü. M.	°C	4,5	4,8	6,5	8,4	10,5	13,5	15,0	14,8	13,1	10,5	7,2	5,8	9,6
	(Irland)	53° 26' N / 6° 15' W	mm	71	52	51	43	62	55	66	80	77	68	67	77	769
5	Rom	46 m ü. M.	°C	6,9	7,7	10,8	13,9	18,1	22,1	24,7	24,5	21,1	16,4	11,7	8,5	15,5
	(Italien)	41° 54' N / 12° 29' O	mm	76	88	77	72	63	48	14	22	70	128	116	106	880
Afrika																
6	Kairo	95 m ü. M.	°C	13,3	14,7	17,5	21,1	25,0	27,5	28,3	28,3	26,1	24,1	20,0	15,0	21,7
	(Ägypten)	30° 08' N / 31° 34' O	mm	4	5	3	1	1	0	0	0	0	1	1	8	24
7	Gao	270 m ü. M.	°C	22,0	25,0	28,8	32,4	34,6	34,5	32,3	29,8	31,8	31,9	28,4	23,3	29,6
	(Mali)	16° 16' N / 0° 03' W	mm	<1	0	<1	<1	8	23	71	127	38	3	<1	<1	270
8	Mopti	280 m ü. M.	°C	22,6	25,2	29,0	31,6	32,8	31,2	28,6	27,3	28,3	28,8	26,8	23,1	27,9
	(Mali)	14° 30' N / 4° 12' W	mm	<1	<1	1	5	23	56	147	198	94	18	1	<1	543
9	Bouaké	365 m ü. M.	°C	27,1	28,0	28,4	27,9	27,2	26,1	24,8	24,5	25,5	26,1	26,7	26,7	26,6
	(Elfenbeinküste)	7° 42' N / 5° 00' W	mm	13	46	92	140	154	135	99	108	225	140	35	23	1210
10	Douala	11 m ü. M.	°C	26,7	27,0	26,8	26,6	26,3	25,4	24,3	24,1	24,7	25,0	26,0	26,4	25,8
	(Kamerun)	4° 01' N / 9° 43' O	mm	57	82	216	243	337	486	725	776	638	388	150	52	4150
11	Yangambi	487 m ü. M.	°C	24,7	25,3	25,5	25,2	24,9	24,5	23,6	23,9	24,3	24,5	24,3	24,3	24,6
	D. R. Kongo (Zaire)	0° 49' N / 24° 29' O	mm	85	99	148	150	177	126	146	170	180	241	180	126	1828
12	Luanda	45 m ü. M.	°C	25,6	26,3	26,5	26,2	24,8	21,9	20,1	20,1	21,6	23,6	24,9	25,3	23,9
	(Angola)	8° 49' S / 13° 13' O	mm	26	35	97	124	19	0	0	1	2	6	34	23	367
13	Kapstadt	17 m ü. M.	°C	21,2	21,5	20,3	17,5	15,1	13,4	12,6	13,2	14,5	16,3	18,3	20,1	17,0
	Südafrika	33° 54' S / 18° 32' O	mm	12	8	17	84	82	85	85	71	43	29	17	11	506

Asien

			J	F	M	A	M	J	J	A	S	O	N	D	Jahr
14	Jakutsk	100 m ü. M.	°C	-43,2	-35,8	-22,0	-7,4	5,6	15,4	18,8	14,8	6,2	-7,8	-27,7	-39,6	-10,2
	(Russland)	62° 05' N / 129° 45' O	mm	7	6	5	7	16	31	43	38	22	16	13	9	213
15	Rostow	77 m ü. M.	°C	-5,3	-4,9	-0,1	9,4	16,8	20,9	23,5	22,3	16,4	9,0	2,4	-2,7	9,0
	(Russland)	47° 15' N / 39° 49' O	mm	38	41	32	39	36	58	49	37	32	44	40	37	483
16	Karaganda	537 m ü. M.	°C	-15,2	-14,0	-8,9	2,4	13,0	18,5	20,6	18,3	11,8	3,2	-6,9	-9,4	2,8
	(Kasachstan)	49° 48' N / 73° 08' O	mm	11	11	15	22	28	41	43	28	21	24	15	14	273
17	Tokio	4 m ü. M.	°C	3,7	4,3	7,6	13,1	17,6	21,1	25,1	26,4	22,8	16,7	11,3	6,1	14,7
	(Japan)	35° 41' N / 139° 46' O	mm	48	73	101	135	131	182	146	147	217	220	101	61	1562
18	Peking	52 m ü. M.	°C	-4,7	-1,9	4,8	13,7	20,1	24,7	26,1	24,9	19,9	12,8	3,8	-2,7	11,8
	(China)	39° 57' N / 116° 19' O	mm	4	5	8	17	35	78	243	141	58	16	11	3	619
19	Lhasa	3685 m ü. M.	°C	-1,7	1,1	4,7	8,1	12,2	16,7	16,4	15,6	14,2	8,9	3,9	0,0	8,3
	(China)	29° 40' N / 91° 07' O	mm	2	13	8	5	25	64	122	89	66	13	3	0	410
20	Hongkong	33 m ü. M.	°C	15,6	15,0	17,5	21,7	25,6	27,5	28,1	28,1	27,2	25,0	20,9	17,5	22,5
	(China)	22° 18' N / 114° 10' O	mm	33	46	74	292	394	381	394	361	247	114	43	30	2409
21	Bangkok	2 m ü. M.	°C	26,0	27,8	29,2	30,1	29,7	28,9	28,5	28,4	28,0	27,7	27,0	25,7	28,1
	(Thailand)	13° 45' N / 100° 28' O	mm	9	30	36	82	165	153	168	183	310	239	55	8	1438
22	Singapur	10 m ü. M.	°C	26,4	27,0	27,5	27,5	27,8	27,5	27,5	27,2	27,2	27,0	27,0	27,0	27,2
	(Singapur)	1° 18' N / 103° 50' O	mm	251	173	193	188	173	173	170	196	178	208	254	256	2413
23	Pontianak	3 m ü. M.	°C	27,0	28,1	27,8	27,8	28,1	28,1	27,5	27,8	28,1	27,8	27,5	27,2	27,7
	(Indonesien)	0° 01' S / 109° 20' O	mm	274	208	241	277	282	221	165	203	229	339	389	323	3151
24	Mumbai (Bombay)	11 m ü. M.	°C	23,9	23,9	26,1	28,1	29,7	28,9	27,2	27,0	27,0	28,1	27,2	25,6	26,9
	(Indien)	18° 54' N / 72° 49' O	mm	3	3	3	2	18	485	617	340	264	64	13	3	1815
25	Neu-Delhi	218 m ü. M.	°C	13,9	16,7	22,5	28,1	33,3	33,6	31,4	30,0	28,9	26,1	20,0	15,3	25,0
	(Indien)	28° 35' N / 77° 12' O	mm	23	18	13	8	13	74	180	173	117	10	3	10	642
26	Madang	6 m ü. M.	°C	27,3	27,0	27,3	27,2	27,5	27,2	27,2	27,2	27,2	27,5	27,5	27,5	27,3
	(Papua-Neuguinea)	5° 14' S / 145° 45' O	mm	307	302	378	429	384	274	193	122	135	254	338	368	3484

Australien

			J	F	M	A	M	J	J	A	S	O	N	D	Jahr
27	Kalgoorlie	380 m ü. M.	°C	25,7	24,9	23,0	18,7	14,7	12,0	10,8	12,3	15,3	18,2	21,4	24,3	18,4
	(Australien)	30° 45' S / 121° 30' O	mm	24	27	24	18	22	25	24	23	13	14	15	13	244
28	Sydney	42 m ü. M.	°C	22,0	21,9	20,8	18,3	15,1	12,8	11,8	13,0	15,2	17,6	19,5	21,1	17,4
	(Australien)	33° 51' S / 151° 31' O	mm	104	125	129	101	115	141	94	83	72	80	77	86	1207
29	Auckland	49 m ü. M.	°C	19,2	19,6	18,4	16,4	13,8	11,8	10,8	11,3	12,6	14,3	15,9	17,7	15,2
	(Neuseeland)	36° 51' S / 174° 46' O	mm	84	104	71	109	122	140	140	109	97	107	81	79	1243

Südpol/Antarktis

			J	F	M	A	M	J	J	A	S	O	N	D	Jahr
30	Südpol	2800 m ü. M.	°C	-28,8	-40,1	-54,4	-58,5	-57,4	-56,5	-59,2	-58,9	-59,0	-51,3	-38,9	-28,1	-49,3
		90° S	mm	0	0	0	0	0	0	1	1	0	0	0	0	2

Amerika

			J	F	M	A	M	J	J	A	S	O	N	D	Jahr
31	Anchorage	27 m ü. M.	°C	-10,9	-7,8	-4,8	2,1	7,7	12,5	13,9	13,1	8,8	1,7	-5,4	-9,8	1,8
	(USA)	61° 10' N / 149° 59' W	mm	20	18	13	11	13	25	47	65	64	47	26	24	373
32	San Francisco	16 m ü. M.	°C	10,4	11,7	12,6	13,2	14,1	15,1	14,9	15,2	16,7	16,3	14,1	11,4	13,8
	(USA)	37° 47' N / 122° 25' W	mm	116	93	74	37	16	4	0	1	6	23	51	108	529
33	Phoenix	340 m ü. M.	°C	10,4	12,5	15,8	20,4	25,0	29,8	32,9	31,7	29,1	22,3	15,1	11,4	21,4
	(USA)	33° 26' N / 112° 01' W	mm	19	22	17	8	3	2	20	28	19	12	12	22	184
34	Kansas City	226 m ü. M.	°C	-0,7	1,6	6,0	12,9	18,4	24,1	27,2	26,3	21,6	15,4	6,7	1,6	13,4
	(USA)	39° 07' N / 94° 35' W	mm	36	32	63	90	112	116	81	96	83	73	46	39	867
35	New York	96 m ü. M.	°C	0,7	0,8	4,7	10,8	16,9	21,9	24,9	23,9	20,3	14,6	8,3	2,2	12,5
	(USA)	40° 47' N / 73° 58' W	mm	84	72	102	87	93	84	94	113	98	80	86	83	1076
36	Acapulco	3 m ü. M.	°C	26,7	26,5	26,7	27,5	28,5	28,6	28,7	28,8	28,1	28,1	27,7	26,7	27,7
	(Mexiko)	16° 50' N / 99° 56' W	mm	6	1	<1	1	36	281	256	252	349	159	28	8	1377
37	Quito	2818 m ü. M.	°C	13,0	13,0	13,0	13,0	13,1	13,0	12,9	13,1	13,2	12,9	12,8	13,0	13,0
	(Ecuador)	0° 13' S / 78° 30' W	mm	124	135	159	180	130	49	18	22	83	133	110	107	1250
38	Iquitos	104 m ü. M.	°C	27,4	26,6	26,5	26,4	26,0	25,6	25,6	26,3	26,6	26,7	26,9	27,5	26,5
	(Peru)	3° 46' S / 73° 20' W	mm	256	276	349	306	271	199	165	157	191	214	244	217	2845
39	La Paz	3632 m ü. M.	°C	17,5	16,2	15,5	14,1	11,7	10,1	9,8	10,9	14,4	15,5	17,5	17,9	14,3
	(Bolivien)	16° 30' S / 68° 08' W	mm	92	89	62	26	11	2	4	7	34	28	48	85	488
40	Buenos Aires	25 m ü. M.	°C	23,7	23,0	20,7	16,6	13,7	11,1	10,5	11,5	13,6	16,5	19,5	22,1	16,9
	(Argentinien)	34° 35' S / 58° 29' W	mm	104	82	122	90	79	68	61	68	80	100	90	83	1027

ANHANG

Bildnachweis

123RF.com, Hong Kong: 16 M1 (Ihar Balaikin), 18 M1 (Maria Luisa Lopez Estivill), 19 M3 (Tatiana BAlova), 20 M1 (Graham Moore), 24 M1 li. (Luciano Mortula), 24 M1 re. (Chee-Onn Leong), 27 M2, 28 M1 (Matyas Rehak), 31 M3 (Marina Pissarova), 31 M6 (Choo Poh Guan), 43 M4 (Oleg Zhukov), 46 M1 (Iryna Rasko), 54 M1 (goodluz), 76 .4 (dummit), 80 M1 (Leonid Eremeychuk), 92 M1 (handmadepictures), 106 M1 (Passakorn Vejchayachai), 139 M4 (Achim Prill), 140 M1 (dotshock), 140 M3 (Sergey Kuznetsov), 141 M5 (alejandro duran), 151 M3 li. (Pavel Timofeev); action press, Hamburg: 136 (Wolfgang Reuter); alamy images, Abingdon/Oxfordshire: 38.4 (Worldspec/NASA); Anzenberger Agentur für Fotografen, Wien: 63 M6 (Riedler); APA-Picture-Desk, Wien: 160 M3 (David Parker/Contrast); Astrofoto, Sörth: 148 M1, 149 M3, 152 M2; Bahr, M., Vechta: 134 M1; Berghahn, Matthias, Bielefeld: 73.4; Binter, P.: 87 M6; Caritasverband Hannover e. V.: 25 li.u.; De Casas a Hogares Alemania e.V., Freiburg: 119 M4; Deiseroth, Dieter, Niederaula: 82; Demmrich, André, Berlin: 164 M2.2; Deutsche Stiftung Weltbevölkerung (DSW), Hannover: 47 M5; dreamstime.com, Brentwood: 14 M2 c (Jesper Mogensen), 21 M2 (Alexander Piragis), 30 M1 (Samrat35), 33 M4 (Dpkoli), 37 INFO (Václav Psota), 38.2 (Wisconsinart), 45 M1 (Jordi Clave Garsot), 61 M3 (Carlos Mora), 61 M4 (Diversity-Studio1), 65 M5 (Trentinness), 67 M5 (Billkret), 68 M1 (Dmitry Chulov), 70 M1 li. (Baloncici), 82 M3 (Elenazarubina), 114 M1 (Andraz Naglic), 121 M4 (Adeliepenguin), 130 M1 Foto (Photochris), 131 M4 (Pxhidalgo), 132 M1 (Kobby Dagan), 143 M6 (Sean Pavone), 159 M5 (Peter Klagyivik), 161 M4 (Balgov58); Fiedler, Güglingen: 96 M1; Fischer, Eric: 143; Fleischfresser, Luisa: 9 M4; Focus Photo- u. Presseagentur , Hamburg: 120 M2 (Stuart Franklin / Magnum); Forest Stewardship Council (FSC) Deutschland, Freiburg: 101 INFO; fotolia.com, New York: Titel (ElenaMirage), 10 M3 (Alx_Yago), 14 M2 a (Gessler), 15 M4 klein (Friedberg), 24 M1 m. (shirophoto), 38.1 (ollirg), 44 o. (Andrey Kuzmin), 45 M2 (Thorsten Schon), 60 M2 (ramzi hachicho), 76.1 (romval16), 76.2 (gaelj), 82 (marqs), 82 M1 (Colorello), 88 M1 (groß: kubikactive, re.o.: eSchmidt, re.u.: Carola G., li.o.: Uryadnikov Sergey, li.u.: davidemontalenti), 91 M3 m. (Somwaya), 91 M3 o. (Nikokvfrmoto), 91 M3 u. (Gilles Paire), 92 M2 (David Thyberg), 95 u. Gorilla (Smileus), 95 u. Jaguar (© anankkml), 95 u. Orang Utan (Kessy), 98 M1 li. (guentermanaus), 124 M2 (Jakob Radlgruber), 125 M6 (Natalia Bratslavsky -), 153 M4 (Rhombur), 157 M3 (T. Linack), 157 M5 (Patrik Stedrak), 164 M2.1 (Nouk), 165 M4.5 (MyWorld); Frankfurter Allgemeine Zeitung FAZ, Frankfurt/Main: 55 M6 (FR-Karikatur/Thomas Plaßmann); Garanin, Melanie, Falkensee: 89 o. Kerze; Garmin Deutschland GmbH, Gräfelfing (bei München): 151 M3 re.; Gerster, Georg Dr., Zumikon: 137 M4; Getty Images, München: 8 M1 (Nicolas Asfouri/AFP), 14 M2 d (Peter Arnold Inc.), 30 M2, 64 M1 (AFP/Jode Colon), 111 M3 (AFP/Thomas Coex), 138 M1 (Daniel Acker/Bloomberg); Glatz, S., Offenburg: 123 M3; Gräning, Horst, Lubmin: 150 M1; Griese, Dietmar, Laatzen: 84 Illu; Haitzinger, Horst, München: 103 o., 144.3; Hanel, Walter, Bergisch Gladbach: 117 M2; Hennig, Jarko, Berlin: 57 M7; Hermes, Stephanie, Hardegsen-Hevensen: 109; Image & Design - Agentur für Kommunikation, Braunschweig: 118 u.li.; Imago, Berlin: 48 M1 (Reinhard Kurzendörfer); iStockphoto.com, Calgary: 10 M4 (Johan Sjolander), 15 M4 groß (isoft), 23 M6 (egadolfo), 35 M3 li. (Wong Chee Yen), 35 M3 re. (mamahoohooba), 38.3 (EdStock), 52 M1, 56 M1 (Michel Piccaya), 70 M1 re. (ictor), 71 M4 (shishic), 76.5 (Nouk), 90 M1 li. (dasbild), 90 M1 m. (AnitaOakley), 90 M1 re. (namibelephant), 93 M3 Foto (africa924), 94 M1 (ranplett), 107 M5 (Joao Virissimo), 109 M3 (hadynyah), 114 M2 (Eduardo1961), 120 M1 (rebelml), 129 M2 (Bartosz Hadyniak), 129 M4, 142 M1 (DesignerforU), 5 u. und 146/147 (Lena Zajchikova), 154 M3 (vichi81), 156 M2 (112flieger), 165 M4.3 (joyt), 165 M4.6 (Trout55); Jüngst, Reiner, Wolfenbüttel: 28 M3; Keringhuis, Informatiecentrum Maeslantkering, Hoek van Holland: 34 M1; KfW Entwicklungsbank, Frankfurt/M.: 71 M3; Kleicke, Christine, Hamburg: 89 o. Hand; Klohn, Werner Prof. Dr., Vechta: 137 M3; Koch, Daniel, Berlin: 81 M6; Komischke, Karsten, Halle/Saale: 84 M1 A, 84 M1 C; Kuhli, Martin, Oerlingshausen: 10 M2; Lachmeyer, Karl-Heinz, München: 80 M2; laif, Köln: 4 o. und 6/7 (Alberto Garcia/REA), 133 M2 (Fernando Moleres); Life Forestry Switzerland AG, Stans NW: 100 M1; Mandzel, Waldemar, Bochum-Watt.: 116 M1; Masterfile Deutschland GmbH - c/o ATS Allgemeine Treuhand GmbH, Düsseldorf: 136 M1 (Peter Christopher); Morgeneyer, Frank, Leipzig: 158 M1; NASA, Houston/Texas: 78, 87 M3; NASA Headquarters, Washington, DC: 14 M2 b; NASA/GSFC, Houston/Texas: 4 (Visible Earth), 37 M4, 74 (Visible Earth), 157 M4 (Jacques Descloitres, MODIS Response Team), 180 (Visible Earth); Pachner, H., Stuttgart: 119 M3; Panther Media (panthermedia.net), München: 10 M5 (578foot), 14 M2 e (Thomas Kakalik), 98 M1 re. (fleyeing), 5 o. und 104/105 (dabldy); Picture-Alliance, Frankfurt/M.: 22 M1 (Photoshot), 22 M3 (dpa-Infografik), 35 M4 (Photoshot), 36 M1 (dpa/epa/Dennis M. Sabangan), 4 m. und 40/41 (Imaginechina/Jia Bailie), 60 M1 (dpa/Sana), 99 M5 (Panasia); Plummer, Doug, Photographer, Seattle, Washington: 141 M6; Reutemann, Simone, Leipzig: 53 M6; Scholz, Ulrich, Gießen: 84 M1 B; Schön, Carola, Chemnitz: 165 M4.4; Schwarzstein, Yaroslav, Hannover: 25 außer Logo, 50, 52, 54, 56, 50 ff Puzzle, 135 M2; Shutterstock.com, New York: 66 M1 (Ayotography), 84 M1 D (Callum MacNab), 124 M1 (LaiQuocAnh), 128 M1 (vitmark); Spatz, André, Photography, Naples, FL: 143 M2; still pictures, Berlin: 32 M1 (UNEP); Stuttmann, Klaus, Berlin: 117 M3; Thomson Reuters (Markets) Deutschland, Berlin: 110 M1 (Feisal Omar); TransFair e.V., Köln: 122 M1 (Barbara Dünkelmann); ullstein bild, Berlin: 108 M1 (Reuters/I. Taxta); UNICEF Deutschland, Köln: 59 M3 m. (UNI110899/Noorani), 59 M3 o. (UNI87125/Noorani), 59 M3 u. (UNI75293/Nesbitt); Wendorf, Monika, Hannover: 76.3; WindowsOnOurWorld.com: 69 M4; www.worldmapper.org © SASI Group (University of Sheffield) and Mark Newman (University of Michigan), Sheffield: 144 M1.